NEW PST 해외선물
투자 비법

세상에서 가장 안전하게 매일 1% 수익 내는

NEW PST
해외선물 투자 비법

Richard Kwon 지음

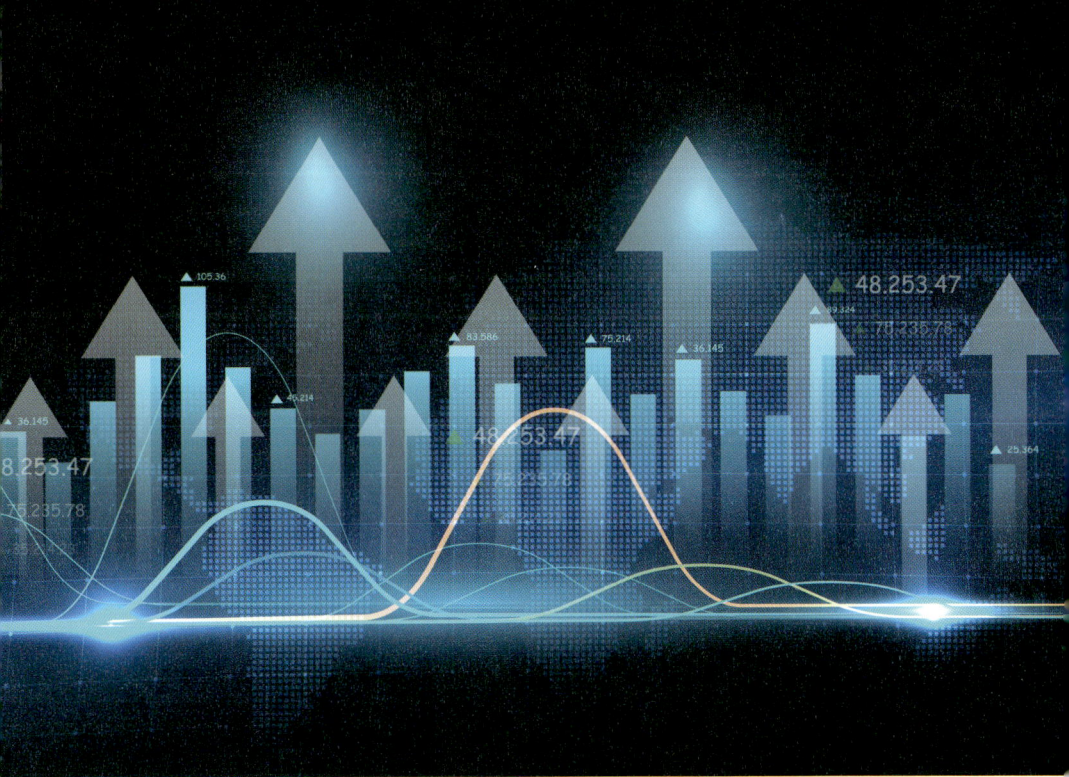

두드림미디어

☑ 확인사항

PST이론과 PST지표는 투자 판단의 참고자료이기 때문에, 실전 거래 시 수익을 낼 수도 있고 손실을 볼 수도 있습니다. PST서비스 이용에 따르는 최종 책임은 이용자에게 있습니다. 투자는 높은 위험이 따르며 모든 이용자에게 적합하지는 않습니다. 투자는 원금 손실을 볼 수도 있으므로, 여유자금이 아니면 투자하지 마시길 바랍니다. PST이론과 PST지표는 PST교육 목적으로 제공되며 개별적인 제안이나 권유사항이 아님을 사전에 공지해드립니다.

프롤로그

벌써 지난 21년 동안 수많은 수강생을 배출하고 PST이론 시리즈로 여섯 번째 책을 출간하게 되었습니다. 처음에 PST이론을 개발한 후 한동안 교재 없이 강의했는데 지금은 출간한 책들이 수업할 때 꼭 필요한 교육 자료가 되었습니다. 필요에 따라서는 그전에 출간한 책들을 반드시 읽고 숙지하시길 바랍니다.

《PST주식 투자 비법》,《PST해외선물 투자 비법》,《나만의 주식, 선물 보조지표 만들기》,《PST주식, 선물 3차원 추세분석 비법》,《NEW PST 주식 투자 비법》 책을 교육 목적으로 차례로 출간했습니다. 책을 보시고 국내 수강생뿐만 아니라 해외에서도 많은 분이 오셔서, 만족도 높은 PST주식, 선물 교육을 받으셨습니다.

저는 과거에 안산대학교 금융정보학과 학생들 대상 정규과목으로 강의를 했고, 많은 증권회사, 선물회사, 경제신문회사 등에서도 주식과 해외선물을 강의했습니다.

현재는 숭실대학교 글로벌미래교육원에서 일반인들을 대상으로 '주식전문가 과정'과 '외환전문가 과정'을, 2009년부터 지금까지 15년째 강의하고 있습니다. 참고로 국내 대학교에서 유일하게 외환교육을 가르치는 곳입니다.

배우러 오시는 수강생들도 초보부터 고수까지 다양합니다. 고수들은 대부분 수익을 내고 있으면서도 가끔 손실을 볼 때 왜 같은 규칙을 사용했는데 손실을 보는지 이유를 몰라서 오신다고 말씀하십니다. 고수들은 주식, 선물에 관한 서적은 거의 다 읽으셨고, 웬만한 강의도 모두 들으신 분들입니다. 그런데 배운 지식으로는 왜 손실을 보는지 설명이 안 된다고 합니다. 그러나 PST이론과 PST지표를 사용하면 왜 손실을 보는지를 실시간 차트로 설명해드릴 수가 있습니다. 이 점에 매우 놀라시고 수업을 끝까지 배운 후에도 만족하십니다.

제가 만든 PST이론이란 추세를 정확하게 기술적으로 분석해 차트로 표현되는 모든 거래(주식, 선물, 옵션, 가상화폐 등)에서 수익을 쉽게 얻을 수 있는 것입니다. 기본적 분석이 중요할까요? 기술적 분석이 중요할까요? 물론 크게 생각하면 둘 다 중요하지만, 실전 거래에서는 기본적 분석보다는 기술적 분석이 더 중요합니다. 그래서 많은 트레이더들이 책이나 동영상을 보면서 열심히 기술적 분석 공부를 한 후 실전 거래에 적용합니다. 하지만 결과는 생각만큼 좋지 않음을 느끼게 됩니다. 저 또한 여러분과 동일한 반복된 실패 경험이 물론 있습니다. 그렇지만 저는 일반적인 책이나 동영상에서 가르치는 거래방법이 실전 거래에서 맞을 수도 있고, 틀릴 수도 있다는 것을 깨닫는 순간 더 이상 반복된 실패의 위험을 내포한 방법으로 거래하지 않고 있습니다. PST이론을 바탕으로 만든 PST지표를 활용해서 실전 거래를 하고 있기 때문입니다.

그러면 많은 분이 저한테 "PST교육을 받고 PST지표를 활용해서 실전 거래를 하면 매번 거래에서 수익을 낼 수 있습니까?"라고 반문을 하실 수 있습니다. 저는 PST교육을 수많은 수강생이 PST교육을 받고 교육을 마칠 때까지 모두 모의 거래와 실전 거래를 포함해 수익을 내면서 마치기 때문에 만족도가 100%라고 답변해드립니다. 저는 PST교육 시간에 10번 거래에서 9번 이기고 1번 지는 90% 승률은 거래하지 말고, 10번 거래해서 10번 이기는 100% 승률일 때만 실전 거래를 하라고 가르칩니다. 이 말을 들은 여러분은 말이 안 된다고 생각하시지요? 저도 처음에는 불가능하다고 생각했지만, PST이론과 PST지표를 제가 만든 후 PST교육을 받은 수강생들이 10번 거래에서 10번 모두 이기는 10연승이 아닌 100연승, 200연승, 300연승 이상으로도 승률 100% 결과를 내고 있습니다. 이 결과는 다음 카페 'PST 숭실대 주식외환전문가 모임(https://cafe.daum.net/SSUFX)'에 가시면 보실 수 있습니다.

잠재신호(Potential Signal)를 발견한 후 잠재신호로 진입, 보유, 청산하는 PST지표를 만들고 이를 활용해서 실전 거래를 한 수강생은 $10,000 투자금으로 거래했을 때 $10,000 수익을 내는 기간이 2주 정도 소요되었습니다. 양자신호(Quantum Signal)를 발견한 후 양자신호로 진입, 보유, 청산하는 PST지표를 만들고 이를 활용해서 실전 거래를 한 수강생은 동일 투자금으로 거래했을 때 $10,000 수익을 내는 기간이

1주 정도 소요되었습니다. PST이론을 계속 연구한 저는 이번에는 메타신호(Meta Signal)를 발견한 후 메타신호로 진입, 보유, 청산하는 PST지표를 만들었습니다. 이를 활용해서 동일 투자금으로 실전 거래를 한 수강생들은 하루에 $10,000 이상 수익을 냈습니다. 수익 결과를 전달받았을 때 정말 가르친 보람을 느꼈습니다. 그래서 여섯 번째로 출간하는 이번 책에는 메타신호를 소개하려고 합니다.

손실 보는 트레이더들이 일반적인 오픈된 보조지표를 사용해서 진입하는 일반신호로는 매번 실전 거래할 때 수익을 기대하기 어렵습니다. 그러나 일반신호보다 빠른 예비신호, 잠재신호, 양자신호를 PST이론으로 찾아내 과거에 PST교육을 받은 수강생들이 훌륭한 거래결과를 보여주셨고 이에 만족하는 수강생들은 더 이상의 PST이론 발전과 PST지표가 나오기가 어렵다고 말씀하셨습니다. 그러나 저는 PST이론와 PST지표를 계속 연구한 결과 메타신호를 찾아냈고, SI증권 HTS에 메타신호를 나타내는 PST지표를 탑재한 후 PST교육을 받은 수강생들이 실전 거래로 본인들이 만족이 넘칠 만큼 수익이 난다고 PST지표 활용 후기를 보내주셨습니다. 이에 저는 PST교육을 받으신 수강생들이 저한테 실전 거래에서 성공해 경제적으로 삶이 행복하다고 하시는 분이 많아져서 저는 매우 가르친 보람을 느끼고 있습니다.

매번 책을 출간할 때마다 출간되는 책의 내용은 일반적으로 오픈된 자료가 아니므로 책만 구매한 후 혼자 공부한다고 반드시 실전 거래에서 좋은 결과를 얻기는 쉽지 않다고 말씀드렸습니다. 지식 습득 목적으로 책을 구매 후 독학하는 것은 괜찮지만, 교육 목적으로 출간한 책을 가지고 실전 거래에서 수익을 얻기 위해서는 반드시 PST교육을 받으시기를 권해드립니다. PST교육은 교육받은 많은 분의 실전 거래로 증명이 되었기 때문에 PST교육을 받는 분들이 많아서 평일부터 주말까지 항상 1년 정도 교육 일정이 잡혀 있습니다.

여러분께 몇 가지 질문을 해보겠습니다.
"현재 추세의 시작과 끝을 구별할 수 있으신가요? 현재 추세가 상승추세인가요? 보합인가요? 하락추세인가요? 거래할 때와 거래를 하지 않을 때는 구별할 수 있으세요? 진입 후 가격(환율)이 밀리지 않을 자신이 있으세요? 추세가 빨리 움직일까요? 천천히 움직일까요? 진입 후 다음 캔들 색깔이 진입 방향과 같은 색깔이 나올지 안 나올지 아세요? 추세의 최고점 혹은 최저점을 아시나요?"

어떠신가요? 질문에 대한 답을 여러분은 아시나요? 모르시는데 어떻게 실전 거래를 하시나요? 제 생각에는 답을 모르시고 실전 거래를 하면 당연히 손실 보는 트레이더와 같은 부류에 속하시게 될 것입니다. 수익이 나는 거래방법을 모르면 배우시면 됩니다. 하지만 모르는 것을 알지 못하면 계속 손실 보는 트레이더가 될 수 있으니 거래를 멈추시길 권해드립니다.

PST이론과 PST지표를 제가 독창적으로 만들었는데 다른 분들이 간혹 본인이 만들었다고 하는 소문이 들려서 할 수 없이 저는 과거에 저작권 등록을 했습니다.

제가 만든 PST지표는 현재 유진투자증권 HTS와 SI증권 HTS에 탑재되어 수년째 실전 거래에서 사용자에게 많은 도움을 주며 좋은 결과를 내고 있습니다. 개인이 만든 보조지표가 금융회사 HTS에 탑재된 것은 국내에서 제가 최초라고 합니다. 저도 자부심이 생기네요. 이런 신뢰성을 많은 분께 인정받아서 최근에는 PST이론과 PST지표의 효과에 외국에서도 관심을 보이고 있습니다. 유진투자증권 HTS를 통해서 국내주식, 해외주식, 국내선물, 국내옵션의 거래를 돕고, SI증권 HTS를 통해서 해외선물 거래하는 데 도움을 주고 있습니다.

첫 번째로 출간한《PST주식 투자 비법》책은 주로 주식 거래할 때 꼭 알아야 하는 거래방법을 소개했고, 두 번째로 출간한《PST해외선물 투자 비법》책은 주로 해외선물 거래할 때 꼭 알아야 하는 거래방법을 소개했습니다. 세 번째로 출간한《나만의 주식, 선물 보조지표 만들기》책은 PST이론과 PST지표를 간단하게나마 혼자서 학습으로 할 수 있는 내용을 담았고, 네 번째로 출간한《PST주식, 선물 3차원 추세분석 비법》은 주식과 선물 거래에서 추세에 관해 양자역학(Quantum Mechanics)적으로 PST이론을 적용해 '3차원 추세분석(Three Dimension Trend Analysis)'을 할 수 있게 했습니다. 그리고 다섯 번째로 출간한《NEW PST주식 투자 비법》은 국내외 주식, 국내선물, 국내옵션 거래에서 한 차원 높은 버전의 PST지표를 활용해 더욱 쉽고 편리하게 수익을 내는 방법을 알려드렸습니다. 여섯 번째로 출간하는《NEW PST해외선물 투자 비법》은 해외선물 거래에서 메타신호를 사용해서 거래하는 방법을 소개했습니다.

PST교육을 받은 수강생들이 항상 100% 승률로 완벽한 거래결과를 보여주셔서 감사합니다. 욕심내지 마시고 롱런하시길 바랍니다. 그리고 마지막으로 저는 PST이론과 PST지표가 여러분이 실전 거래를 할 때 스트레스를 받지 않고 즐겁고 행복하게 거래하는 데, 작은 도움이라도 되기를 진심으로 바랍니다.

Richard Kwon

차례

프롤로그 ··· 5

PART 01 거래신호의 분류

01. 일반신호(General Signal) ··· 18
02. 예비신호(Pre-Signal) ··· 31
03. 잠재신호(Potential Signal) ··· 39
04. 양자신호(Quantum Signal) ··· 44
05. 메타신호(Meta Signal) ··· 50

PART 02 PST이론

01. PST이론의 시작 ··· 70
02. 추세 구성 ··· 78
03. 타임 프레임 분석 ··· 92
04. 기준차트 설정 ··· 115
05. 추세 속도 설정 ··· 127

PART 03 PST지표 이해

01. PST2지표 설명 및 이해
    – 캔들의 의미 파악 … 142
02. PST6지표 설명 및 이해
    – 추세의 기울기 30도 ≤ θ < 90도 설정 … 151
03. PST7지표 설명 및 이해
    – P1구간, P4구간의 최고점, 최저점 예측 … 161
04. PST13지표 설명 및 이해
    – 추세의 기울기 45도 ≤ θ < 90도 설정 … 171
05. PST31지표 설명 및 이해
    – 추세의 위치 파악(2차원) … 183
06. PST35지표 설명 및 이해
    – 추세의 기울기 0도 ≤ θ ≤ 90도 설정 … 200
07. PST46지표 설명 및 이해
    – 가짜 저항선과 진짜 저항선 구별 … 209
08. PST55지표 설명 및 이해
    – 추세의 기울기 60도 ≤ θ < 90도 설정 … 216
09. PST68지표 설명 및 이해
    – 한 사이클 내 최고점 또는 최저점 예측 … 226
10. PST75지표 설명 및 이해
    – 수익이 나는 구간의 시작과 끝을 파악 … 234
11. PST84지표 설명 및 이해
    – 잠재신호로 진입과 청산 예측 … 245
12. PST99지표 설명 및 이해
    – PST55지표 업그레이드한 3차원 지표 … 253
13. PST107지표 설명 및 이해
    – PST75지표 업그레이드한 3차원 지표 … 263

14. PST111지표 설명 및 이해
   - 첫 진입과 재진입이 최고인 3차원 지표 ⋯ 269
15. PST124지표 설명 및 이해
   - PST31지표 업그레이드한 3차원 지표 ⋯ 278
16. PST133지표 설명 및 이해
   - PST111지표 업그레이드한 3차원 지표 ⋯ 287
17. PST145지표 설명 및 이해
   - 메타신호를 이용해 가장 안전한 거래 추구 ⋯ 294
18. PST157지표 설명 및 이해
   - 타임 스케줄에 의한 추세 위치 파악 ⋯ 302

부록 01 교육 후기 - 외환 마스터반을 마치며

01. 300연승이 가능한 PST지표 ⋯ 314
02. 현존하는 최고의 이론, 내일 더 발전하는 PST이론 ⋯ 319

부록 02 거래 내역

01. 1일 실전 거래 내역 ⋯ 326
02. 1일 모의 거래 내역 ⋯ 328

거래신호의 분류

일반신호
(General Signal)

여러분은 실전 거래를 할 때 어떤 신호를 보고 진입, 보유, 청산을 결정하시나요?

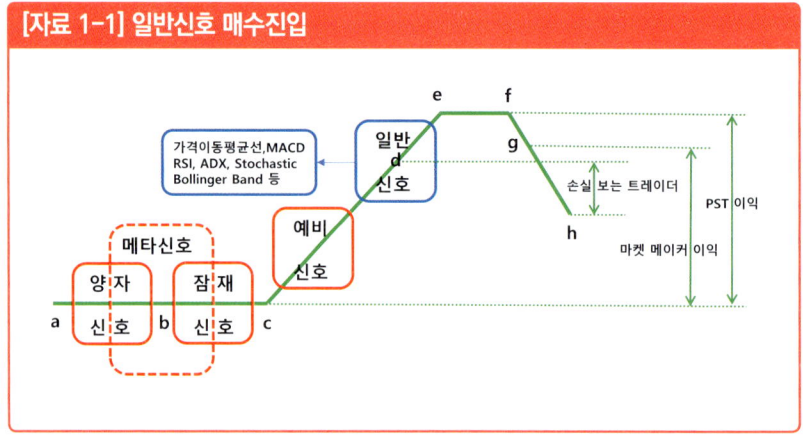

추세가 상승일 때 PST이론 신호에는 [자료 1-1]처럼 일반신호, 예비신호, 잠재신호, 양자신호, 메타신호가 있습니다. 손실 보는 트레이더

들이 거래할 때 참고로 하는 신호를 매수진입할 때 일반신호라고 생각합니다. 상승추세를 마켓 메이커가 a지점에서 h지점까지 만든다고 가정할 때 양자신호, 메타신호, 잠재신호는 a지점부터 c지점까지 추세가 상승보합 구간을 보이다가, 추세가 c지점부터 e지점까지 상승강화 구간에 되어 추세의 기울기가 보이는 예비신호가 보입니다. 손실 보는 트레이더들은 일반신호가 나오는 d지점부터 매수진입을 하고 마켓 메이커가 매수청산하는 g지점보다 늦은 h지점에서 매수청산해서 결국 손실 보는 결과를 가져옵니다.

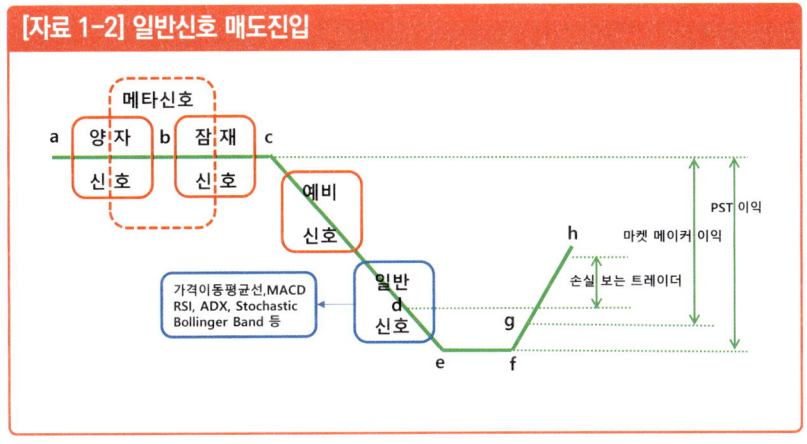

추세가 하락일 때도 역시 PST이론 신호에는 [자료 1-2]처럼 일반신호, 예비신호, 잠재신호, 양자신호, 메타신호가 있습니다. 손실 보는 트레이더들이 거래할 때 참고로 하는 신호를 매도진입할 때 일반신호라고 생각합니다. 하락추세를 마켓 메이커가 a지점에서 h지점까지 만든다고 가정할 때 양자신호, 메타신호, 잠재신호는 a지점부터 c지점까지 추세가 하락보합 구간을 보이다가, 추세가 c지점부터 e지점까지 하락강화 구간에 되어 추세의 기울기가 보이는 예비신호가 보입니다. 손실 보는 트레이더들은 일반신호가 나오는 d지점부터 매도진입을 하고 마켓 메이커가 매도청산하는 g지점보다 늦은 h지점에서 매도청산을 해서 결국 손실 보는 결과를 가져옵니다.

만약 일반신호를 활용해서 실전 거래를 한다면 100전 100승 0패의 결과를 보여주실 자신이 있으신가요? PST이론을 발전시켜 일반신호보다 빠른 예비신호를 찾아냈고, 예비신호보다 빠른 잠재신호를 찾아냈습니다. PST교육을 한 결과 잠재신호를 배운 수강생 중에서 실전 거래에서 100전 100승 0패의 승률을 보여주었습니다. 일반적으로 예비신호에서 추세의 기울기가 나타나고 잠재신호에서는 기울기가 나타나기 전에 나옵니다. 또한, 잠재신호보다 빠른 양자신호를 찾아냈고 이번 출간하는 책에서는 양자신호와 잠재신호 사이에 있는 메타신호를 발견해 메타신호의 강력함을 소개하려고 합니다.

- 일반신호 : 가격이동평균선, MACD, RSI, ADX, Stochastic, Bollinger Band 등
- 예비신호 : PST2, PST6, PST7, PST13, PST31, PST35, PST46, PST55, PST68
- 잠재신호 : PST75, PST84, PST99, PST107, PST111
- 양자신호 : PST124, PST133
- 메타신호 : PST145, PST157

메타신호를 포함한 PST지표에 대한 설명은 추후 자세히 해드리겠습니다.

일반신호는 HTS에 탑재된 오픈된 보조지표를 활용해 참고하는 신

호를 뜻합니다. 보조지표는 시간에 흐름에 따라 가격의 변화를 통해 가격이 우상향 또는 우하향의 방향성을 확인하는 지표(Index)라고 볼 수 있습니다. 그리고 추가로 매매 결정의 시각적 제시와 추세 방향성을 객관적으로 보이는 후행성 지표라고 생각합니다. 대표적인 보조지표는 가격이동평균선, MACD, RSI, ADX, Stochastic, Bollinger Band 등이 있습니다. 각각의 보조지표에 대한 설명은 따로 하지 않겠습니다. 수많은 트레이더들이 사용하는 이런 일반적인 보조지표에 대한 설명은 책과 인터넷을 통해서 쉽게 공부할 수 있습니다. 문제는 이런 검증된 유명한 보조지표를 실전 거래에서 적용하면 수익이 날 때도 있고 손실이 날 때도 있다는 것입니다. 여러분은 이유가 무엇이라고 생각하시나요?

보조지표는 과거 데이터를 가지고 현재를 포함한 미래를 예측하기 때문에 거기에는 분명히 한계성(Limitation)을 가지고 있습니다. 즉, 현재 시점에서 시장 변수에 대한 오류가 당연히 발생할 수 있습니다. 트레이더마다 본인만의 추세선을 그어서 추세 방향이 확립될 때 실전 거래에서 수익을 기대할 확률을 높일 수 있다고 착각합니다. 손실 보는 트레이더들은 현재 추세가 상승인지, 보합인지, 하락인지도 정확하게 모르는 채 보조지표를 보면서 거래한 후 손실을 보면 이유를 찾지 않고 운이 없다고 자기 합리화만 계속합니다.

여러분은 어떤 보조지표를 보고 실전 거래를 하시나요? 혹시 일반신호를 보여주는 보조지표를 사용하지 않으시나요? 그러면 여러분이 얼마나 손실을 각오하는 위험한 거래를 하고 계시는지 하나씩 보여드리겠습니다.

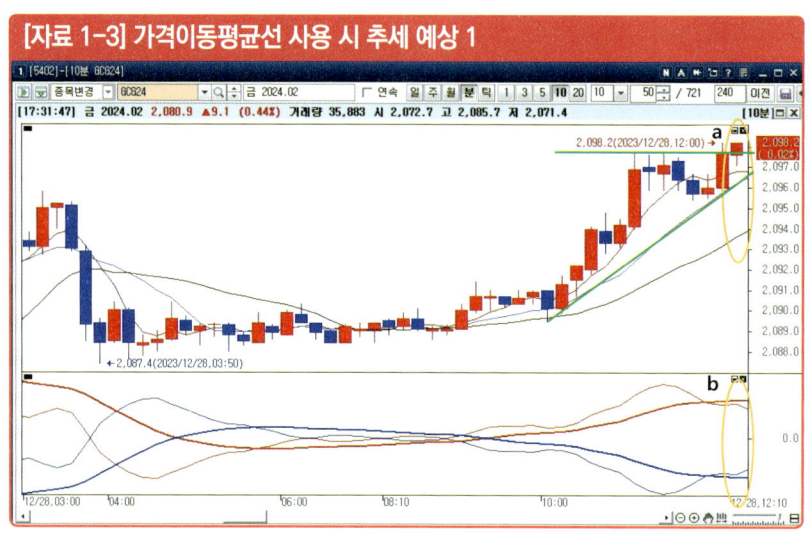

[자료 1-3]은 '금 2024년 2월물' 종목으로 2023년 12월 28일 3시부터 12시 20분까지 10분봉차트입니다. 추세 위에는 손실 보는 트레이더가 가장 많이 사용하는 가격이동평균선을 불러봤습니다. 빨간색선은 기간을 5로 설정한 단기이동평균선이고, 파란색선은 기간을 10으로 설정한 중기이동평균선입니다. 검정색선은 기간을 20으로 설정한 장기이동평균선입니다. 그러면 a지점에서 정배열처럼 단기이동평균선 ≥ 중기이동평균선 ≥ 장기이동평균선을 보이면서 전고점을 돌파합니다. 상승 삼각형 패턴(Ascending Triangle Pattern)까지 보이면서 완벽한 매수진입으로 보입니다. 여러분은 매수진입을 하실 건가요? a지점에 해당하는 b지점을 PST지표로 분석하니 P4-2구간이기 때문에 저는 매수진입을 하지 않고 관망을 택하겠습니다. 그러면 이후 추세가 어떻게 되는지 확인해볼까요?

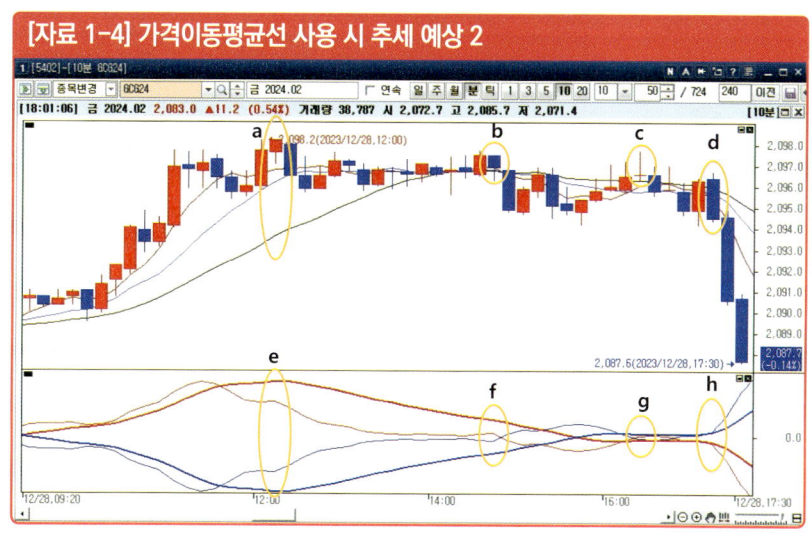

[자료 1-4]는 '금 2024년 2월물' 종목으로 2023년 12월 28일, 9시 20분부터 17시 30분까지 10분봉차트입니다. [자료 1-4]는 [자료 1-3]에서 a지점 이후에 추세입니다. 여러분이 a지점에서 매수진입한 후 정배열 유지되다가 정배열이 깨지는 b지점까지 보유해도 a지점에서 매수한 가격까지 올라오지 않았습니다. 왜 이런 현상이 일어날까요? 일반적인 보조지표는 이유를 설명하지 못하지만, 추세 아래에 있는 PST지표는 해석이 가능합니다.

추세 아래에 있는 지표는 PST31지표입니다. PST31지표는 2차원 지표로 추세의 위치를 파악하는 데 매우 중요한 지표입니다. e지점에서 가격이 전고점보다 높은 곳에서 매수하고 싶지만, P4-2구간(하락 다이버전스가 발생해 추세가 상승하다가 조만간 하락으로 전환되는 구간)이기 때문에 매수진입보다는 관망 전략을 택해야 합니다. 그리고 e지점부터 f지점까지 가는 빨간색선(T3)이 계속 굵은 빨간색선(T4) 아래에 위치하기 때문에 추세가 재상승을 하면 P4-2구간이 나올 것입니다. 추세가 재상승을 하지 않으면 P2구간이 나올 것을 예상해 e지점 이후부터는 저는 관망을 택하겠습니다. 그리고 만약 정배열도 아닌데 c지점에 한번 상승한 것처럼 빨간 양봉이 출현해도 c지점에 해당하는 g지점을 보니 추세가 하락 사이클 중임을 한 번에 알 수 있습니다. 절대로 매수진입을 하면 안 되고 역시 관망을 택해야 합니다. d지점에서 매도진입을 해야 옳은 거래방법입니다. d지점에 해당하는 h지점을 PST지표로 확인하니 가는 파란색선(T3)이 굵은 파란색선(T4) 위에 위치하므로 매도진입을 해도 되돌림이 없음을 쉽게 알 수 있습니다.

이처럼 PST지표로 진입이 가능한 곳에서는 가격이동평균선도 진입이 가능하지만, PST지표로 관망해야 하는 구간에서는 가격이동평균선이 진입 가능할 것 같아도 관망을 택하는 것이 좋습니다.

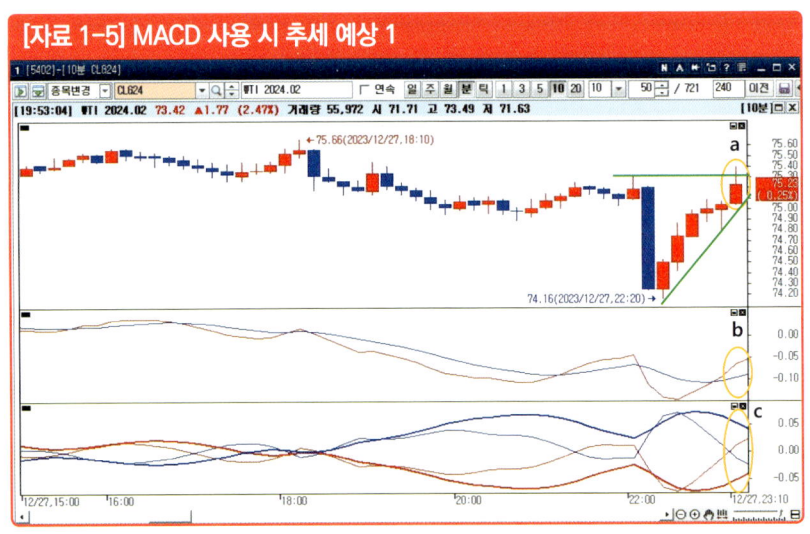

[자료 1-5]는 'WTI 2024년 2월물' 종목으로 2023년 12월 27일 15시부터 23시 10분까지 10분봉차트입니다. 추세 아래에는 보조지표 중

손실 보는 트레이더가 가장 많이 사용하는 MACD와 추세의 위치를 파악하는 PST31지표를 불러봤습니다.

MACD에서 설정값은 단기이동평균선 기간을 5, 장기이동평균선 기간을 10, 시그널 기간을 5로 했습니다. 여기서 질문을 하나 드리겠습니다. 만약 여러분이 b지점에서 MACD선인 빨간색선이 시그널선인 파란색선을 우상향으로 통과할 때 책에서 공부한 골든크로스가 나왔습니다. a지점에서 전고점보다 상승하는 완벽한 상승 삼각형 패턴이 보여준다면 매수진입을 하시겠습니까? 저는 a지점에 해당하는 c지점을 PST지표로 분석하니 하락 사이클이기 때문에 매수진입하지 않고 관망을 택하겠습니다. 그러면 이후 추세가 어떻게 되는지 확인해볼까요?

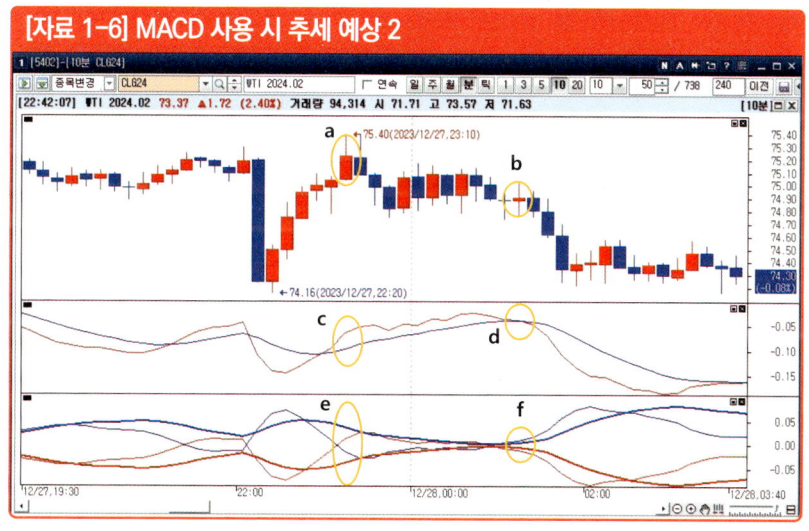

[자료 1-6]은 'WTI 2024년 2월물' 종목으로 2023년 12월 27일 19시 30분부터 12월 28일 3시 40분까지 10분봉차트입니다. 추세 아래에는 보조지표 중 MACD와 추세의 위치를 파악하는 PST31지표를 불

러봤습니다.

[자료 1-6]은 [자료 1-5]에서 a지점 이후 추세입니다. 여러분이 a지점에서 매수진입한 후 골든크로스가 데드크로스로 바뀌는 d지점에 해당하는 b지점까지 보유를 해도 a지점에서 매수한 가격까지 올라오지 않았습니다. 왜 그럴까요? 이유는 간단하면서도 명확하게 PST31지표로 설명할 수가 있습니다. PST31지표를 보니 여러분이 매수진입한 a지점에 해당하는 e지점에 굵은 파란색선이 굵은 빨간색 위에 존재합니다. 하락 사이클임을 한 번에 알 수 있습니다. 그리고 역시 여러분이 매수진입 후 계속 보유하다 골든크로스가 끝나는 d지점에 해당하는 f지점을 보니 굵은 파란색선이 굵은 빨간색 위에 존재합니다. 역시 하락 사이클임을 한 번에 알 수 있습니다. 즉, PST31지표는 처음부터 끝까지 하락 사이클임을 알려주고 있습니다. 여러분이 하락 사이클에서 매수진입한 자체가 잘못된 거래를 한 것입니다. 상승 사이클에서는 매수진입만 고려해야 하고, 하락 사이클에서는 매도진입만 고려해야 실전 거래에서 수익을 쉽게 기대할 수 있습니다. 이는 다음에 PST이론에서 자세히 설명해드리겠습니다.

[자료 1-7]은 '유로 2024년 3월물' 종목으로 2024년 2월 8일 17시부터 2월 9일 1시 10분까지 10분봉차트입니다. 추세 아래에는 보조지표 중 RSI와 추세의 위치를 파악하는 PST31지표를 불러봤습니다.

RSI에서 설정값은 기간을 5, 시그널(Signal)을 10으로 했고 매매신호 보기를 했습니다. 추세 아래에 있는 빨간색 화살표에서 매수진입을 파란색 화살표에서 매수청산을 한다고 생각하면, a지점에서 매수진입을 하고 b지점에서 매수청산을 해야 합니다. 이런 방법으로 매수진입과 매수청산은 a~b구간, c~d구간, e~f구간, g~h구간으로 생각할 수 있

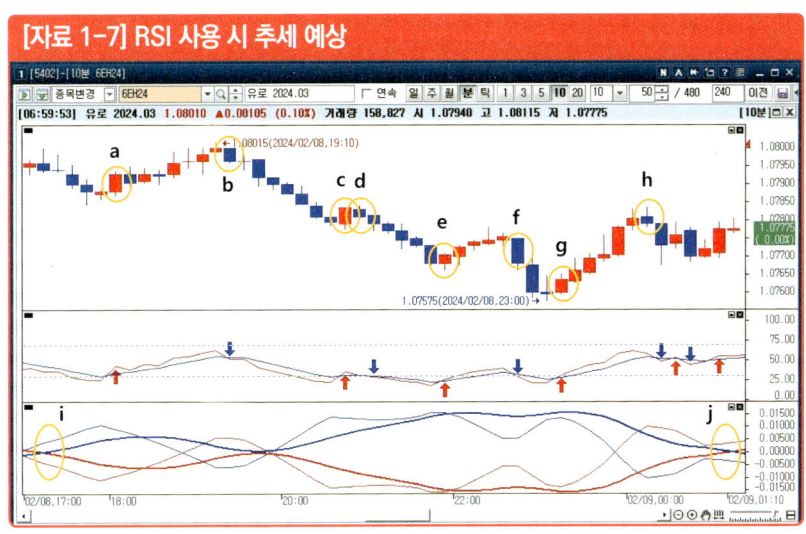

습니다. 그런데 실제로 편안히 수익이 난 구간은 별로 없습니다. 시간이 흘러 끝난 차트로는 g지점에서 매수진입을 하고, h지점에서 매수청산하면 수익이 난 것 같습니다. 그러나 PST31지표를 활용하면 i지점부터 j지점까지는 굵은 파란색선이 굵은 빨간색 위에 있으므로 계속해서 하락 사이클임을 한 번에 알 수 있어서, 실전 거래에서는 추세가 상승해도 실시간으로 노이즈가 많은 P2구간에서 상승임을 알 수 있습니다.

물론 저는 진입할 때 일반신호를 주는 일반지표인 RSI를 사용하지 않을 것입니다. PST31지표를 활용해서 i지점에서 j지점까지 하락 사이클임을 알기 때문에 매도진입을 하고 매도청산하는 전략을 세우겠습니다. 다시 말해서 파란색 화살표일 때 매도진입을 하고 빨간색 화살표일 때 매도청산을 하겠다는 의미입니다. 이해가 되시나요? PST이론상 하락 사이클 구간에서는 매도진입을 해야 순방향으로 진입하는 것이고, 매수진입을 하는 것은 역방향으로 진입하는 것입니다. b~c구간, d~e구간, f~g구간에서 매도진입 후 매도청산하는 것이 옳은 전략입니다.

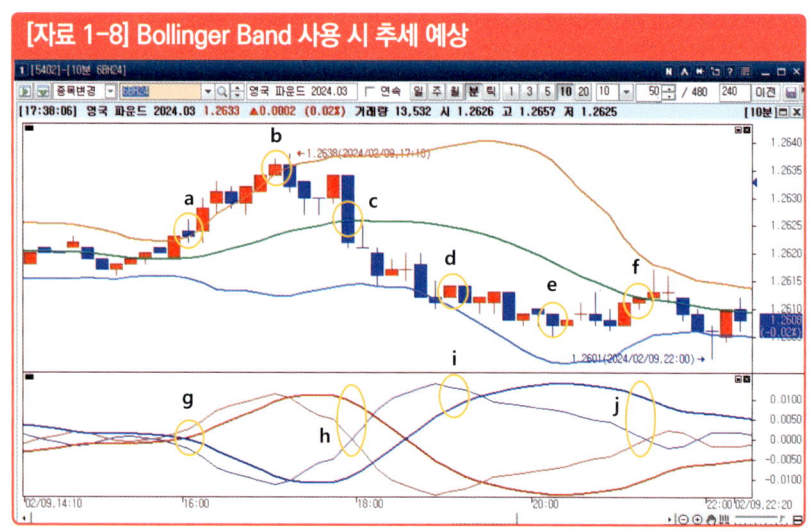

[자료 1-8]은 '영국 파운드 2024년 3월물' 종목으로 2024년 2월 9일 14시 10분부터 22시 20분까지 10분봉차트입니다. 추세 위에는 보조지표 중 Bollinger Band와 추세 아래에 추세의 위치를 파악하는 PST31지표를 불러봤습니다.

Bollinger Band에서 설정값은 이동평균선 기간은 20, 표준편차승수는 2로 했습니다. 표준편차승수를 2로 했다는 의미는 캔들이 상한선과 하한선 사이에서 움직일 확률이 95.4%라는 의미입니다. 참고로 표준편차승수를 줄이면 상한선과 하한선 사이의 밴드 폭이 줄어들고 추세가 밴드 폭 밖으로 나갈 확률이 커집니다. 반대로 표준편차승수를 늘리면 밴드 폭이 커져서 추세가 밴드 폭 밖으로 나갈 확률은 낮아집니다. 이렇게 Bollinger Band는 상한선 또는 하한선이 중심선과 표준편차가 크게 날수록 다시 중심선으로 이동할 것으로 생각해 만든 오픈 보조지표입니다. Bollinger Band 이론대로 상한선을 맞고 내려오는 a지점에서 추세가 중심으로 내려오는 줄 알고 매도진입을 하면 어떻게 될까요? b지점까지 계속 추세가 상승되어 손실이 커집니다. 그러다가 c지점에서 중심선에 도착했지만, a지점에서 매도진입한 가격보다 높은 것을 알 수 있습니다. 이유는 손실을 본 매수진입 a지점부터 매수청산한 c지점까지에 해당하는 g지점부터 h지점까지는 상승 사이클이기 때문입니다. 반대로 추세가 하한선을 맞고 상승하는 d지점에서 매수진입를 하면 어떻게 될까요? 역시 e지점까지 계속 추세가 하락해 손실이 커집니다. 그러다가 f지점에서 중심선에 도착했지만 d지점에서 매수진입한 가격보다 낮은 것을 알 수 있습니다. 이유는 손실을 본 매수진입 d지점부터 매수청산한 f지점까지에 해당하는 i지점에서 j지점까지는 하락 사이클이기 때문입니다.

지금까지 오픈된 대표적인 지표인 가격이동평균선, MACD, RSI, Bollinger Band를 가지고 진입 시 일반신호를 잘못 해석하면 실전 거래에서 손실을 볼 수 있다는 것을 말씀드렸습니다. 여러분은 책이나 여러 교육을 통해서 오픈된 여러 지표를 열심히 공부하셔서 지표에 관한 지식은 많습니다. 그러나 실전 거래에서 맞을 때도 있고 틀릴 때도 있지요? 왜 그럴까요? 너무 오픈된 지표가 보여주는 일반신호를 맹신하셨다고 생각하지 않으시나요?

저는 PST교육을 하면서 실전 거래에서 일반신호는 마켓 메이커가 추세를 만든 후 너무 늦게 나타나기에 보지 말라고 말씀드립니다. 일반신호를 보여주는 보조지표가 맞는 경우는 PST지표로 분석해서 사이클과 같은 방향이기 때문입니다. 예를 들어 PST지표로 분석해서 현재 매수진입을 하는 시점이 상승 사이클이면 수익을 기대할 수 있지만, 반대로 하락 사이클이면 수익을 기대할 수 없습니다. 마찬가지로 PST지표로 분석해서 현재 매도진입을 하는 시점이 하락 사이클이면 수익을 기대할 수 있지만, 반대로 상승 사이클이면 수익을 기대할 수 없습니다. 그리고 같은 방향(순방향)으로 진입했어도 PST지표로 P1구간 또는 P4-1구간이면 편하게 수익을 기대할 수 있지만, P4-2구간이면 불편하게 수익을 기대할 수 있습니다. 물론 사이클과 반대 방향(역방향)으로 진입을 하면 수익을 내기 어렵습니다. 그러나 PST지표에서 모든 구간에서 수익을 낼 수 있는 상위 버전 PST지표를 활용하면 P2구간에서도 수익을 낼 수 있습니다. 지금은 이 말씀이 생소하게 들리겠지만 추후 추세의 위치를 설명할 때 상세하게 설명을 하겠습니다.

한 번 더 말씀드리지만, 진입 시 일반신호를 주는 오픈된 보조지표를 보고 실전 거래 시 한 번이라도 손실이 본다면 실전 거래는 멈추시고, 무엇이 잘못되었는지 꼭 찾아보시길 바랍니다.

예비신호
(Pre-Signal)

여러분은 예비신호를 들어보셨나요? 예비신호는 제가 PST이론을 정립하면서 만든 용어입니다.

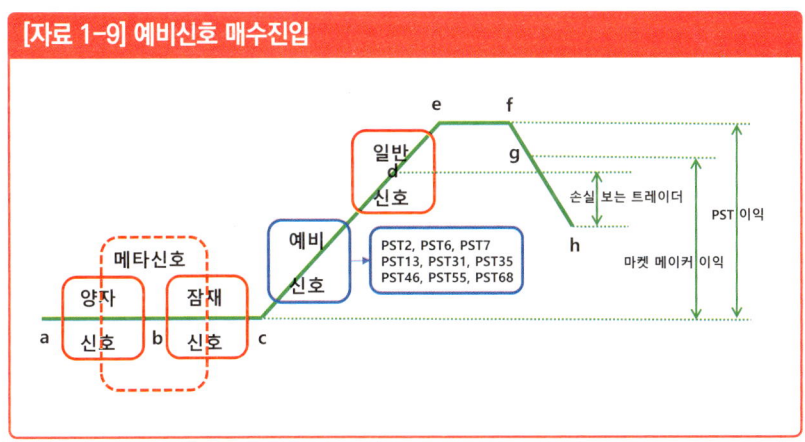

[자료 1-9] 예비신호 매수진입

추세가 상승일 때 PST이론으로 신호에는 [자료 1-9]처럼 일반신호, 예비신호, 잠재신호, 양자신호, 메타신호가 있습니다. 예비신호는 마켓 메이커가 추세를 a지점부터 c지점까지 일정 기간 상승보합을 만든 후 상승강화로 전환하는 추세의 기울기가 존재하는 매수진입을 알려줍니다. 물론 예외적으로 손실 보는 트레이더들이 매수진입으로 거래할 때 참고로 하는 일반신호도 예비신호와 같게 나오는 경우도 있지만, 보통은 일반신호가 예비신호 이후에 발생해 여러분께 보여줍니다.

예비신호를 보여주는 PST지표로는 PST2, PST6, PST7, PST13, PST31, PST35, PST46, PST55, PST68지표가 있습니다. 지표에 대한 각각의 설명은 추후 자세히 하겠습니다. 상승보합에서 상승강화로 변환하는 c지점부터 e지점까지 구간에서 예비신호를 활용해서 매수진입할 때는 기울기와 퍼센트로 구별할 수 있습니다. 매수진입 시 기울기(θ)를 보여주는 PST지표는 PST6, PST13, PST35, PST55지표가 있고 퍼센트(%)로 보여주는 PST지표는 PST2, PST7지표가 있습니다.

- PST6지표 : tan30도 $\leq \theta <$ tan90도
- PST13지표 : tan45도 $\leq \theta <$ tan90도
- PST35지표 : tan0도 $\leq \theta \leq$ tan90도
- PST55지표 : tan60도 $\leq \theta <$ tan90도
- PST2지표 : $80 \leq \% \leq 100$
- PST7지표 : $80 \leq \% \leq 100$

PST6지표, PST13지표, PST55지표를 보면 지표번호가 버전이 상향될수록 시작하는 탄젠트 각도가 30도 → 45도 → 60도로 커짐을 알 수 있습니다. 상승보합에서 상승강화로 마켓 메이커가 되돌림 없이 저항선을 돌파하면서 추세가 상승할 때 나타나는 현상이 기울기입니다. 기울기가 크다는 말은 무엇을 뜻할까요? 기울기는 '가격의 변화/시간의

변화'로 계산한 것이기 때문에 동일 보유시간 동안 수익을 극대화하는 것을 뜻합니다. 이해가 되시나요? 물론 추후에 PST지표를 자세히 설명해드릴 테니 걱정하지 마시길 바랍니다.

 기울기를 보이는 지표 중에 PST35지표만 유일하게 tan90도가 포함되어 있습니다. tan90도는 무한대의 의미로 캔들이 수직 상승한다는 의미입니다. 가격의 변화를 급격히 크게 마켓 메이커가 움직이는 것을 마켓 팔로어인 저나 여러분은 절대로 그 동일한 캔들의 시가에는 매수진입이 불가능합니다. 그러면 어떤 방법이 있을까요? 캔들이 크게 상승하기 전에 미리 상승보합 구간에서 매수진입을 하고 기다리는 것입니다. 그리고 추세가 급격한 상승이 나오는 큰 이익을 기대할 수 있습니다. 추세가 급격한 상승이 안 나오고 급격한 하락이 나오면 어떻게 하냐고 질문을 하실 분도 계시겠지요? 하지만 PST35지표 이론으로는 진입 후 진입과 반대 방향으로 추세가 나올 확률은 0%이니 걱정하지 마시길 바랍니다. 매수진입할 때 구간이 상승강화가 아니고 상승보합이 진입 시 기울기가 없는 tan0도 이상으로 표시했고 매수진입 시 손절(Stop)이 5틱이 안 걸리는 PR(Profit Range)을 찾아냈기 때문에 매수 PR 구간에서만 매수진입을 하시면 됩니다.

 [자료 1-10]은 [자료 1-9]에서 b~d구간을 각각의 기울기로 표시한 것입니다. b~c구간은 상승보합 구간이고 c~d는 상승강화 구간이 시작되고 기울기가 보이기 시작합니다. 기울기에 따라서 추세의 각각 T1, T2, T3처럼 생각할 수가 있습니다.

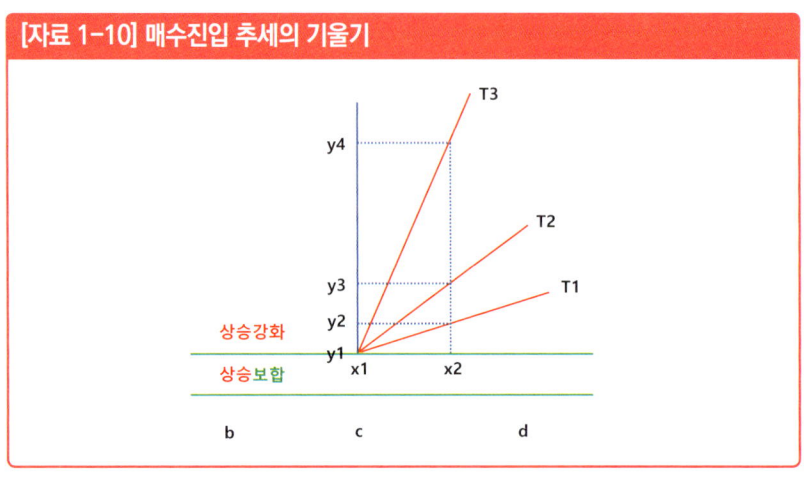

- T1의 기울기 = (y2-y1)/(x2-x1) = tan30도 이상 : PST6지표
- T2의 기울기 = (y3-y1)/(x2-x1) = tan45도 이상 : PST13지표
- T3의 기울기 = (y4-y1)/(x2-x1) = tan60도 이상 : PST55지표

여러분은 매수진입 시 어떤 PST지표를 활용했을 때 가장 효과적으로 수익이 날 수 있다고 생각하시나요? 당연히 PST55지표입니다. 이유는 동일시간(x2-x1) 동안 수익이 (y4-y1)만큼 가장 크기 때문입니다. 결국, 동일시간 동안 매수진입으로 수익이 크다는 것은 기울기(=탄젠트 각도)에 비례한다는 것을 알 수 있습니다.

매수진입 기대 수익 ∝ 기울기 ∝ 탄젠트 각도

PST2지표와 PST7지표는 Y축 가격의 변화를 2차원적으로 볼 때 0%~100% 사이에서 보인다고 가정합니다. 그리고 어느 시간의 X축 시점에서 가격 Y값이 80%~100%에서 매수진입을 합니다. PST2지표는 상승하는 하나의 캔들 움직임을 계산해서 보이고, PST7지표는 상승하는 하나의 추세 움직임을 계산해서 보입니다. PST2지표보다 PST7지표가 광의의 개념이라고 보시면 이해하시기가 좋습니다.

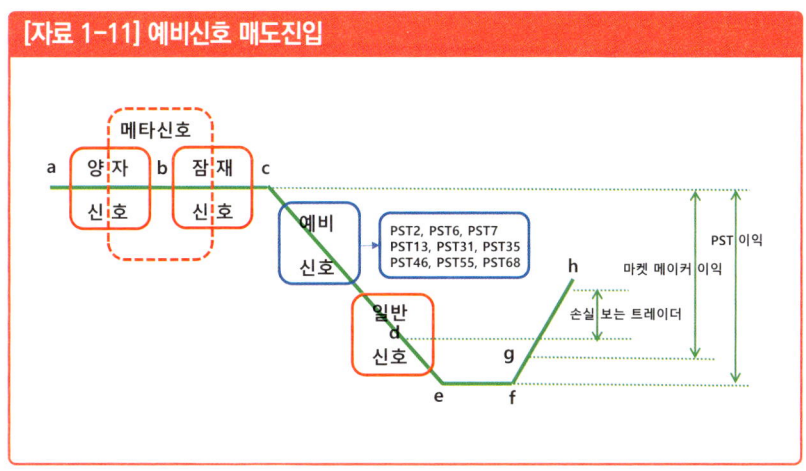

추세가 하락일 때 PST이론으로 신호에는 [자료 1-11]처럼 일반신호, 예비신호, 잠재신호, 양자신호, 메타신호가 있습니다. 예비신호는 마켓 메이커가 추세를 a지점부터 c지점까지 일정 기간 하락보합을 만든 후 하락강화로 전환하는 추세의 기울기가 존재하는 매도진입을 알려줍니다. 물론 예외적으로 손실 보는 트레이더들이 매도진입으로 거래할 때 참고로 하는 일반신호도 예비신호와 같게 나오는 경우도 있습니다. 하지만 보통은 일반신호가 예비신호 이후에 발생해 여러분께 보여줍니다.

예비신호를 보여주는 PST지표로는 PST2, PST6, PST7, PST13, PST31, PST35, PST46, PST55, PST68지표가 있습니다. 지표에 대한

각각의 설명은 추후 자세히 하겠습니다. 하락보합에서 하락강화로 변환하는 c지점부터 e지점까지 구간에서 예비신호를 활용해서 매도진입할 때는 기울기와 퍼센트로 구별할 수 있습니다. 매도진입 시 기울기(θ)를 보여주는 PST지표는 PST6, PST13, PST35, PST55지표가 있고 퍼센트(%)로 보여주는 PST지표는 PST2, PST7지표가 있습니다.

- PST6지표 : arctan30도 $\leq \theta <$ arctan90도
- PST13지표 : arctan45도 $\leq \theta <$ arctan90도
- PST35지표 : arctan0도 $\leq \theta \leq$ arctan90도
- PST55지표 : arctan60도 $\leq \theta <$ arctan90도
- PST2지표 : $80 \leq \% \leq 100$
- PST7지표 : $80 \leq \% \leq 100$

PST6지표, PST13지표, PST55지표를 보면 지표번호가 버전이 상향될수록 시작하는 아크탄젠트 각도가 30도 → 45도 → 60도로 커짐을 알 수 있습니다. 하락보합에서 하락강화로 마켓 메이커가 되돌림 없이 저항선을 돌파하면서 추세가 하락할 때 나타나는 현상이 기울기입니다. 기울기가 크다는 말은 무엇을 뜻할까요? 기울기는 '가격의 변화/시간의 변화'로 계산한 것이기 때문에 동일 보유시간 동안 수익을 극대화하는 것을 뜻합니다. 이해가 되시나요? 물론 추후 PST지표를 자세히 설명해드릴 테니 걱정하지 마시길 바랍니다.

기울기를 보이는 지표 중에 PST35지표만 유일하게 arctan90도가 포함되어 있습니다. arctan90도는 무한대의 의미로 캔들이 수직 하락을 뜻합니다. 가격의 변화를 급격히 크게 마켓 메이커가 움직일 때 마

켓 팔로어인 저나 여러분은 절대로 그 동일한 캔들의 시가에는 매도진입이 불가능합니다. 그러면 어떤 방법이 있을까요? 캔들이 크게 하락하기 전에 미리 하락보합 구간에서 매도진입을 하고 기다리는 것입니다. 그리고 추세가 급격한 하락이 나오는 큰 이익을 기대할 수 있습니다. 추세가 급격한 하락이 안 나오고 급격한 상승이 오면 어떻게 하냐고 질문을 하실 분도 계시겠지만, PST35지표 이론으로는 진입 후 진입과 반대 방향으로 추세가 나올 확률은 0%이니 걱정하지 마시길 바랍니다. 매도진입할 때 구간이 하락강화가 아니고 하락보합이 진입 시 기울기가 없는 arctan0도 이상으로 표시했습니다. 매도진입 시 손절(Stop)이 5틱이 안 걸리는 PR(Profit Range)을 찾아냈기 때문에 매도 PR구간에서만 매도진입을 하시면 됩니다.

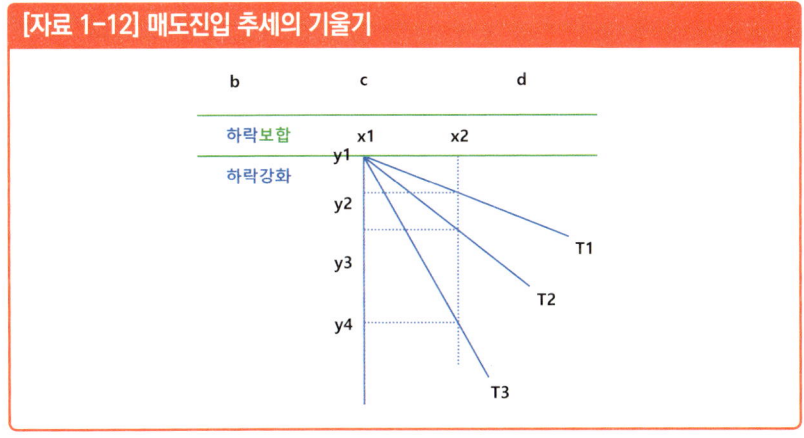

[자료 1-12] 매도진입 추세의 기울기

[자료 1-12]는 [자료 1-11]에서 b~d구간을 각각의 기울기로 표시한 것입니다. b~c구간은 하락보합 구간이고 c~d는 하락강화 구간이 시작되며 기울기가 보이기 시작합니다. 기울기에 따라서 추세의 각각 T1, T2, T3처럼 생각할 수가 있습니다.

- T1의 기울기 = (y2-y1)/(x2-x1) = arctan30도 이상 : PST6지표
- T2의 기울기 = (y3-y1)/(x2-x1) = arctan45도 이상 : PST13지표
- T3의 기울기 = (y4-y1)/(x2-x1) = arctan60도 이상 : PST55지표

여러분은 매도진입 시 어떤 PST지표를 활용했을 때 가장 효과적으로 수익이 날 수 있다고 생각하시나요? 당연히 PST55지표입니다. 이 유는 동일시간(x2-x1) 동안 수익이 (y4-y1)만큼 가장 크기 때문입니다. 결국, 동일시간 동안 매도진입으로 수익이 크다는 것은 기울기(=아크탄젠트 각도)에 비례한다는 것을 알 수 있습니다.

매도진입 기대 수익 ∝ 기울기 ∝ 아크탄젠트 각도

PST2지표와 PST7지표는 Y축 가격의 변화를 2차원적으로 볼 때 0%~100% 사이에서 보인다고 가정합니다. 그리고 어느 시간의 X축 시점에서 가격 Y값이 80%~100%에서 매도진입을 합니다. PST2지표는 하락하는 하나의 캔들 움직임을 계산해서 보이고, PST7지표는 하락하는 하나의 추세 움직임을 계산해서 보입니다. PST2지표보다 PST7지표가 광의의 개념이라고 보시면 이해하시기가 좋습니다.

잠재신호
(Potential Signal)

여러분은 잠재신호를 들어보셨나요? 잠재신호도 제가 PST이론을 정립하면서 만든 용어입니다.

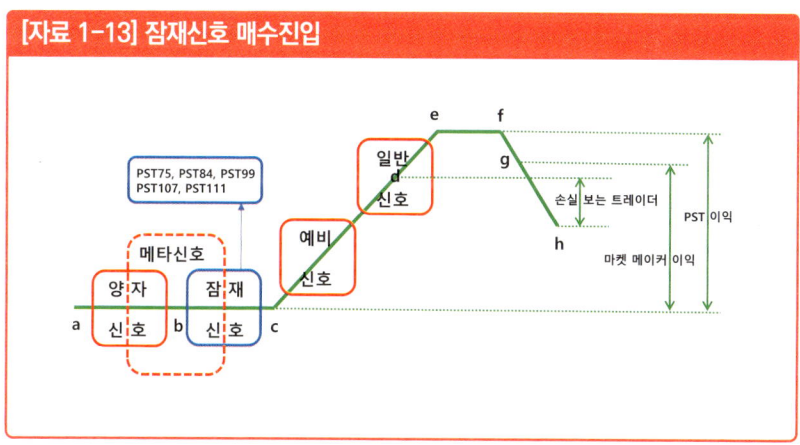

[자료 1-13] 잠재신호 매수진입

추세가 상승일 때 PST이론으로 신호에는 [자료 1-13]처럼 일반신호, 예비신호, 잠재신호, 양자신호, 메타신호가 있습니다. 잠재신호는 마켓 메이커가 추세를 b지점부터 c지점까지 일정 기간 상승보합을 만들고 탄젠트 기울기가 생기는 상승강화로 전환하기 전에 나타납니다. 잠재신호는 상승추세의 기울기가 존재하지 않기 때문에 잠재신호만 가지고 매수진입을 하면 안 됩니다. 그러면 잠재신호가 왜 필요할까요?

잠재신호를 모르고 예비신호만 가지고 매수진입을 해도 수익을 낼 수가 있지만, 많은 연습을 하지 않으면 왜 추세가 갑자기 탄젠트 기울기를 가지면서 상승하는지 모릅니다. 그러나 잠재신호를 알고 매수진입을 기다린 후 매수진입을 하면, 손실 보는 트레이더처럼 추격 매수하지 않고 천천히 여유 있게 매수진입이 가능합니다.

매수 잠재신호는 반드시 기준차트인 10분차트를 중심으로 하위차트인 1분, 3분, 5분에서도 매수 잠재신호가 나와야 매수진입을 할 수 있습니다. 물론 실전 거래에서는 1분, 3분, 5분, 10분차트에서 모두 매수 잠재신호가 나오는 경우가 쉽지 않지만은 10분차트에서 매수 잠재신호가 먼저 나온 상태에서 최소한 1분차트는 나와야 매수진입을 고려할 수 있습니다. 그리고 매수진입 후 수익을 보다가 매수청산 신호가 나오면 바로 매수청산하지 말고 상위차트에서 매수청산 신호가 나오지 않으면 P2 구간의 노이즈인 음봉이 다시 상승하면서 양봉으로 바뀔 수도 있습니다.

잠재신호를 보여주는 PST지표로는 PST75, PST84, PST99, PST107, PST111지표가 있습니다. 지표에 대한 각각의 설명은 추후 자세히 하겠습니다.

PST75지표, PST84지표, PST107지표는 잠재신호를 포함해 매수진입 시 수익이 나는 구간의 시작과 끝이 보여줍니다. 그러나 이 지표들은 매수진입 시 추세의 기울기를 설정할 수가 없으므로 단독으로 사용하는 것보다는 추세의 기울기를 각도(θ) 또는 퍼센트(%)로 설정할 수 있는 PST지표와 같이 사용해야 더욱 효과적으로 수익을 기대할 수 있습니다.

PST99지표부터는 추세를 3차원적으로 생각해 제가 만들었습니다. 추세를 X축(시간)과 Y축(가격)으로 단순히 2차원적으로 생각한 것보다 추세를 X축(시간), Y축(가격), Z축(반대세력)까지 고려해서 만든 3차원 PST지표는 2차원 PST지표보다 더욱 강력합니다. 매수진입 시 여러분이 일반 보조지표를 활용해서 진입할 때 나타나는 일반신호보다 예비신호가 빠르게 나타나고, 예비신호보다 더욱 빠르게 잠재신호가 나타납니다. 3차원 PST지표는 보다 먼저 매수진입, 보유, 매수청산을 고려할 수 있습니다. PST99지표는 PST55지표를 업그레이드한 지표로 잠재신호를 포함해 탄젠트 기울기를 설정해 매수진입을 할 수 있습니다. 그리고 PST111지표는 잠재신호를 나타내는 PST지표에서 최상위지표로 추세를 3차원적으로 분석해서 시간인 X축에 대해 X축-Y축, X축-Z축, X축-Y축-Z축으로 상승강화와 상승보합의 매수진입과 매수청산을 할 수 있습니다. 만약 여러분이 잠재신호까지 PST교육을 받았다면 매수진입 시 PST111지표와 PST107지표만 있어도 실전 거래에서 자신감을 100%까지 만들 수 있습니다.

추세가 하락일 때 PST이론으로 신호에는 [자료 1-14]처럼 일반신호, 예비신호, 잠재신호, 양자신호, 메타신호가 있습니다. 잠재신호는 마켓 메이커가 추세를 b지점부터 c지점까지 일정 기간 하락보합을 만들고, 아크탄젠트 기울기가 생기는 하락강화로 전환하기 전에 나타납

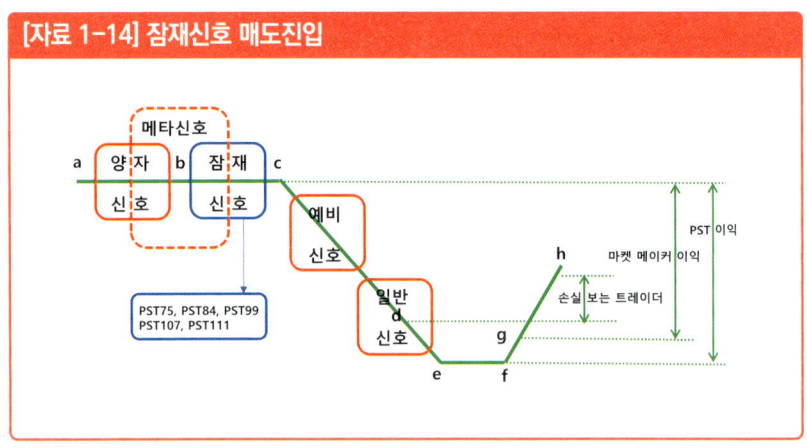

니다. 잠재신호는 하락추세의 기울기가 존재하지 않기 때문에 잠재신호만 가지고 매도진입을 하면 안 됩니다. 그러면 잠재신호가 왜 필요할까요? 잠재신호를 모르고 예비신호만 가지고 매도진입해도 수익을 낼수가 있습니다. 하지만 많은 연습을 하지 않으면 왜 추세가 갑자기 아크탄젠트 기울기를 가지면서 하락하는지 모릅니다. 그러나 잠재신호를 알고 매도진입을 기다린 후 매도진입을 하면, 손실 보는 트레이더처럼 추격 매도하지 않고 천천히 여유 있게 매도진입이 가능합니다.

매도 잠재신호는 반드시 기준차트인 10분차트을 중심으로 하위차트인 1분, 3분, 5분에서도 매도 잠재신호가 나와야 매도진입을 할 수 있습니다. 물론 실전 거래에서는 1분, 3분, 5분, 10분차트에서 모두 매도 잠재신호가 나오는 경우가 흔치 않습니다. 10분차트에서 매도 잠재신호가 나온 상태에서 최소한 1분차트는 나와야 매도진입을 고려할 수 있습니다. 매도진입 후 수익을 보다가 매도청산 신호가 나오면 바로 매도청산하지 말고 상위차트에서 매도청산 신호가 나오지 않으면 P2구간의 노이즈인 양봉이 다시 하락하면서 음봉으로 바뀔 수도 있습니다.

잠재신호를 보여주는 PST지표로는 PST75, PST84, PST99, PST107, PST111지표가 있습니다. 지표에 대한 각각의 설명은 추후 자세히 하겠습니다.

PST75지표, PST84지표, PST107지표는 잠재신호를 포함해 매도진입 시 수익이 나는 구간의 시작과 끝이 보여줍니다. 그러나 이 지표들은 매도진입 시 추세의 기울기를 설정할 수가 없습니다. 단독으로 사용하는 것보다는 추세의 기울기를 각도(θ) 또는 퍼센트(%)로 설정할 수 있는 PST지표와 같이 사용해야 더욱 효과적으로 수익을 기대할 수 있습니다.

PST99지표부터는 추세를 3차원적으로 생각해서 제가 만들었습니다. 추세를 X축(시간)과 Y축(가격)으로 단순히 2차원적으로 생각한 것보다 추세를 X축(시간), Y축(가격), Z축(반대세력)까지 고려해서 만든 3차원 PST지표는 2차원 PST지표보다 더욱 강력합니다. 매도진입 시 여러분이 일반 보조지표를 활용해서 진입할 때 나타나는 일반신호보다 예비신호가 빠르게 나타납니다. 예비신호보다 더욱 빠르게 잠재신호가 나타나는데 3차원 PST지표는 보다 먼저 매도진입, 보유, 매도청산을 고려할 수 있습니다. PST99지표는 PST55지표를 업데이트한 지표로 잠재신호를 포함해 아크탄젠트 기울기를 설정해 매도진입을 할 수 있습니다. 그리고 PST111지표는 잠재신호를 나타내는 PST지표에서 최상위지표로 추세를 3차원적으로 분석해서 시간인 X축에 대해 X축-Y축, X축-Z축, X축-Y축-Z축으로 하락강화와 하락보합의 매도진입과 매도청산을 할 수 있습니다. 만약 여러분이 잠재신호까지 PST교육을 받았다면 매도진입 시 PST111지표와 PST107지표만 있어도 실전 거래에서 자신감을 100%까지 만들 수 있습니다.

양자신호
(Quantum Signal)

여러분은 양자신호를 들어보셨나요? 양자신호도 제가 PST이론을 정립하면서 만든 용어입니다. 많은 수강생이 PST교육을 받을 때마다 저한테 "PST지표를 어디까지 연구하세요?"라고 물어봅니다. PST지표를 연구를 끊임없이 하다 보니까 계속 새로운 PST이론과 PST지표가 나오게 되었습니다. 실전 거래에서 매수진입을 할 때 잠재신호를 가지고도 충분한 수익을 기대할 수 있었습니다. 하지만 양자역학 이론을 보다가 PST지표에도 양자신호를 만들어서 거래하면 좋을 것 같아서 연구했고 결국 만들게 되었습니다. 잠재신호를 가지고도 100연승이 나오는데 양자신호를 교육한 후에는 제자분들이 200연승, 300연승 이상으로 좋은 결과를 보여주셨습니다. 이로써 양자신호에 대한 신뢰성은 충분히 검증되었습니다.

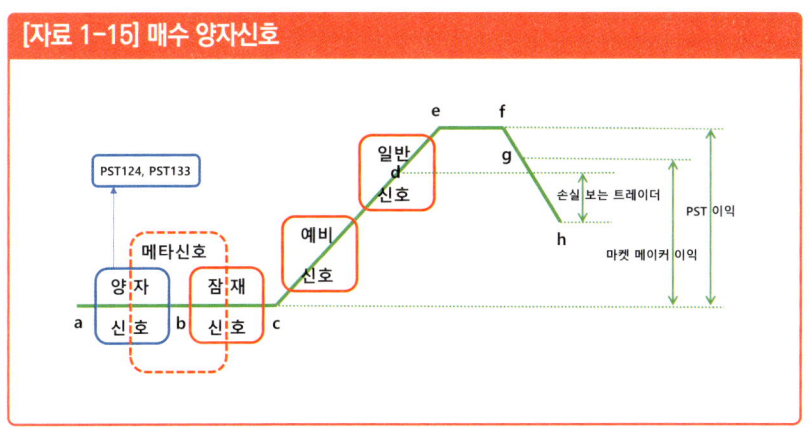

　매수진입 시 매수진입 양자신호는 나올 수도 있고 안 나올 수도 있습니다. 그런데 만약 매수진입 양자신호가 나왔다면 매수진입부터 가장 편안하게 보유한 후 매수청산을 할 수 있는 것이 이미 운명적으로 정해질 수 있습니다. 자세한 거래방법으로 PST124지표에서 매수진입 양자신호가 무엇이고 언제 매수진입을 하며 언제 매수청산하는지를 설명해드리겠습니다. 매수진입 양자신호가 나왔다고 해서 무조건 매수진입해서는 안 됩니다. 매수진입 양자신호는 수익이 날 수 있는 구간의 시작을 알려주지만, 매수진입 시 추세의 기울기가 없으므로 조금 노이즈가 생길 수 있습니다. 그래서 PST124지표를 단독으로 활용하기보다는 PST111지표를 같이 활용하기를 추천해드립니다. 물론 PST111지표말고 PST99지표를 사용해도 됩니다. 하지만 PST99지표는 매수진입 시 추세의 기울기를 각도로 계산하고, PST111지표는 추세의 기울기를 퍼센트로 계산한다는 차이가 있습니다. PST99지표를 활용해서 추세의 기울기가 tan60도 이상~90도 미만까지 움직임을 보면서 매수진입을 충분히 연습하셔야 합니다.

　PST124지표에서 매수진입 양자신호가 나온 후 PST99지표보다도

PST111지표를 보고 매수진입하는 것이 조금 더 쉽게 거래할 수 있습니다.

해외선물 거래 시 기준차트는 10분으로 설정합니다. 기준차트를 중심으로 하위 타임 프레임(1분, 3분, 5분)에서 모두 매수진입 양자신호가 나올 수 있을까요? 이론상 나올 수도 있지만, 실전 거래에서는 모든 타임 프레임에서는 좀처럼 매수진입 양자신호는 나오지 않습니다. 그러면 어떻게 해야 할까요? PST124지표도 3차원지표를 분석해서 매수진입부터 매수청산까지 동차트로 할 수 있는 장점이 있습니다. 그래서 실전 거래에서는 1분, 3분, 5분, 10분차트에서 최소한 한 개 이상 타임 프레임에서 매수진입 양자신호가 나와야 합니다. 만약 2개 타임 프레임에서 나온다면 1분차트와 10분차트가 좋습니다. 1분차트와 10분차트에서 매수진입 양자신호가 나온 후 PST111지표 또는 PST99지표를 활용해서 매수진입을 하면 1분차트로 매수진입부터 보유를 포함해 매수청산까지 편안하게 할 수 있습니다. 이후 3분차트와 5분차트가 상승보합이라 조금 흔들려도 매수진입 가격까지는 내려오지 않기 때문에 10분차트에서 PST124지표로 양자신호가 매수청산으로 보이면 그때 편안히 청산하면 됩니다.

매수 양자신호를 활용해서 실전 거래에서 수익을 한 번이라도 내시면 PST124지표의 매력에 빠질 수 있습니다. 주의하실 점은 반드시 PST99지표나 PST111지표보다 먼저 매수진입 양자신호가 나와야 합니다. 만약 PST99지표나 PST111지표를 활용해서 매수진입한 후 PST124지표에서 매수진입 양자신호가 나왔다면 이때는 매수진입 양자신호는 동작하지 않는다고 생각하셔야 하고 매수청산은 반드시 PST99지표나 PST111지표로 하셔야 합니다.

PST133지표는 PST111지표를 업그레이드한 지표입니다. PST133

지표는 상승추세를 3차원적으로 분석한 후 시간인 X축을 공통(X축-Z축, X축-Y축, X축-Y축-Z축)으로 나올 수 있는 상승추세를 T1, T2, T3로 분석했지만, PST133지표는 상승추세를 타임 스케줄상 N-1과 N으로 계산해 매수진입 시 T1-1, T1-2, T2, T3로 분류하고 매수진입 조건이 맞으면 매수진입을 합니다.

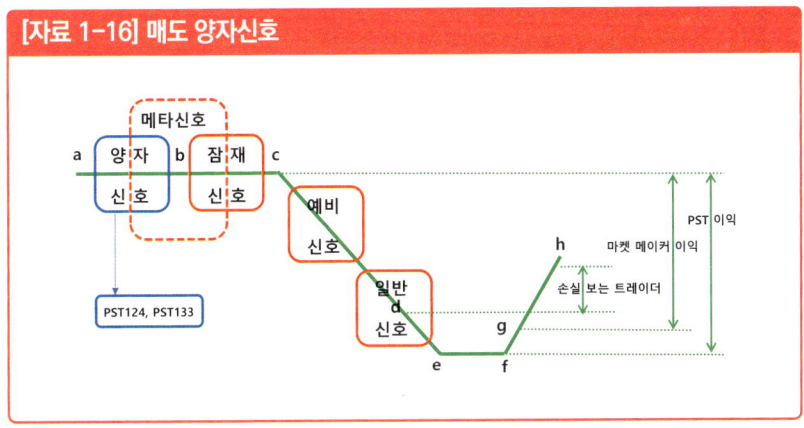

[자료 1-16] 매도 양자신호

매도진입 시 매도진입 양자신호가 나올 수도 있고 안 나올 수도 있습니다. 그런데 만약 매도진입 양자신호가 나왔다면 매도진입부터 가장 편안하게 보유한 후 매도청산을 할 수 있는 것이 이미 운명적으로 정해질 수 있습니다. 자세한 거래방법으로 PST124지표에서 매도진입 양자신호가 무엇이고 언제 매도진입을 하고 언제 매도청산을 하는지를 설명해드리겠습니다. 매도진입 양자신호가 나왔다고 해서 무조건 매도진입을 해서는 안 됩니다. 매도진입 양자신호는 수익이 날 수 있는 구간의 시작을 알려주지만 매도진입 시 추세의 기울기가 없으므로 조금 노이즈가 생길 수 있습니다. 그래서 PST124지표를 단독으로 활용하기보다는 PST111지표를 같이 활용하기를 추천해드립니다. 물론 PST111

지표 말고 PST99지표를 사용해도 되지만 PST99지표는 매도진입 시 추세의 기울기를 각도로 계산하고, PST111지표는 추세의 기울기를 퍼센트로 계산한다는 차이가 있습니다. PST99지표를 활용해서 추세의 기울기가 arctan60도 이상~90도 미만까지 움직임을 보면서 매도진입을 충분히 연습하셔야 합니다. PST124지표에서 매도진입 양자신호가 나온 후 PST99지표보다도 PST111지표를 보고 매도진입하는 것이 조금 쉽게 거래를 할 수 있습니다.

해외선물 거래 시 기준차트는 10분으로 설정합니다. 기준차트를 중심으로 하위 타임 프레임(1분, 3분, 5분)에서 모두 매도진입 양자신호가 나올 수 있을까요? 이론상 나올 수도 있지만, 실전 거래에서는 모든 타임 프레임에서는 좀처럼 매도진입 양자신호는 나오지 않습니다. 그러면 어떻게 해야 할까요? PST124지표도 3차원지표를 분석해서 매도진입부터 매도청산까지 같은 차트로 할 수 있다는 장점이 있습니다. 그래서 실전 거래에서는 1분, 3분, 5분, 10분차트에서 최소한 한 개 이상 타임 프레임에서 매도진입 양자신호가 나와야 합니다. 만약 2개 타임 프레임에서 나온다면 1분차트와 10분차트가 좋습니다. 1분차트와 10분차트에서 매도진입 양자신호가 나온 후 PST111지표 또는 PST99지표를 활용해서 매도진입을 하면 1분차트로 매도진입부터 보유를 포함해 매도청산까지 편안하게 할 수 있습니다. 이후 3분차트와 5분차트가 상승보합이라 조금 흔들려도 매도진입 가격까지는 올라오지 않기 때문에 10분차트에서 PST124지표로 양자신호가 매도청산으로 보이면 그때 편안히 청산하면 됩니다.

매도 양자신호를 활용해서 실전 거래에서 수익을 한 번이라도 내시면 PST124지표의 매력에 빠질 수 있습니다. 주의하실 점은 반드시 PST99지표나 PST111지표보다 먼저 매도진입 양자신호가 나와야 합니다. 만약 PST99지표나 PST111지표를 활용해서 매도진입한 후 PST124지표에서 매도진입 양자신호가 나왔다면 이때는 매도진입 양자신호는 동작하지 않는다고 생각하셔야 하고 매도청산은 반드시 PST99지표나 PST111지표로 하셔야 합니다.

PST133지표는 PST111지표를 업그레이드한 지표입니다. PST133지표는 하락추세를 3차원적으로 분석한 후 시간인 X축을 공통(X축-Z축, X축-Y축, X축-Y축-Z축)으로 나올 수 있는 하락추세를 T1, T2, T3로 분석했습니다. PST133지표는 하락추세를 타임 스케줄상 N-1과 N으로 계산해 매도진입 시 T1-1, T1-2, T2, T3로 분류하고 매도진입 조건이 맞으면 매도진입을 합니다.

메타신호
(Meta Signal)

　예비신호, 잠재신호, 양자신호에 이어서 PST이론과 PST지표를 연구하다 한층 발전시킨 메타신호를 찾아냈습니다. 예비신호, 잠재신호, 양자신호는 기존에 출간한 책을 참고하시고 이번 책에서는 메타신호를 자세히 설명해보겠습니다.

　여러분은 추세(Trend)를 타임 프레임(Time Frame)으로 정의를 해보신 적이 있나요? 그리고 거래 후 왜 손실이 나고 왜 수익이 나는지 여러분은 아시나요? 손해 보는 트레이더들은 추세를 단순히 상승, 보합, 하락으로 분류하고 기준차트 없이 본인 스스로 주관적으로 현재 추세를 해석해서 거래하시고 계실 것입니다. 그러나 제가 만든 PST이론은 추세를 타임 프레임으로 분석하고 추세의 위치를 상승강화, 상승보합, 횡보보합, 하락보합, 하락강화로 분류합니다. 실시간 추세를 PST지표로 정확하게 이해하고 여러분이 거래에서 수익이 나오도록 도와드립니다. 앞서 나온 새로운 용어는 추후 자세히 설명하겠습니다.

추세에 대한 사전적 의미는 어떤 현상이 일정한 방향으로 규칙과 불규칙을 반복하는 현상이라고 합니다. 물가 동향과 경제 통계의 시계열을 관찰할 때 나타나는 성장, 정체, 후퇴 등 변동 경향을 나타내는 움직임이라고도 합니다. 이런 일반적인 추세의 의미분석과 다르게 저는 추세를 해석해봤습니다. 처음에는 추세를 매수자(Buyer)와 매도자(Seller)가 단위시간(=캔들시간) 동안 일정 가격에서 거래의 결과를 시간이 지나갈 때 나타내는 흐름이라고 생각했습니다. 그리고 PST이론을 연구하면서 추세는 추세를 만드는 마켓 메이커(Market Maker)와 추세를 추종하는 마켓 팔로어(Market Follower)가 존재해 두 세력 간의 힘(Power)의 결과가 시간에 흐름에 나타나는 결과라고 생각했습니다. 저와 여러분은 추세를 만드는 마켓 메이커가 아닌 추세를 추종하는 마켓 팔로어 입장이기 때문에 추세를 절대로 주관적인 해석으로 접근하시면 안 됩니다.

[자료 1-17] 추세 세력

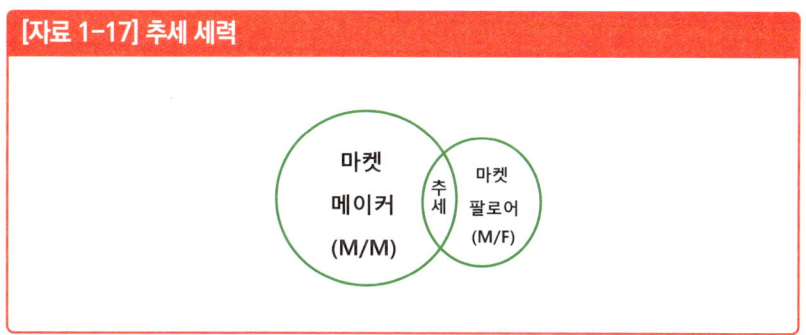

[자료 1-17]처럼 추세 세력은 마켓 메이커와 마켓 팔로어가 있는데 거래하는 방식은 한 방향 거래인 주식 거래와 양방향 거래인 해외선물 거래가 조금 다릅니다. 한 방향 거래인 주식 거래는 매수자가 청산자와 동일인이기 때문에 마켓 메이커가 어떤 종목의 주식을 어느 가격과 어느 기간 동안 매수진입을 계속하면 가격은 상승할 것입니다. 반대로 마

켓 메이커가 보유한 주식을 어느 가격과 어느 기간 동안 매수청산을 계속하면 가격은 하락할 것입니다. 그러나 양방향 거래인 해외선물 거래는 마켓 메이커가 매수진입, 매수청산, 매도진입, 매도청산을 할 수 있으므로 주식과 같은 방법으로 추세를 단순히 해석해 거래하시면 수익 내기가 쉽지 않습니다. 동의하시나요?

PST이론상 추세가 일정 기간 보합을 유지하다가 마켓 메이커가 저항선을 돌파하는 상승강화 또는 하락강화하는 P1구간과 재상승 또는 재하락하는 P4구간에만 PST지표로 분석해서 매수진입과 매도진입을 합니다. 제가 그전에 출간한 책들을 보시면 이해하실 수 있습니다. 현재 여러분이 이 설명이 어려우시더라도 다음에 자세히 설명할 테니 걱정하지 마십시오.

이번에는 추세를 차원(Dimension)적으로 생각해보겠습니다. 저는 추세를 기존 책에서 1차원, 2차원, 3차원으로 설명을 했습니다.

물리학에서 1차원 운동이란 물체의 운동 경로가 1차원 직선에 한정되는 경우를 의미합니다. 힘의 방향이 운동의 방향과 일치하거나 반대일 때 1차원 운동이 일어났다고 볼 수 있습니다. 이렇게 물리학에서 말한 1차원 개념을 해외선물 거래에 적용하면 어떻게 생각할 수 있을까요? 저는 수학적으로 1차원은 시간인 흐름인 X축만 존재한다고 생각합니다. 1차원 거래(One Dimension)를 했다는 것은 Y축인 가격은 고려하지 않고 거래하므로 신문, 뉴스를 보고 거래하거나 증권방송, 리딩방송 등을 보고 따라 하기 등으로 거래하는 방식을 생각할 수 있습니다. 혹시 여러분은 1차원으로 거래를 하지 않으시나요? 수많은 손실 보는 수강생들이 PST교육 받으러 오실 때 물어보면 1차원으로 거래를 하신 분들이 많으셨습니다.

2차원(Two Dimension) 거래는 추세를 시간인 X축과 가격인 Y축으로 생각합니다. 시간인 X축에는 진행되는 추세 중 어느 시각에서 여러분이 추세를 보고 있다고 가정하면 그 시점이 현재가 되고 이전 추세를 과거, 이후 추세를 미래라고 타임 스케줄로 생각할 수 있습니다. 현재는 여러분이 어느 시각에서 어떤 타임 차트로 보는 것으로 그 기간만 일시적으로 존재합니다. 예를 들어 10분차트로 보면 10분 동안만 현재라고 PST이론은 생각합니다. 시간이 11분이 되어 10분차트에서 2번째 캔들이 등장이 되어 이것을 현재라고 본다면 이전 캔들은 과거로 볼 수 있습니다. 이해가 되시나요?

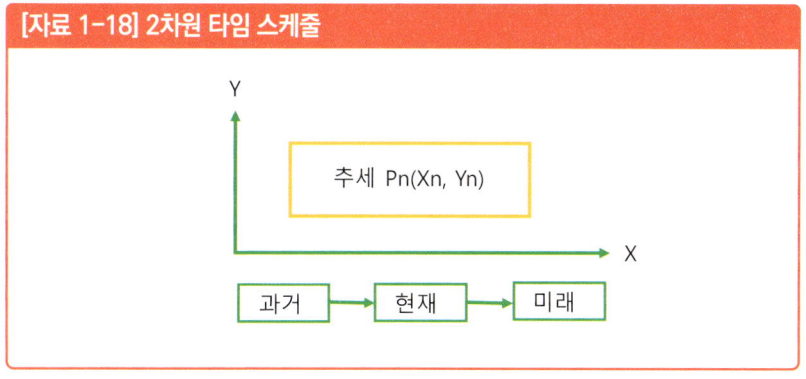

[자료 1-18] 2차원 타임 스케줄

[자료 1-18]은 추세를 2차원과 타임 스케줄로 생각한 것입니다. 추세는 단위시간 동안 캔들이 시가, 종가, 고가, 종가로 표현된 Pn(Xn, Yn)을 n번째 흐름을 표시한 것이라고 볼 수 있습니다.

추세를 2차원적으로 생각하고 PST이론에 적용하기 위해서는 다음과 같이 몇 가지 전제조건에 맞춰야 합니다.

1. 시간은 X축으로 생각하고 가격, 주가, 환율 등은 Y축으로 생각합니다.
2. 현재 시점에서 추세는 타임 스케줄에 따라서 과거, 현재, 미래로 X축에서 좌측에서 우측으로만 생각하고 가격, 주가, 환율 등의 변동은 Y축에서 위, 아래에 모두 표시가 가능합니다.
3. 하나의 추세는 하나의 사이클(Cycle) 안에서만 존재하고 사이클은 시작과 끝이 반드시 존재합니다. 예를 들어 상승 사이클에서는 상승추세만 존재하고 하락 사이클에서는 하락추세만 존재합니다.
4. 양방향 거래인 해외선물 거래에서 수익이 나기 위해서는 추세의 방향에 따라 매수진입 가격보다 매수청산 가격이 높아야 할 때도 있고, 매도진입 가격보다 매도청산 가격이 낮아야 할 때도 있습니다.
5. 수익과 손실이 나기 위해서는 시간인 X축으로 변동에 따라 Y축에 나타나는 가격, 주가, 환율 등은 반드시 기울기가 존재합니다.

3차원(Three Dimension) 거래는 추세를 시간인 X축과 가격인 Y축과 반대세력인 Z축으로 생각합니다. 반대세력은 추세가 상승하다가 상승이 멈추고 상승보합이나 하락추세로 전환될 때 매수청산이 아닌 매도진입을 뜻합니다. 물론 추세가 하락하다가 하락이 멈추고 하락보합이나 상승추세로 전환될 때 매도청산이 아닌 매수진입을 뜻하기도 합니다. 다음에 자세히 설명할 테니 지금은 다 이해되지 않으셔도 괜찮습니다.

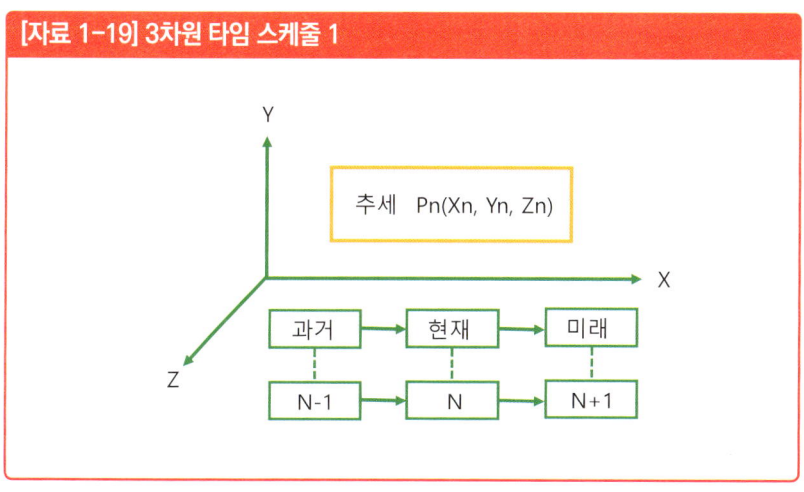

[자료 1-19]는 추세를 3차원과 타임 스케줄로 생각한 것입니다. 추세는 단위시간 동안 캔들이 시가, 종가, 고가, 종가로 표현된 $P_n(X_n, Y_n, Z_n)$을 n번째 흐름을 표시한 것이라고 볼 수 있습니다. 타임 스케줄로 과거, 현재, 미래로 추세가 변화하는 것을 캔들 입장에서 현재를 N 번째라고 볼 때 과거는 N-1, N-2, N-3 등과 미래는 N+1, N+2, N+3 등으로 생각할 수 있습니다.

추세를 3차원으로 생각하고 PST이론에 적용하기 위해서는 다음과 같이 몇 가지 전제조건에 맞춰야 합니다.

1. 시간은 X축으로 생각하고 가격, 주가, 환율 등은 Y축으로 생각하고, 반대세력은 Z축으로 생각합니다.
2. 현재 시점에서 추세는 시간에 흐름에 따라 시간은 X축에서 좌측을 과거, 우측을 미래로 생각합니다. 가격, 주가, 환율 등의 변동은 Y축에서 위, 아래 모두 표시할 수 있고 반대세력의 유무에 따라 수익과 손실로 변동성이 비례합니다.

3. 추세는 사이클 안에서만 존재하고 사이클은 시작과 끝이 존재합니다. 예로 상승 사이클에서는 상승추세만 존재하고 하락 사이클에서는 하락 사이클만 존재합니다. 사이클은 X축-Y축, X축-Z축, X축-Y축-Z축 모두 존재합니다.
4. 양방향 거래인 해외선물 거래에서 수익이 나기 위해서는 추세의 방향에 따라 매수진입 가격보다 매수청산 가격이 높아야 할 때도 있고, 매도진입 가격보다 매도청산 가격이 낮아야 할 때도 있습니다.
5. 수익과 손실이 나기 위해서는 시간인 X축으로 변동에 따라 Y축에 나타나는 가격, 주가, 환율 등은 변동에 따른 기울기와 시간인 X축으로 변동에 따라 Z축에 나타나는 기울기도 반드시 존재합니다.

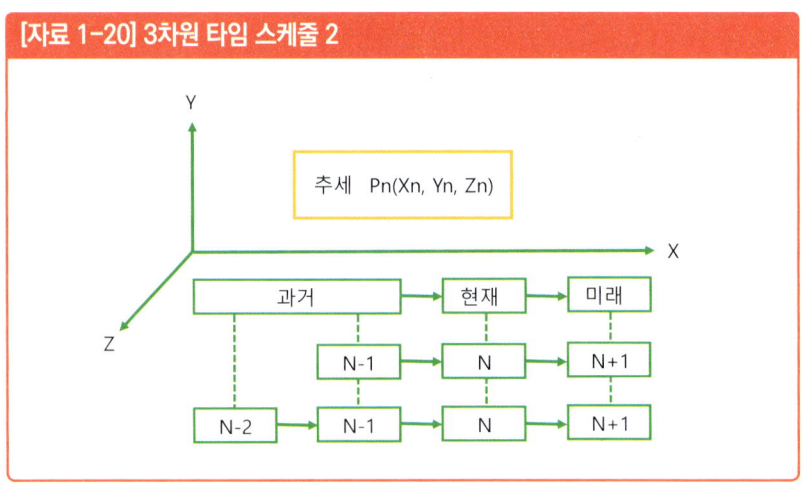

[자료 1-20] 3차원 타임 스케줄 2

[자료 1-20]은 [자료 1-19]에서 과거에 해당한 부분에서 N-2를 찾아냈습니다. 처음에 PST이론과 PST지표를 제가 만들 때는 N을 분석해서 N+1을 예측했고 이후 N-1을 분석해서 N과 N+1을 예측했습니다. PST지표가 N-1을 분석하고 N번째 진입을 해서 수익이 나는 경우

가 여러분이 N을 보고 N+1번째 진입하는 것보다 훨씬 빠르게 진입을 하는 것을 볼 수 있습니다. 물론 청산도 욕심을 안 내면 N번째 진입이 N+1번째 진입보다 많은 수익을 기대할 수 있습니다.

진입신호로 분류하면 과거는 양자신호(Quantum Signal)와 잠재신호(Potential Signal)가 있으며, 현재는 예비신호(Pre-Signal)가 있고, 미래는 일반신호(General Signal)가 있습니다. 만약 여러분이 공개된 일반지표를 참고해서 거래를 한다면 여러분은 일반신호를 보고 거래를 하는 것입니다. 이미 마켓 메이커가 추세를 만들면서 수익을 보고 있는데 여러분은 미래에서 추세가 마지막이 될 수 있는 적은 확률을 가지면서 불확정적으로 거래하는 것입니다. 저도 PST지표를 만들면서 추세를 2차원적으로 생각할 때는 예비신호까지만 생각했었습니다. 그러나 추세를 3차원적으로 생각하면서부터 마켓 메이커가 하나의 사이클에서 저항선을 돌파하는 P1구간을 만들기 전인 보합구간에서 양자신호와 잠재신호를 PST지표로 찾아냈습니다.

양자신호까지 PST교육을 받으면 좋은 결과가 나올까에 대해 의심하시는 분도 많을 것 같아서 말씀드리겠습니다. 만약 10번 거래에서 몇 번 수익이 나면 훌륭한 지표라고 여러분은 생각하시나요? 7번, 8번, 9번 수익이 나면 매우 훌륭한 지표라고 생각하시겠지만 저는 아닙니다. 만약 완벽한 지표라면 10번에서 10번 모두 수익이 나야 하지 않나요? 그런데 만약 10번이 아닌 실전 거래 100번에서 100번을 모두 연승한다면 어떻게 생각하시겠어요? 인터넷 검색창에 다음 카페명인 '숭실대학교 주식, 외환 전문가 모임'을 검색하시면 PST교육을 받은 수강생들이 실전 거래에서 100연승 이상하신 분들을 많이 보실 수 있습니다.

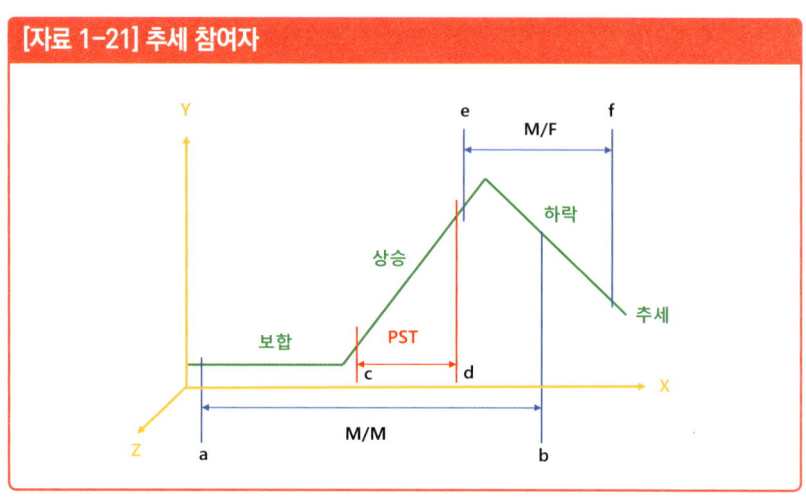

[자료 1-21]은 추세 참여자를 3차원적으로 분석한 것입니다. 추세를 만드는 마켓 메이커(M/M)와 추세를 추종하는 마켓 팔로어(M/F)를 상승 사이클인 경우 표시했습니다. 추세는 마켓 메이커와 마켓 팔로어의 행동에 따라서 Z축의 움직임이 나타납니다. 시간인 X축에 과거, 현재, 미래 순서대로 주가, 가격, 환율 등의 결과를 Y축으로 나타납니다. 마켓 메이커는 a지점부터 c지점까지 일정 구간 보합을 유지하다가 c지점부터 e지점까지 매수진입을 계속해서 강한 상승 구간을 만들어내다가 e지점부터 b지점까지는 매수청산을 해서 수익을 가져갑니다. 그러나 손실 보는 마켓 팔로어는 e지점 근처에서 마지막으로 약하게 상승하는 구간에서 매수진입한 후 f지점까지 매수청산을 하지 않아서 계속 손실을 봅니다. 가장 이상적인 매수진입과 매수청산 지점은 어디일까요? PST지표를 활용하면 가정 이상적으로 c지점에서 매수진입을 한 후 d지점에서 매수청산을 할 수 있습니다. 이것은 어떻게 가능할까요? PST지표로 추세를 마켓 메이커 입장에서 정확히 '타임 스케줄'과 '타임 프레임'을 분석하면 가능합니다.

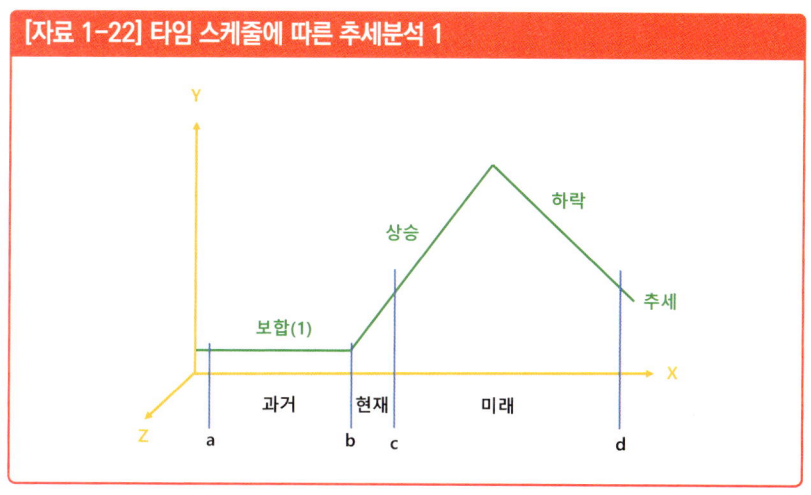

[자료 1-22]는 [자료 1-21]을 '타임 스케줄'에 따라 추세분석을 했습니다. a지점부터 b지점을 '과거'라고 보고 추세는 보합(1)로 구성되고 b지점부터 c지점까지를 현재라고 보고 추세는 상승구간이 시작임을 알 수 있습니다. 여기서 '현재'라는 것은 여러분이 b지점과 c지점에서 추세가 상승한다고 결정한 시각이라고 이해하시면 됩니다. 그리고 c지점에서 d지점까지 추세가 상승과 하락을 포함한 구간을 '미래'라고 생각하겠습니다. 이해가 되시지요?

물론 c지점인 미래 시작 시점에서 매수진입을 해도 어느 정도 수익을 낼 수 있지만 PST이론상 c지점에서 매수진입보다는 현재 시작 지점이니 b지점에서 매수진입이 노이즈 없이 많은 수익을 기대할 수 있습니다.

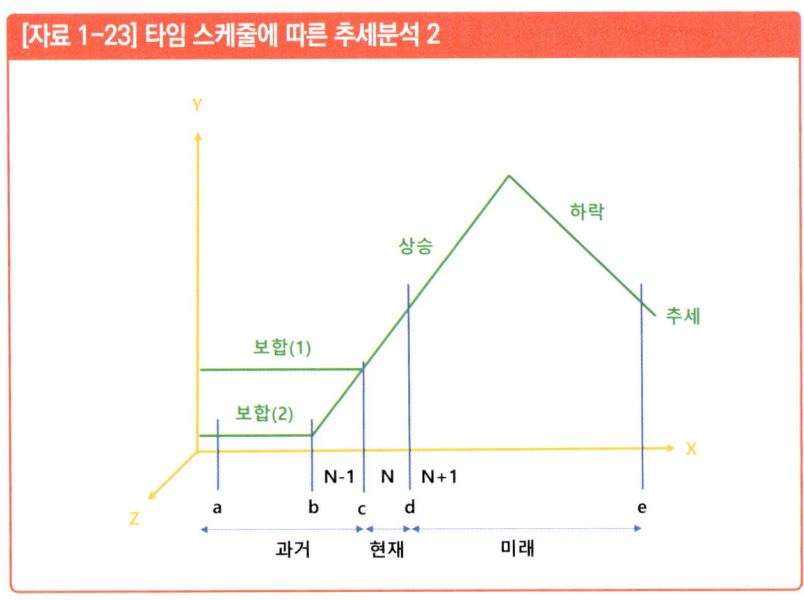

[자료 1-23]은 [자료 1-22]를 캔들 개수에 따라서 분류를 한 번 더 해봤습니다. a지점부터 c지점까지인 보합(1)까지 구간을 '과거'라고 생각했는데 만약 보합(1) 구간 안에서 a지점부터 b지점까지인 보합(2)와 b지점부터 c지점까지 상승추세가 타임 스케줄상 과거에 발생했다면 PST지표는 N-1을 분석해서 N에 매수진입을 할 수 있습니다. 기존에 출간한 책들은 여기까지 찾아내서 PST이론과 PST지표를 완성했고 이것이 맞다는 것을 많은 수강생들이 실전 거래에서 증명해주셨습니다.

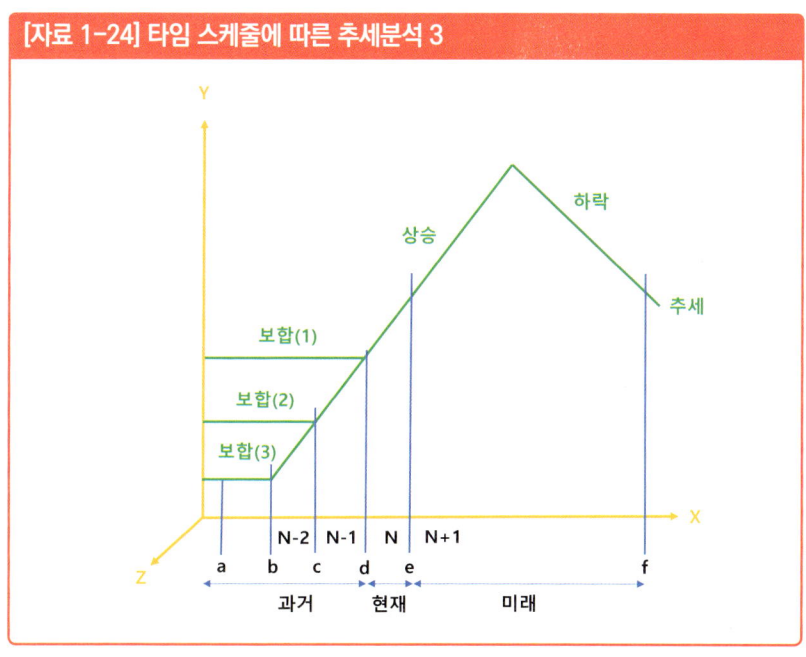

[자료 1-24] 타임 스케줄에 따른 추세분석 3

　[자료 1-24]는 [자료 1-23]을 캔들 개수에 따라서 분류를 한 번 더 해봤습니다. a지점부터 c지점까지인 보합(2)까지 구간을 '과거'라고 생각했는데 만약 보합(2) 구간 안에서 a지점부터 b지점까지인 보합(3)과 b지점부터 c지점까지 상승추세가 타임 스케줄상 과거에 발생했다면 PST지표는 N-2를 분석해서 N-1에 매수진입할 수 있습니다. 이번에 책에서는 이것을 소개하려고 합니다. 물론 N-2부터 상승추세가 시작되어 N-1, N, N+1 이후까지 계속 상승하는 경우가 실전 거래에서 나올 수도 있고 안 나올 수도 있습니다. 기존 PST이론에서는 이런 이론을 기준차트를 10분에서 5분, 3분, 1분으로 낮추면서 틱차트까지 보는 방법으로 구현했습니다. 기준차트를 낮추면 진입기회는 많아지지만 많은 수익을 기대하기가 기준차트를 높이는 것보다 작아지는 아쉬움이 있었습니다. 그러나 이번 경우는 기준차트를 낮추지 않고 기준차트를 10분

으로 보고 하위차트로 5분, 3분, 1분차트와 동시에 보면서 기존 지표보다 더 빠른 진입과 편안한 보유와 더 많은 수익을 기대하면서 청산할 수 있습니다.

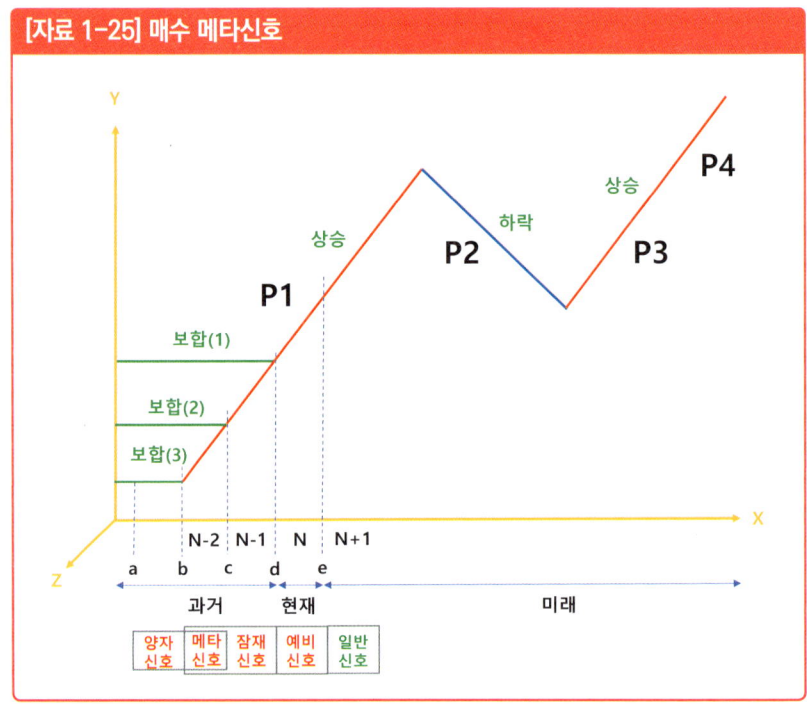

[자료 1-25]는 상승추세를 타임 스케줄(N-2, N-1, N, N+1)과 타임 프레임(P1, P2, P3, P4)으로 분석해서 매수 메타신호를 보여줍니다.

[자료 1-26] 매도 메타신호

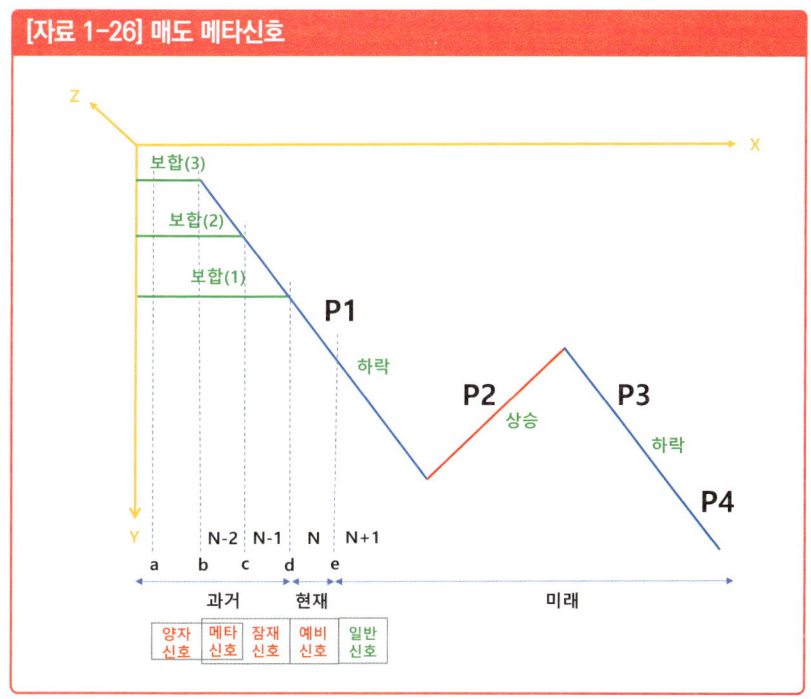

[자료 1-26]은 하락추세를 타임 스케줄(N-2, N-1, N, N+1)과 타임 프레임(P1, P2, P3, P4)으로 분석해서 매도 메타신호를 보여줍니다.

[자료 1-27] 메타신호

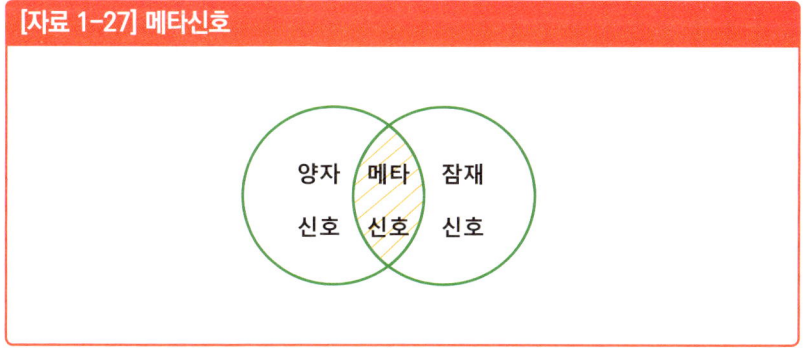

저는 PST이론을 끊임없이 연구하는 결과로 메타신호(Meta Signal)를 찾아냈고 이번 책에 소개해드립니다. 메타신호는 [자료 1-27]처럼 과거에 존재한 양자신호와 잠재신호와 공통인 구간에 발생합니다. 진입조건이 성립하는 메타신호가 발생할 때 진입조건이 성립하는 양자신호가 발생 안 할 때가 있고 반대로 진입조건이 성립하는 메타신호가 발생할 때 진입조건이 성립하는 잠재신호가 발생하지 않을 때도 있습니다. 또한, 진입조건이 성립하는 양자신호와 잠재신호가 나왔다고 해서 진입조건이 성립하는 메타신호가 항상 발생하는 것도 아니라는 것을 찾아냈습니다. 메타신호가 나오는 PST지표를 활용하면 타임 스케줄상 과거 구간에서 매수진입을 N-2에서 분석해 N-1에서 할 수 있습니다. 이 진입은 그전에 진입조건이 성립하는 양자신호가 나왔을 때 진입을 고민했는데, 이제는 망설임 없이 진입할 수 있습니다.

메타신호도 양자신호처럼 추세를 3차원적으로 실시간으로 분석합니다. 메타신호를 보여주는 이번에 새로 만든 PST지표를 실전 거래에서 활용하면 그전에 만든 PST지표보다 한층 놀라운 사실을 발견하게 됩니다. 메타신호를 보여주는 PST지표는 추후 자세히 설명해드리겠습니다.

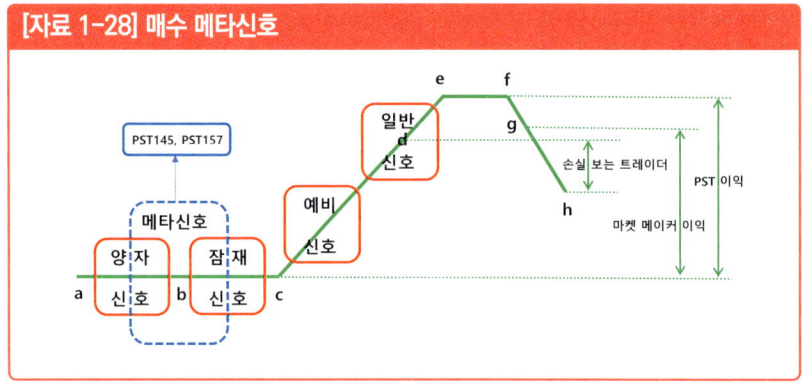

[자료 1-28] 매수 메타신호

매수진입 조건이 성립하는 메타신호는 [자료 1-28]처럼 매수 양자신호와 매수 잠재신호에서 발생할 수도 있고, 발생하지 않을 수도 있습니다. 매수진입 시 매수진입의 결정은 메타신호가 가장 강력하므로 매수진입 양자신호나 매수진입 잠재신호보다 우선적으로 봐야 합니다.

매수진입의 결정하는 메타신호 개념은 PST145, PST157지표에서 찾아볼 수 있습니다. PST145지표에서 메타신호가 매수진입 조건이 이루면 매수진입을 합니다. 이때 PST133지표의 매수진입 조건이 맞을 수도 있고 맞지 않을 수도 있습니다. 물론 이전에 설명해드린 PST133지표에서 매수진입 조건이 나올 때 PST145지표에서는 매수진입 조건이 나올 수도 있고 안 나올 수도 있습니다. 실전 거래에서는 경우의 수가 많습니다. 만약 여러분이 실전 거래에서 매번 수익을 보기 원하시면 매수진입 조건이 맞는 메타신호가 나왔을 때만 매수진입을 고려하십시오.

PST157지표는 타임 스케줄에 의한 상승추세 위치 파악을 하기 위해서 만들었습니다. 기존에 만든 PST지표를 보면 상승추세 위치 파악하는 지표들이 있었습니다. PST31지표는 2차원적 상승추세 위치를 파악하고 타임 스케줄을 N으로 생각했습니다. 이후 상승추세를 3차원적으로 분석해서 PST124지표를 만들었습니다. 그리고 PST124지표를 한층 업그레이드한 PST157지표를 만들어 타임 스케줄을 N-2, N-1, N으로 생각하고 상승추세를 분석했습니다.

실전 거래에서 매수진입을 결정하는 양자신호보다 메타신호를 보고 하는 것이 훨씬 효과적으로 거래를 기대할 수 있습니다.

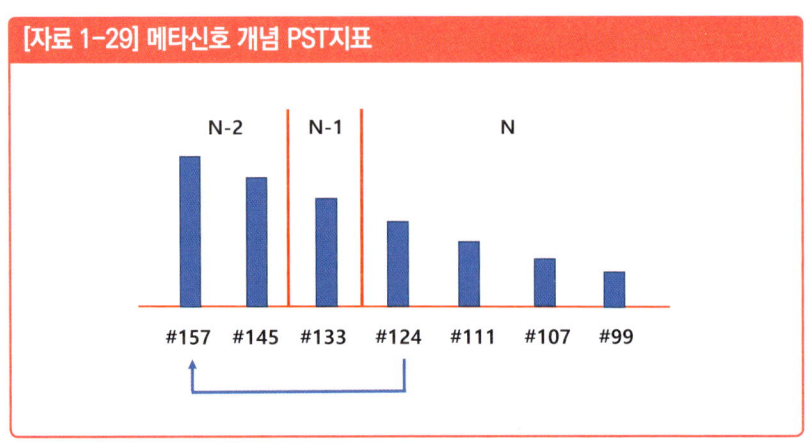

[자료 1-29]는 메타신호 개념의 PST지표를 보여줍니다. PST124 지표 아래 버전에서는 추세를 타임 스케줄 개념 없이 N으로 생각했지만 메타신호 이론 만들면서 PST133지표에서는 N-1, N으로 생각하고 PST145, PST157지표에서는 N-2, N-1, N으로 분석했습니다. 결국은 추세를 '타임 스케줄'과 '타임 프레임'으로 분석해서 PST지표가 완성되었습니다.

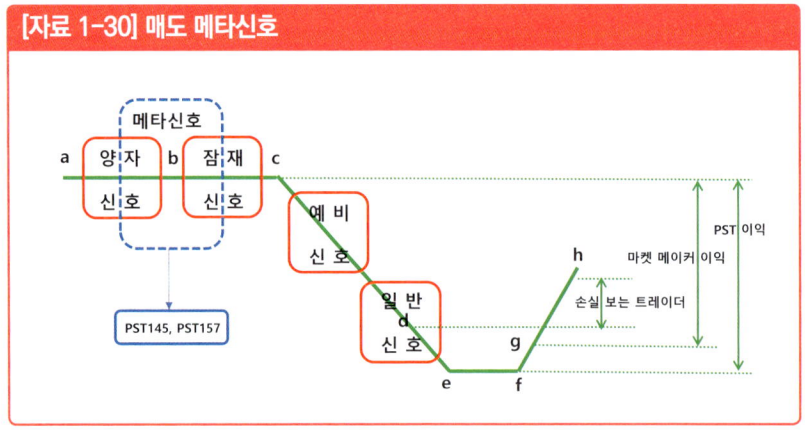

매도진입 조건이 성립하는 메타신호는 [자료 1-30]처럼 매도 양자신호와 매도 잠재신호에서 발생할 수도 있고, 발생하지 않을 수도 있습니다. 매도진입 시 매도진입의 결정은 메타신호가 가장 강력하므로 매도 양자신호나 매도 잠재신호보다 우선적으로 봐야 합니다.

매도진입의 결정하는 메타신호 개념은 PST145, PST157지표에서 찾아볼 수 있습니다. PST145지표에서 메타신호가 매도진입 조건을 이루면 매도진입을 합니다. 이때 PST133지표의 매도진입 조건이 맞을 수도 있고, 맞지 않을 수도 있습니다. 물론 이전에 설명한 PST133지표에서 매도진입 조건이 나올 때 PST145지표에서는 매도진입 조건이 나올 수도 있고 안 나올 수도 있습니다. 실전 거래에서는 경우의 수가 많습니다. 만약 여러분이 실전 거래에서 매번 수익을 보기 원하시면 매도진입 조건이 맞는 메타신호가 나왔을 때만 매도진입을 고려하십시오.

PST157지표는 타임 스케줄에 의한 하락추세 위치를 파악하기 위해서 만들었습니다. 기존에 만든 PST지표를 보면 하락추세 위치를 파악하는 지표들이 있었습니다. PST31지표는 2차원적 하락추세 위치를 파악하고 타임 스케줄을 N으로 생각했습니다. 이후 하락추세를 3차원적으로 분석해서 PST124지표를 만들었고 이때는 타임 스케줄을 N-1, N으로 생각했습니다. 그리고 PST124지표를 한층 업그레이드한 PST157지표를 만들어 타임 스케줄을 N-2, N-1, N으로 생각하고 하락추세를 분석했습니다.

실전 거래에서 매도진입을 결정하는 양자신호보다 메타신호를 보고 하는 것이 훨씬 효과적으로 거래를 기대할 수 있습니다. 각 PST지표에 대한 설명과 예제는 추후 자세히 설명해드리겠습니다.

PST이론

PST이론의 시작

제가 PST이론을 연구하기 시작한 지 벌써 21년째가 되네요. 저도 처음에는 PST이론 없이 전 세계 서점에 있는 책을 많이 읽은 후 책에서 설명하는 오픈된 일반 보조지표를 활용했지만 별로 소용이 없었습니다. '책에서는 이렇게 하면 수익을 본다고 하는데 나는 왜 안 되지?' 하는 의구심도 생겼습니다. 처음에는 운이 나빠서 그렇다고 생각했지만 '혹시 내가 생각하지 못하는 무엇을 놓치지 않았을까?' 하는 반문을 하고 연구를 하기 시작했습니다.

제가 먼저 여러분께 질문을 해보겠습니다. "여러분은 실전 거래에서 왜 수익이 나고 왜 손실이 나는지 알고 거래하시나요?"라고 물으면 무엇이라고 대답하시겠어요?

저보고 "일부러 손실이 나는 거래를 누가 하나요?"라고 반문을 할 수 있겠습니다만, PST이론을 적용하면 여러분이 실전 거래를 할 때 수익이 나는 거래와 손실이 나는 거래를 분류할 수 있습니다. 여러분은 수익이 나는 거래와 손실이 나는 거래를 구별하지 못하면서 왜 실전 거래를 하면서 무조건 수익이 나기를 바라시나요? 저와 PST이론을 공부하면서 무엇이 잘못되었는지 생각해보길 바랍니다. 그러면 하나씩 살펴볼까요?

실전 거래에서 수익이 나는 경우는 추세의 방향과 여러분이 거래한 방향이 맞은 경우이고, 손실이 나는 경우는 추세의 방향과 여러분이 거래한 방향이 다른 경우입니다. 예를 들어 추세가 상승일 때 여러분이 매수진입을 하면 수익을 기대할 수 있고, 추세가 하락일 때 여러분이 매도진입을 하면 수익을 기대할 수 있습니다. 그러나 이와 반대로 추세는 상승하는데 여러분은 매도진입을 하면 수익을 기대할 수 없고, 추세가 하락일 때 여러분이 매수진입을 하면 수익을 기대할 수 없겠지요.

[자료 2-1] 추세 방향에 대한 진입 후 기대 관계

추세 방향	진입	기대
상승	매수진입	수익 기대
	매도진입	손실 기대
하락	매수진입	손실 기대
	매도진입	수익 기대

[자료 2-1]은 추세 방향에 대한 진입 후 수익, 손실의 기대 관계를 보여줍니다. 여러분은 당연히 아는 내용이라고 말할 수도 있습니다. 그런데 여기서 저는 하나의 문제점을 발견합니다. 여러분은 무엇이라고 생각하시나요? 어떤 문제를 해결하기 위해서는 먼저 문제점의 원인을 생각해보라고 합니다. 저는 먼저 추세의 방향을 어떻게 정하는지 궁금증을 가졌습니다. 현재 여러분이 실전 거래에서 보는 추세가 있다고 가정해보겠습니다. 그러면 그 현재 추세가 상승인지, 하락인지, 또는 보합인지 어떻게 정하시나요? 당연히 여러분 스스로 주관적으로 결정을 한

후 거래하시겠지만 그전에 추세 방향에 관한 결정이 맞을까요? 저는 여기서 문제가 시작된다고 생각합니다. 또한, 추세를 방향으로 분류하면 상승, 보합, 하락으로 3가지만 있다고 생각한 것부터 오류의 시작입니다. 저는 PST이론을 연구하면서 추세를 방향으로 분류하면 상승강화(Upper Reinforcement), 상승보합(Upper Sideway), 횡보보합(Side Sideway), 하락보합(Lower Sideway), 하락강화(Lower Reinforcement) 5가지로 분류된다고 생각했습니다.

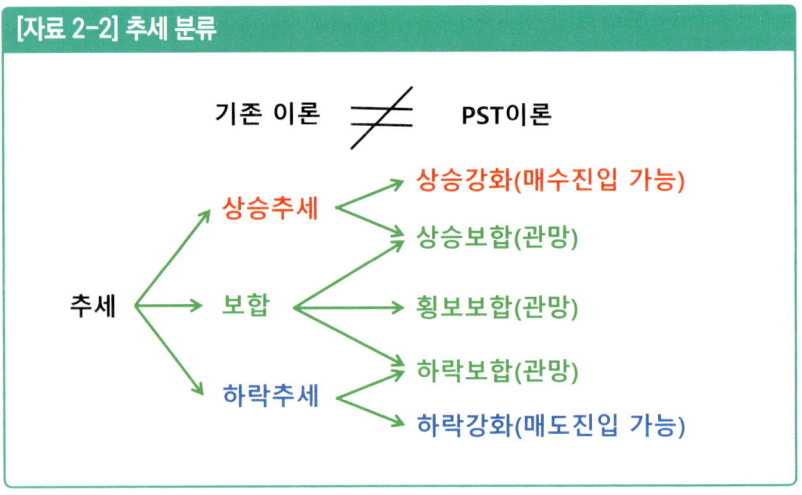

[자료 2-2]를 보시면 기존 이론과 PST이론간에 추세의 분류가 다른 점을 쉽게 보실수 있습니다. 기존 이론은 상승추세를 상승강화와 상승보합을 포함해서 보고 하락추세를 하락보합과 하락강화를 포함해서 봅니다. 그러나 PST이론은 상승보합, 횡보보합, 하락보합 모두 보합개념으로 실전 거래에는 관망해야 합니다. 이유는 상승강화와 하락강화는 P1구간으로 변동성이 없는 구간이라 레버리지가 큰 상품도 추세와 동일한 방향으로 거래해서 수익을 기대할 수 있지만, 상승보합, 횡보보합,

하락보합은 P2구간으로 변동성이 있는 구간이라 레버리지가 큰 상품 거래에서 심리적 한계보다 변동성이 크면 수익을 내기가 어렵기 때문입니다. 결국, 여러분들이 양방향 거래상품에서 수익을 내지 못하고 손실을 본다는 것은 추세를 방향에 따라서 5가지로 분류하지 않기 때문입니다. 그러면 어떻게 추세를 5가지로 분류할 수 있을까요? 실전 거래에서 실시간으로 보이는 추세를 일반 보조지표로는 구별할 수가 없고 PST지표로는 구별할 수 있습니다.

손실 보는 트레이더들은 본인이 추세를 분석한 다음 매수진입 또는 매도진입을 하면 꼭 추세가 반대 방향으로 가든지 또는 추세가 계속 보합으로 진행한다고 합니다.

상승추세에서 저항선을 돌파해서 양봉이 나온 후 이어서 양봉이 나올 때 매수진입을 하면 다음 캔들에서 양봉을 기대했지만 반대로 음봉이 생기는 경우를 종종 경험합니다. 반대로 하락추세에서 저항선을 돌파해서 음봉이 나온 후 이어서 음봉이 나올 때 매도진입을 하면 다음 캔들에서 음봉을 기대했지만 반대로 양봉이 생기는 경우를 종종 경험합니다. 이런 현상이 과연 운이 나빠서 그럴까요? 제 생각에는 '추세분석 오류'를 간과했기 때문이라고 생각합니다. 그러면 다시 추세부터 생각해볼까요?

'추세'란 무엇이라고 생각하세요? PST 교육할 때 제가 수강생들한테 꼭 물어보는 질문입니다. 많은 분이 추세를 개념적으로는 잘 이해하시는데 실전 거래에는 개념적인 추세 이해는 별로 도움이 되지 않습니다. 추세의 사전적 의미는 물가의 동향과 경제 통계의 시계열을 관찰하면 규칙적 또는 불규칙한 변동의 경향이 나타나는데, 이러한 경향을 '추세'라고 합니다. 또 다른 정의는 경기변동 중에서 장기간에 걸친 성장, 정체, 후퇴 등 변동 경향을 나타내는 움직이라고 합니다. 저는 처음에 추세란 '매수자(Buyer)와 매도자(Seller)가 특정 가격에서 만나는 행위를 단위시간 동안 표시(캔들)를 시간에 흐름에 따라서 나타낸 것'이라고 정의했습니다. 추세를 이루는 주체세력은 매수세력과 매도세력이 있다고 생각합니다.

[자료 2-3] 상승추세에서 매수세력과 매도세력

구분	매수세력	매도세력
주식 거래	매수자	청산자
(해외)선물 거래	매수자, 청산자	청산자, 매도자

[자료 2-3]은 추세가 상승일 때 매수세력과 매도세력을 의미합니다. 일반적으로 주식 거래는 한 방향 거래만 가능하므로 매수자의 매수진입 행위로 가격이 상승하고, 매수자의 매수청산 행위로 가격이 하락합니다. 그러나 해외선물 거래는 양방향 거래가 가능하므로 가격이 상승할 때는 매수자의 매수진입 행위와 매도자의 매도청산 행위로 가격이 상승합니다. 또한, 해외선물 거래에서 가격이 상승하다 하락할 때 매도세력은 매수진입 후 매수청산하는 청산자도 있고 실제로 매도진입을 하는 매도자도 존재합니다. 상승추세에서 거래할 때 주식 거래에서는 매수자와 청산자는 동일인입니다. 그러나 상승추세에서 해외선물 거래에서는 매수자와 청산자가 같을 수도 있고 다를 수도 있고, 청산자와 매도자도 같을 수도 있고 다를 수도 있습니다.

[자료 2-4] 하락추세에서 매수세력과 매도세력

구분	매도세력	매수세력
주식 거래	청산자	매수자
(해외)선물 거래	매도자, 청산자	청산자, 매수자

[자료 2-4]는 추세가 하락일 때 매도세력과 매수세력을 의미합니다. 일반적으로 주식 거래는 한 방향 거래만 가능하므로 청산자의 매수청산 행위로 가격이 하락하고, 매수자의 매수진입 행위로 가격이 상승합니다. 그러나 해외선물 거래는 양방향 거래가 가능하므로 가격이 하락할 때는 매도자의 매도진입 행위와 매수자의 매수청산 행위로 가격이 하락합니다. 또한, 해외선물 거래에서 가격이 하락하다 상승할 때 매수세력은 매도진입 후 매도청산하는 청산자도 있고 실제로 매수진입을 하는 매수자도 존재합니다. 하락추세에서 거래할 때 주식 거래에서는 청산자와 매수자는 동일인입니다. 그러나 하락추세에서 해외선물 거래에서는 매도자와 청산자가 같을 수도 있고 다를 수도 있고, 청산자와 매수자도 같을 수도 있고 다를 수도 있습니다.

제가 세계 70개국 이상을 다니면서 그 나라 서점에 가서 책을 보면 거래방법은 기술적 분석, 기본적 분석, 이론 등은 거의 비슷하고 출간되는 책마다 크게 발전되는 내용은 없었습니다. 책을 쓴 저자들은 무수히 많고 TV에 나오는 전문가들도 무수히 많은데 공부하고 배운 수강생들은 왜 손실을 많이 볼까요? 저는 이유를 찾다가 주식 거래는 한 방향으로 수익을 볼 수 있고 해외선물 거래는 양방향으로 수익을 볼 수 있는 구조인데 똑같은 이론과 지표 사용을 한다는 것에 의구심을 갖기 시작했습니다. 요즘은 어떻게 생각하면 저처럼 생각할 수도 있었겠지만, PST이론을 만들기까지는 아무도 저처럼 생각을 하지 않았습니다.

여러분은 10번 거래에서 9번 이익이 나고 1번 손실을 본다고 가정하면 어떠신가요? 부러우신가요? 저는 이런 수강생이 있다면 "1번 손실 볼 때 손실 볼 것을 알고 거래하셨나요? 모르고 거래하셨나요?"라고 질문해봅니다.

제 생각에는 10번 거래 중 9번을 수익이 날 때, 본인만의 확실히 이기는 룰과 욕심을 버리는 마인드 컨트롤을 할 수 있다면 마지막 10번째도 수익이 나야 한다고 생각합니다. 반대로 생각하면 9번을 이기는 확실한 룰도 없고 마인드 컨트롤을 못했는데도 수익이 난다면 단지 운이 좋았다고 저는 생각합니다.

PST교육을 받은 수강생들은 10번 거래 중 9번 이기고 1번 손실이 날 때도 손실을 날 수 있다는 것을 알고서 거래를 합니다. PST이론으로는 기준차트 포함해서 하위차트까지 P1구간과 P4-1구간에만 거래하고 욕심만 버리면 10번 거래 중 10번 모두 수익을 낼 수 있습니다. 그러나 실전 거래에서는 매번 이런 진입조건이 되지를 않기 때문에 노이즈가 있는 P2구간에 진입을 하는데 이런 P2구간에서는 수익을 낼 수도 있고, 욕심을 내면 손실을 볼 수도 있습니다.

PST교육을 받은 수강생들은 본인이 거래할 때가 P1구간, P4-1구간인지 또는 P2구간인지 알고 거래를 합니다. 여러분은 거래하는 추세가 어떤 구간인지도 모르면서 어떻게 10전 10승을 기대하시나요? PST교육을 받은 수강생 중에는 10연승 이상인 100연승, 200연승, 300연승도 계실 정도로 PST이론과 PST지표에 대한 신뢰도 검증은 마쳤습니다.

저는 PST교육을 할 때 국내주식, 해외주식, 국내선물, 국내옵션, 해외선물, 가상화폐 등 추세가 모두 차트로 표현이 가능한 거래상품에는 PST이론과 PST지표가 맞다고 강의를 합니다. 그리고 PST지표를 보면서 "현재 추세가 다음에 어떻게 진행될까요?"라고 물어봅니다. 이어서 나올 추세가 상승강화, 상승보합, 횡보보합, 하락보합, 하락강화 중에서 무엇인지 말입니다. 제 생각에는 만약 여러분이 다음 추세의 흐름을 정확히 예측하지 못하면 실전 거래는 아직 하지 마시길 바랍니다.

추세 구성

여러분은 "1 더하기 1은 얼마일까요?"라고 질문을 하면 어떻게 대답하시겠습니까?

이 질문은 제가 어렸을 때 선생님이 저한테 질문한 내용입니다. 여러분은 당연히 "2"라고 대답하실 것입니다. 그런데 저는 어렸을 때 "2"라고 대답하지 않고 "2가 아닐 수도 있고 2일 수 있습니다"라고 대답했습니다. 선생님은 "왜 그렇게 생각하느냐?"라고 물으셨습니다. 그래서 저는 "동일 성질, 동일 질량, 동일 무게를 가진 것 중에서 1 더하기 1은 2가 되지만 다른 성질, 다른 질량, 다른 무게를 가진 것에서 1 더하기 1은 2가 아닌 1일 될 수도 있고 3 이상도 될 수 있습니다"라고 대답했습니다. 그 예로 "고양이와 쥐를 한 방에 넣은 후 고양이가 쥐를 잡아먹으면 고양이만 남게 되고, 고양이 암컷과 고양이 수컷을 한방에 넣은 후 새끼를 낳으면 3 이상이 될 수도 있습니다"라고 했습니다. 그랬다가 선생님은 저한테 엉뚱한 소리를 한다고 야단을 치신 것이 기억이 나네요. 수학 수업할 때도 직사각형 면적을 구하는 공식을 '가로×세로'라고 선생님께서 알려주실 때 저는 왜 '가로×세로만 할 수 있습니까? 세로× 가로도 맞지 않나요? 가로나 세로는 시각적으로 보는 방향에 따라 사람마다 다를 수 있기 때문입니다"라고 말했다가 역시 혼난 적이 있습니다. 또한, 물리 수업할 때도 선생님이 물 분자 한 개는 수소 2개와 산소 1개로 구성된다고 말씀하셨을 때 저는 "수소 2개와 산소 1개를 시각적으로 보여주세요"라고 요청했다가 쓸데없는 말은 하지 말라고 혼이 났었습니다. 이렇듯이 유년 시절에 학교에서 배우는 것을 획일적으로 받아들이지 않았습니다. 항상 저 혼자서는 다른 생각으로 접근하는 버릇이 생겼습니다.

저는 PST이론을 연구하기 시작할 때 추세를 경제학적으로 해석하지 말고 물리학처럼 '추세를 단일 개체라고 생각한 후 무엇으로 구성되어 물리학적이나 수학적으로 해석할 수 없을까?'라는 고민했고 하나씩 풀어나가서, 결국 추세(Trend)는 주기(Period)와 힘(Strength)의 합으로 구성되어 있다고 결론을 내렸습니다.

$$Trend = Period + Strength$$

추세를 구성하는 요소는 주기와 힘이 있고 주기가 먼저 생긴 후, 주기는 방향성이 약하기 때문에 나중에 생기는 힘의 크기에 따라 추세의 방향성이 정해진다고 생각합니다. 이는 다음에 배우는 PST이론의 기초가 되기 때문에 매우 중요합니다.

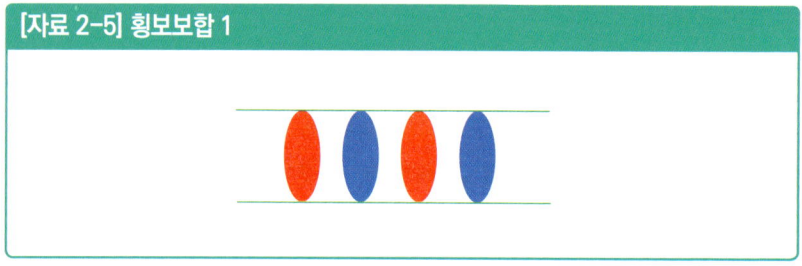

[자료 2-5] 횡보보합 1

[자료 2-5]처럼 녹색선인 지지선과 저항선 사이에 상승 캔들(빨간색 동그라미)이 한 개가 있고 다음 캔들은 하락 캔들(파란색 동그라미)이 있고 다시 상승 캔들과 하락 캔들이 있다고 가정하겠습니다. 이럴 때 여러분은 추세가 무엇이라고 생각하시겠어요? 당연히 보합이라고 말씀하시겠지요. 저도 같은 생각입니다. 차이점은 PST이론상 그냥 보합이 아니라 '횡보보합'이라고 다른 글자로 표현한다는 것이지요.

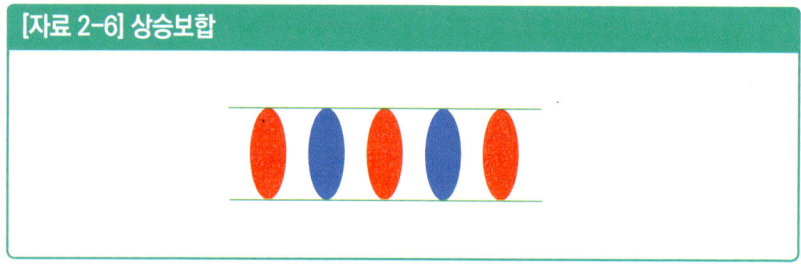

[자료 2-6] 상승보합

[자료 2-6]은 [자료 2-5]에서 상승 캔들이 하나 추가로 나왔는데 녹색선인 지지선과 저항선 사이에 있으면 현재 추세는 무엇이라고 생각하세요? 혹시 상승이라고 생각하지는 않으시겠지요? 캔들이 시간이 지나감에 따라 가격의 위치가 변동해서 추세를 만드는데 아직도 녹색선인 지지선과 저항선 사이에 있으므로 역시 보합입니다.

이때는 PST이론상 '상승보합'이라고 표현을 합니다. 상승보합도 보합의 일종으로 실전 거래에서는 매수진입을 하지 않고 관망해야 손실을 줄일 수 있습니다.

지금까지는 횡보보합과 상승보합의 차이를 아무도 발견하지 못했지만 PST이론으로 차이를 설명할 수 있습니다. PST이론상 동그라미 부분을 '주기'라고 정의하겠습니다.

횡보보합일 경우는 플러스(+) 주기와 마이너스(-) 주기의 개수가 같고 상승보합일 경우는 플러스 주기가 마이너스 주기보다 많을 경우입니다.

[자료 2-7] 상승강화 1

[자료 2-7]은 [자료 2-6]에서 상승 캔들이 하나 추가로 나온 그림입니다. 저항선을 캔들이 우상향으로 통과할 때 매수진입을 하면 수익이 날까요? 수익이 날 수도 있고 수익이 나지 않을 수도 있습니다. 저항선을 우상향으로 통과하는 캔들에는 플러스 주기에다 플러스 '힘'이 더해졌다고 생각합니다. 다시 정리하면 횡보보합에서 플러스 주기가 더 존재하면 상승보합으로 바뀌고 아직은 저항선을 통과하지 못하지만 여기서 플러스 힘이 추가되면 추세는 상승강화의 초기형태로 바뀌게 됩니다.

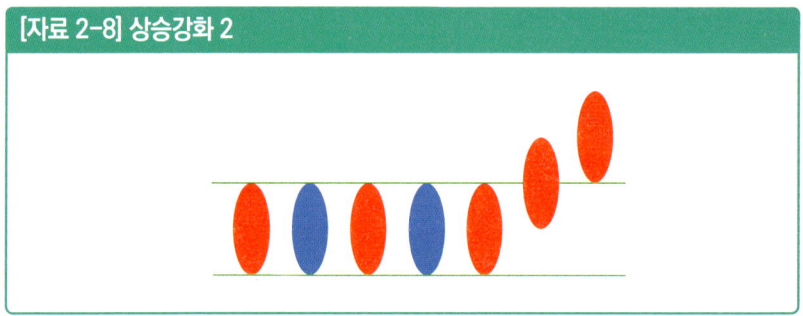

[자료 2-8]은 [자료 2-7]에서 상승 캔들이 하나 추가로 나온 그림입니다. [자료 2-7]은 상승강화 초기이고 [자료 2-8]은 상승강화로 진행입니다. 여기 구간은 PST이론상 P1구간 또는 P4-1구간이 됩니다. 진정한 상승추세의 매수진입은 매수진입 후 되돌림이 발생하는 P2구간이 발생하지 않아야 하고, 일정 기간 상승추세가 계속 유지되어야 합니다.

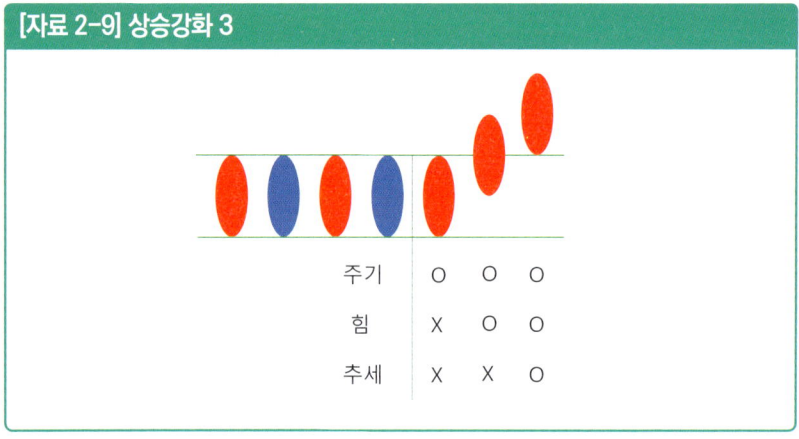

[자료 2-9]는 상승추세에서 저항선을 통과 전, 통과 중, 통과 후의 주기, 힘, 추세의 상관관계를 보여줍니다. 횡보보합일 때는 플러스 주기만 존재하고 힘과 추세는 없고 저항선을 캔들이 우상향 통과할 때는 플

러스 주기와 플러스 힘이 존재합니다. 상승추세가 없으므로 관망을 하고 저항선을 우상향으로 통과하는 캔들이 하나 더 발생해 추세의 기울기가 있어 밀림이 없이 상승구간에 매수진입을 할 때는 플러스 주기의 크기와 플러스 힘의 크기가 일정 이상으로 존재합니다. 해외선물 거래에서는 기준차트를 10분으로 설정하고 하위차트를 1분, 3분, 5분으로 보고 4개의 차트를 동시에 보면서 거래를 합니다. 매수진입을 할 때는 기준차트로 우선 [자료 2-8]처럼 상승강화 구간인 P1구간 또는 P4-1 구간에서 하위차트도 같은 시각에서 P1구간 또는 P4-1구간이 나올 때만 가능합니다. 만약 기준차트로 재상승 구간에서 P4-2구간에서는 관망을 하거나 매수진입을 할 때는 하락 다이버전스 출현이 가능하므로 1분, 3분, 5분차트에서는 P1구간 또는 P4-1구간에서만 매수진입을 고려해야 합니다.

이번에는 하락추세에서 하락보합과 하락강화를 구별하고 매도진입에 대해서 공부해보겠습니다.

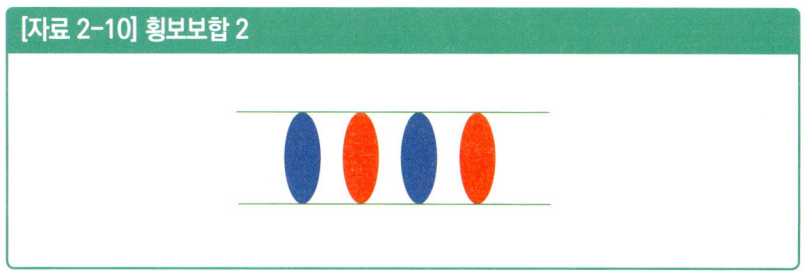

[자료 2-10] 횡보보합 2

[자료 2-10]을 보겠습니다. 녹색선인 지지선과 저항선 사이에 하락 캔들(파란색 동그라미)이 한 개가 있습니다. 다음 캔들은 상승 캔들(빨간색 동그라미)이 있고 다시 상승 캔들과 하락 캔들이 있다고 가정하겠습니다.

이럴 때 여러분은 추세가 무엇이라고 생각하시겠어요? 당연히 보합이라고 말씀하시겠지요. 저도 같은 생각입니다. 차이점은 PST이론상 그냥 보합이 아니라 '횡보보합'이라고 다른 글자로 표현한다는 것이지요.

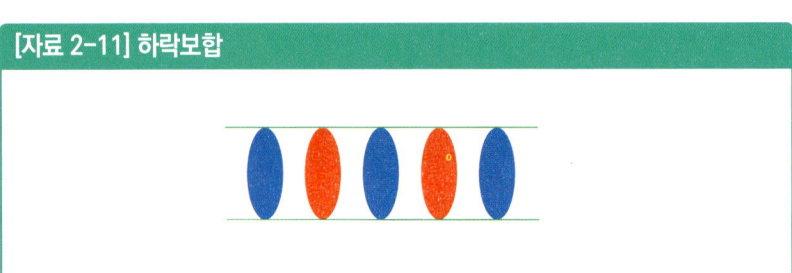

[자료 2-11] 하락보합

[자료 2-11]은 [자료 2-10]에서 하락 캔들이 하나 추가로 나왔는데 녹색선인 지지선과 저항선 사이에 있으면 현재 추세는 무엇이라고 생각하세요? 혹시 하락이라고 생각하지는 않으시겠지요? 캔들이 시간이 지나감에 따라 가격의 위치가 변동해서 추세를 만드는데 아직도 녹색선인 지지선과 저항선 사이에 있으므로 역시 보합입니다.

이때는 PST이론상 '하락보합'이라고 표현을 합니다. 하락보합도 보합의 일종으로 실전 거래에서는 매도진입을 하지 않고 관망해야 손실을 줄일 수 있습니다.

지금까지는 횡보보합과 하락보합의 차이를 아무도 발견하지 못했지만 PST이론으로 차이를 설명할 수 있습니다. PST이론상 동그라미 부분을 '주기'라고 정의하겠습니다.

횡보보합일 경우는 플러스(+) 주기와 마이너스(-) 주기의 개수가 같고 하락보합일 경우는 마이너스 주기가 플러스 주기보다 많을 경우입니다.

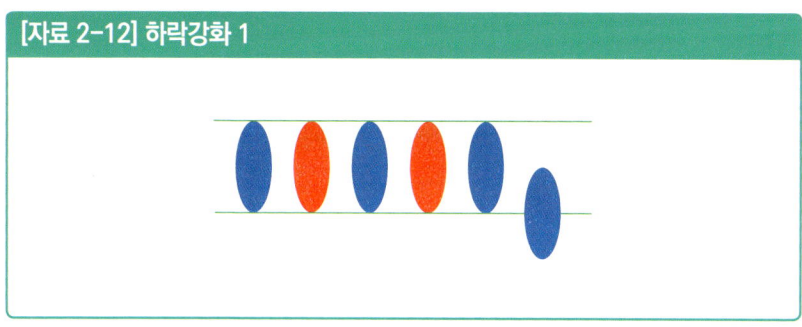

[자료 2-12] 하락강화 1

　　[자료 2-12]는 [자료 2-11]에서 하락 캔들이 하나 추가로 나온 그림입니다. 저항선을 캔들이 우하향으로 통과할 때 매도진입을 하면 수익이 날까요? 수익이 날 수도 있고 수익이 나지 않을 수도 있습니다. 저항선을 우하향으로 통과하는 캔들에는 마이너스 주기에다 마이너스 '힘'이 더해졌다고 생각합니다. 다시 정리하면 횡보보합에서 마이너스 주기가 더 존재하면 하락보합으로 바뀝니다. 아직은 저항선을 통과하지 못하지만 여기서 마이너스 힘이 추가되면, 추세는 하락강화의 초기 형태로 바뀌게 됩니다.

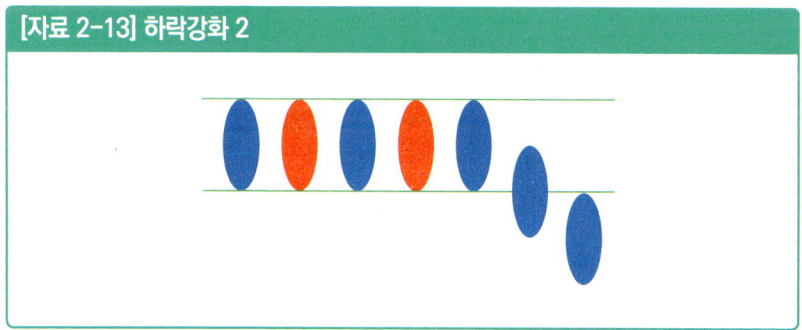

[자료 2-13] 하락강화 2

　　[자료 2-13]은 [자료 2-12]에서 하락 캔들이 하나 추가로 나온 그림입니다. [자료 2-12]는 하락강화 초기이고 [자료 2-13]은 상승강화

로 진행입니다. 여기 구간은 PST이론상 P1구간 또는 P4-1구간이 됩니다. 진정한 하락추세에서의 매도진입은 매도진입 후 되돌림이 발생하는 P2구간이 발생하지 않아야 하고, 일정 기간 하락추세가 계속 유지되어야 합니다.

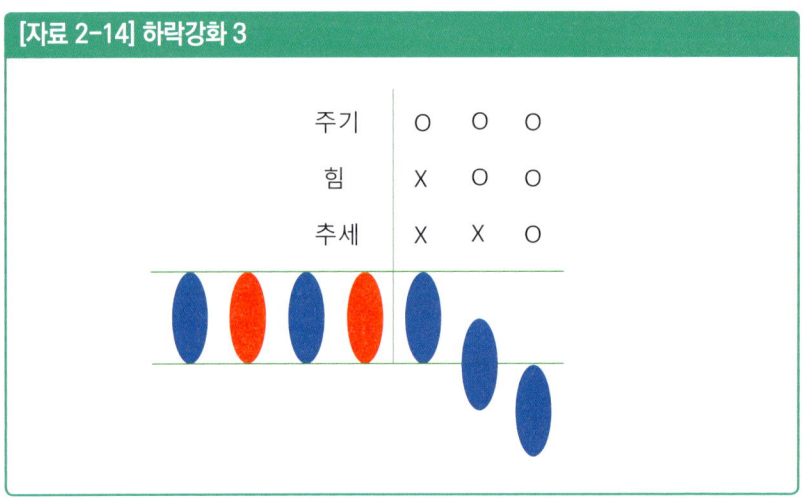

[자료 2-14] 하락강화 3

[자료 2-14]는 하락추세에서 저항선을 통과 전, 통과 중, 통과 후의 주기, 힘, 추세의 상관관계를 보여줍니다. 횡보보합일 때는 마이너스 주기만 존재하고 힘과 추세는 없고, 저항선을 캔들이 우하향 통과할 때는 마이너스 주기와 마이너스 힘이 존재합니다. 하지만 하락추세가 없으므로 관망을 하고, 저항선을 우하향으로 통과하는 캔들 하나 더 발생해 추세의 기울기가 있어 밀림이 없이 하락 구간에서 매도진입을 할 때는 마이너스 주기의 크기와 마이너스 힘의 크기가 일정 이상으로 존재합니다. 해외선물 거래에서는 기준차트를 10분으로 설정하고 하위차트를 1분, 3분, 5분으로 보고 4개의 차트를 동시에 보면서 거래를 합니다. 매도진입을 할 때는 기준차트로 우선 [자료 2-13]처럼 하락강화

구간인 P1구간 또는 P4-1구간에서 하위차트도 같은 시각에서 P1구간 또는 P4-1구간이 나올 때만 가능합니다. 만약 기준차트로 재하락 구간에서 P4-2구간에서는 관망을 하거나 매도진입을 할 때는 상승 다이버전스 출현이 가능하므로 1분, 3분, 5분차트에서는 P1구간 또는 P4-1구간에서만 매도진입을 고려해야 합니다.

PST이론상 추세는 주기와 힘이라는 요소로 구성되어 있다고 가정합니다. 주기가 아무리 많이 나와도 추세는 상승보합, 횡보보합, 하락보합 중에 하나이기 때문에 실전 거래에서는 진입하지 않고 관망해야 합니다. 손실 보는 여러분이 가장 많이 사용하고 있는 일반지표 중에 하나인 MA(이동평균선)와 MACD는 주기로 계산하는 보조지표입니다. 이동평균선의 정배열, 역배열이나 MACD의 골든크로스나 데드크로스의 거래방법으로는 주기만 계산합니다. 손실 보는 이유가 여기 있습니다. 주기가 플러스이고 힘도 플러스이면 추세는 상승강화가 되고, 주기가 마이너스이고 힘이 플러스이면 추세는 상승보합이 됩니다. 그리고 주기가 플러스이고 힘이 마이너스이면 추세는 하락보합이 되고, 주기가 마이너스이고 힘도 마이너스이면 추세는 하락강화가 됩니다.

이해가 되시나요? 현재 오픈된 일반 보조지표는 이렇게 추세를 자세히 구별하지 않습니다. 상승보합과 상승강화를 상승추세로 생각하고 하락보합과 하락강화를 하락추세라고 생각합니다. 이러한 이유로 레버리지가 큰 파생상품에서는 결코 수익 내기가 쉽지 않습니다. 오직 PST지표만 추세를 실시간으로 정확하게 상승보합, 상승강화, 횡보보합, 하락보합, 하락강화로 분석해서 여러분께 보여드립니다.

이번에는 실전 거래에서 매수진입 또는 매도진입으로 수익을 낼 수 있는 진짜(Real)와 가짜(False)를 구별하는 법을 공부해보겠습니다.

해외선물 거래	PST이론
보합에서 상승 또는 하락	Real
이익 또는 손실을 포함한 청산	False

해외선물 거래를 포함한 양방향 거래가 가능한 파생상품은 특정 가격에 대해서 매수진입, 매수청산, 매도진입, 매도청산에 의해서 가격이 결정되고, 시간의 흐름에 따라 가격의 결정이 추세로 변환됩니다. 여기서 추세가 상승하는 것 중에서 일정 기간 보합을 유지하다가 정말로 매수세력에 의해서 매수진입으로 상승하면 PST이론에서는 '진짜 상승'이라고 생각합니다. 추세가 일정 기간 보합을 유지하다가 정말로 매도세력에 의해서 매도진입으로 하락하면 '진짜 하락'이라고 생각합니다. 추세가 바뀌고 처음으로 진짜 상승 또는 진짜 하락이 나오는 구간은 P1구간이 되고 재상승 또는 재하락이 나오는 구간은 P4-1구간이 됩니다. 그러나 매수청산과 매도청산에 의해서 이익 또는 손실을 포함한 청산으로 추세가 움직이는 것은 '가짜 상승' 또는 '가짜 하락'이라고 생각합니다. 가짜 상승 또는 가짜 하락이 나오는 구간은 P2구간 또는 P4-2구간이 됩니다.

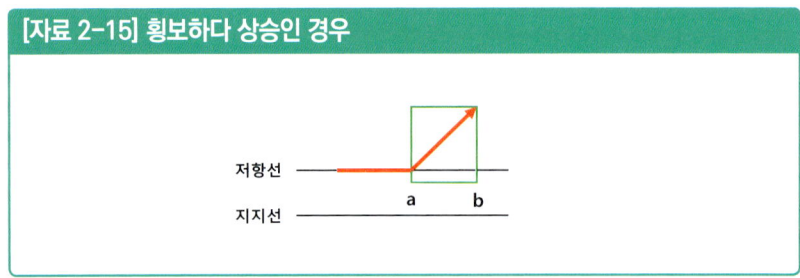

[자료 2-15] 횡보하다 상승인 경우

[자료 2-15]처럼 추세가 상승 사이클 내에서 저항선과 지지선 사이에서 일정 구간의 상승보합을 보인 후 추세의 기울기가 존재하면서 양봉이 저항선을 우상향으로 돌파하면 a지점부터 b지점까지는 '진짜 상승'이라고 생각합니다. 그리고 PST이론상 이 구간은 P1구간 또는 P4-1구간에 해당합니다.

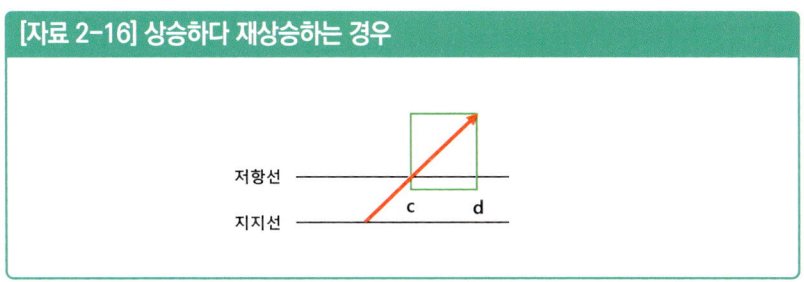

[자료 2-16]은 추세가 상승 사이클 내에서 상승처럼 보입니다. 그러나 c지점 이전에서 매수진입을 한 트레이더가 d지점까지 이익을 본 후 매수청산을 한다면, c지점부터 d지점까지는 '가짜 상승'이라고 생각해야 합니다. 그리고 PST이론상 이 구간은 P4-2구간에 해당합니다.

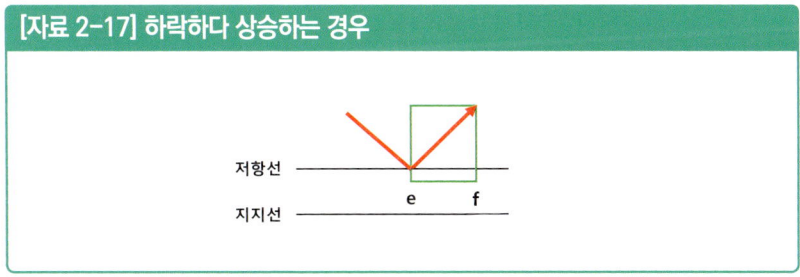

[자료 2-17]도 추세가 상승 사이클 내에서 상승처럼 보이나 e지점 이전에서 매수진입한 트레이더가 f지점까지 손실을 본 후 매수청산을

한다면 e지점부터 f지점까지도 '가짜 상승'이라고 생각해야 합니다. 그리고 PST이론상 이 구간이 동일 상승 사이클 내에서 최고점보다 낮으면 P2구간에 해당합니다.

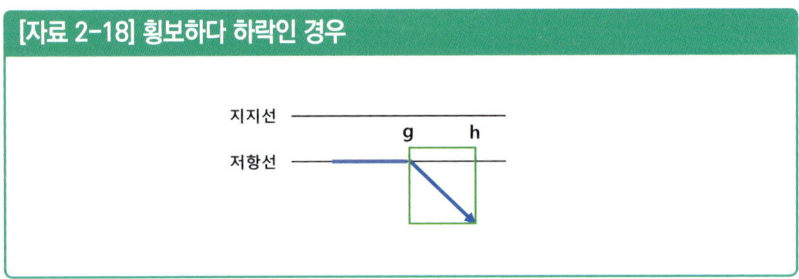

[자료 2-18]처럼 추세가 하락 사이클 내에서 저항선과 지지선 사이에서 일정 구간의 하락보합을 보인 후, 추세의 기울기가 존재하면서 음봉이 저항선을 우하향으로 돌파하면 g지점부터 h지점까지는 '진짜 하락'이라고 생각합니다. 그리고 PST이론상 이 구간은 P1구간 또는 P4-1구간에 해당합니다.

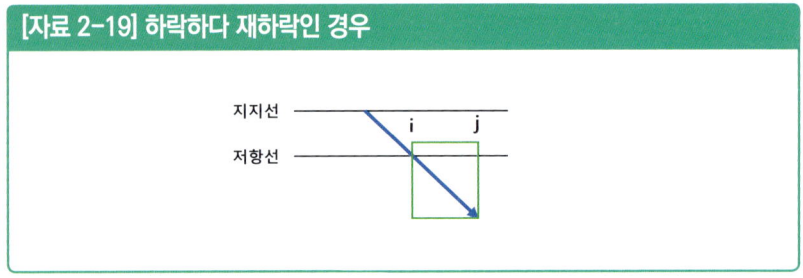

[자료 2-19]는 추세가 하락 사이클 내에서 하락처럼 보입니다. 그러나 i지점 이전에서 매도진입을 한 트레이더가 j지점까지 이익을 본 후 매도청산을 한다면, i지점부터 j지점까지는 '가짜 하락'이라고 생각해야

합니다. 그리고 PST이론상 이 구간은 P4-2구간에 해당합니다.

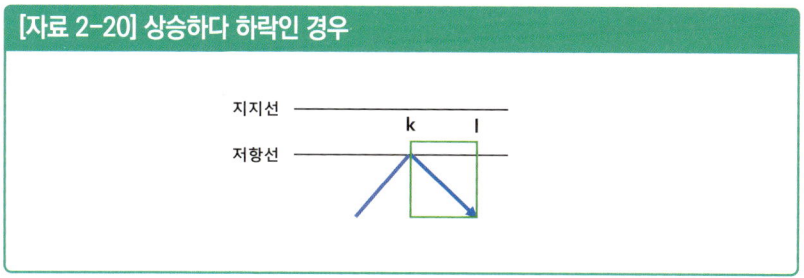

[자료 2-20] 상승하다 하락인 경우

[자료 2-20]도 추세가 하락 사이클 내에서 하락처럼 보입니다. 그러나 k지점 이전에서 매도진입한 트레이더가 l지점까지 손실을 본 후 매도청산을 한다면, k지점부터 l지점까지도 '가짜 하락'이라고 생각해야 합니다. 그리고 PST이론상 이 구간이 동일 하락 사이클 내에서 최저점보다 높으면 P2구간에 해당합니다.

이렇게 실전 거래에서 모든 추세는 상승강화, 상승보합, 횡보보합, 하락보합, 하락강화 구간이 반복됩니다. PST이론과 PST지표를 활용하면 이 반복되는 구간에서 진짜 상승을 찾아내 매수진입을 합니다. 진짜 하락을 찾아내 매도진입해서 가장 안전하게 거래할 수 있습니다.

타임 프레임 분석

여러분은 '타임 프레임(Time Frame)'이란 말을 들어보셨나요? 타임 프레임이란 용어도 제가 PST이론을 연구하면서 만든 용어입니다. PST지표를 활용하기 위해서는 반드시 타임 프레임을 이해해야 합니다. PST 교육 시간에 차트를 띄운 후 "현재 추세가 타임 프레임상 무엇에 해당하나요?"라고 수없이 질문합니다. 타임 프레임이란 추세를 사이클의 시작과 끝을 찾은 후 추세의 위치인 P1, P2, P3, P4구간으로 나눈 것을 말합니다. 여기서 P1구간이란 추세가 상승보합에서 처음으로 상승강화로 바뀐 구간 또는 하락보합에서 처음으로 하락강화로 바뀐 구간을 의미합니다. P2구간이란 P1구간이 나온 후 P1과 반대 방향으로 나온 구간을 말합니다. P3구간이란 P1, P2, P4구간이 반드시 존재하는 상태에서 P1구간과 같은 방향으로 추세가 진행되지만 전고점 또는 전저점을 통과하지 않는 구간을 말합니다. P4구간이란 반드시 P1, P2, P3구간이 존재한 상태에서 P1과 같은 방향으로 추세가 전고점 또는 전저점을 통과한 구간으로 재상승 또는 재하락 구간에 해당합니다. 추세의 위치에 대한 설명은 추수에 자세히 해드리겠습니다. 우선 추세와 타임 프레임의 차이를 자료로 공부해보겠습니다.

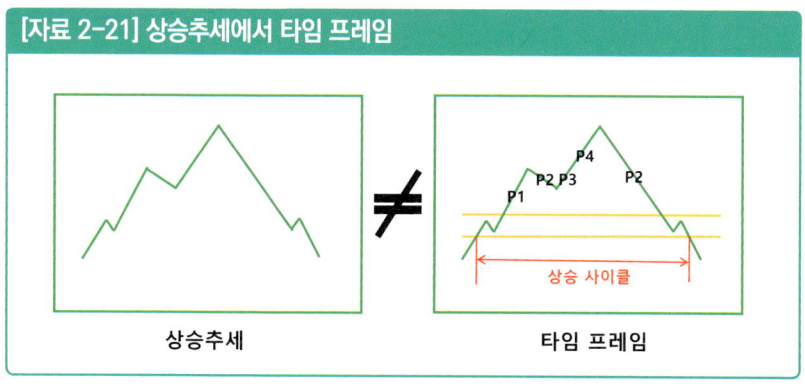

[자료 2-21]은 상승추세를 타임 프레임으로 분석한 것입니다. 타임 프레임을 분석할 때 가장 중요한 것이 상승 사이클의 시작과 끝을 찾는 것입니다. 왜냐하면 상승 사이클의 시작과 끝을 잘못 찾으면 추세의 위치인 P1, P2, P3, P4구간도 다른 구간을 찾아서 잘못된 P1구간의 매수진입 또는 잘못된 P4구간의 재상승 매수진입을 하게 되기 때문입니다. 상승추세에서 타임 프레임으로 분석으로 하지 않고, 그냥 단순히 상승추세에서 지지선과 저항선만 주관적으로 생각해서 양봉이 저항선을 우상향으로 통과할 때 매수진입은 손실을 각오한 잘못된 거래방법을 택한 것입니다. PST이론상 현재 여러분이 보고 있는 실시간 추세가 상승추세라고 생각한 것이 상승 사이클의 시작점에 따라서 상승추세처럼 보일 수 있고 하락추세처럼 보일 수도 있습니다. 상승 사이클에서 타임 프레임을 잘못 생각하면 실전 거래에서 첫 단추를 잘못 끼우는 것과 같습니다.

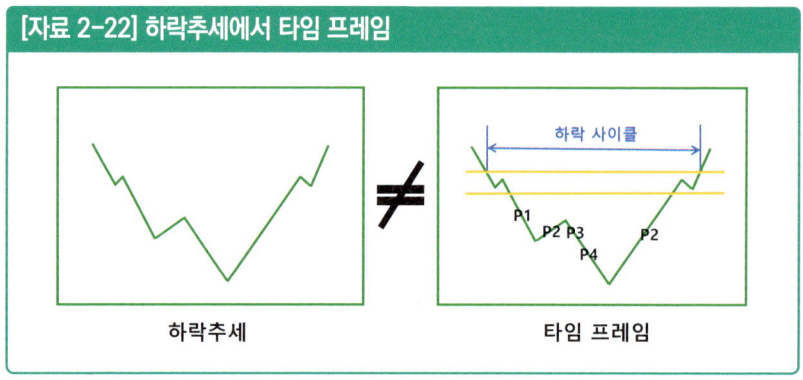

[자료 2-22] 하락추세에서 타임 프레임

[자료 2-22]는 하락추세를 타임 프레임으로 분석한 것입니다. 타임 프레임을 분석할 때 가장 중요한 것이 하락 사이클의 시작과 끝을 찾는 것입니다. 왜냐하면 하락 사이클의 시작과 끝을 잘못 찾으면 추세의 위치인 P1, P2, P3, P4구간도 다른 구간을 찾아서, 잘못된 P1구간의 매도진입 또는 잘못된 P4구간의 재하락 매도진입을 하게 되기 때문입니다. 하락추세에서 타임 프레임으로 분석으로 하지 않고 그냥 단순히 하락추세에서 지지선과 저항선만 주관적으로 생각해서, 음봉이 저항선을 우하향으로 통과할 때 매도진입은 손실을 각오한 잘못된 거래방법을 택한 것입니다. PST이론상 현재 여러분이 보고 있는 실시간 추세가 하락추세라고 생각한 것이 하락 사이클의 시작점에 따라서 하락추세처럼 보일 수 있고 상승추세처럼 보일 수도 있습니다. 하락 사이클에서도 타임 프레임을 잘못 생각하면 실전 거래에서 첫 단추를 잘못 끼우는 것과 같습니다.

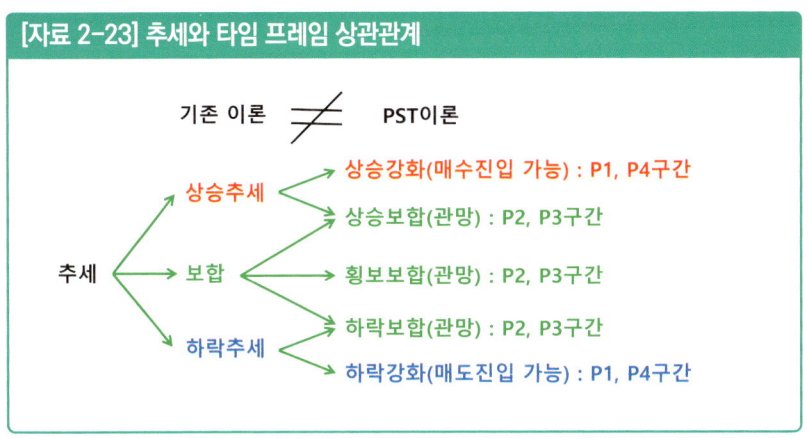

[자료 2-23]은 추세와 타임 프레임의 상관관계를 기존 이론과 PST 이론간에 차이점을 보여줍니다. 기존 이론은 추세를 상승추세, 보합, 하락추세로 3가지로 분류를 하지만 PST이론은 상승추세를 상승강화와 상승보합으로 구분하고 상승강화만 매수진입을 고려하고 상승보합 때는 관망 전략을 택합니다. 상승강화 구간에서 매수진입을 하기 위해서는 추세를 타임 프레임으로 분석해서 P1 또는 P4구간에서만 해야 합니다. P4구간을 다시 P4-1구간과 P4-2구간으로 분류할 수 있습니다. P4-1구간은 하락 다이버전스가 나오지 않는 안전한 구간으로 매수진입이 가능합니다. P4-2구간은 하락 다이버전스가 나오는 위험한 구간으로 매수진입을 하지 않고 관망해야 합니다. 또한 PST이론은 하락추세를 하락강화와 하락보합으로 구분합니다. 하락강화만 매도진입을 고려하고 하락보합 때는 관망 전략을 택합니다. 하락강화 구간에서 매도진입을 하기 위해서는 추세를 타임 프레임으로 분석해서 P1또는 P4구간에서만 해야 합니다. P4구간을 다시 P4-1구간과 P4-2구간으로 분류할 수 있습니다. P4-1구간은 상승 다이버전스가 나오지 않는 안전한 구간으로 매도진입이 가능하고 P4-2구간은 상승 다이버전스가 나오는

위험한 구간으로 매도진입을 하지 않고 관망해야 합니다.

사이클은 추세보다 큰 개념입니다. 저한테 PST교육을 받으러 온 많은 수강생 중에 고수도 많으셨는데 추세를 들어봤어도 사이클은 처음 듣는다고 말씀하셨습니다. 사이클은 상승 사이클과 하락 사이클이 반복됩니다. PST이론상 상승 사이클에서는 상승추세만 존재하고 하락 사이클에서는 하락추세만 존재합니다. 상승 사이클에서 추세가 내려오는 것은 하락추세가 아니라 상승추세의 크기가 줄어드는 P2구간입니다. 역시 하락 사이클에서 추세가 올라가는 것은 상승추세가 아니라 하락추세의 크기가 줄어드는 P2구간입니다. 그래서 실전 거래에서 수익을 기대하기 위해서는 상승 사이클에서는 매수진입만 해야 하고 하락 사이클에서는 매도진입만 해야 합니다. 이것이 여러분은 무척 쉽다고 생각할 수 있지만, 절대 쉽지 않습니다. 그러면 어떻게 상승 사이클과 하락 사이클을 구별할 수 있을까요? 현재 오픈된 일반 보조지표로는 구별할 수 없지만 PST지표를 활용하면 쉽게 구별할 수 있습니다.

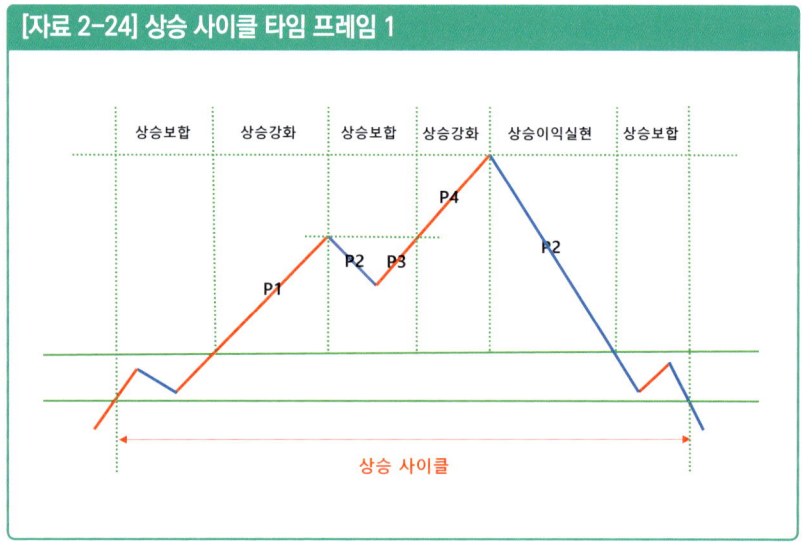

[자료 2-24] 상승 사이클 타임 프레임 1

[자료 2-24]는 상승 사이클 내에서 추세를 타임 프레임으로 분석해서 P1, P2, P3, P4구간으로 나누어서 보여줍니다. 하락 사이클이 끝난 지점에서 상승 사이클이 시작되고 X축으로 시간이 흘러가면서 Y축으로 가격변화의 흐름을 단위시간 캔들로 표시하면 하나의 상승 사이클이 완성됩니다. P3구간 이후 재상승하는 P4구간이 나오고 이어서 추세가 계속 상승하면 P2, P3, P4가 계속 나올 수도 있습니다. 그리고 언젠가는 상승 사이클이 끝나므로 마지막 P2구간이 끝나고 상승 사이클이 하락 사이클로 전환됩니다. 이제부터는 상승 사이클에서 타임 프레임을 하나씩 공부해보겠습니다.

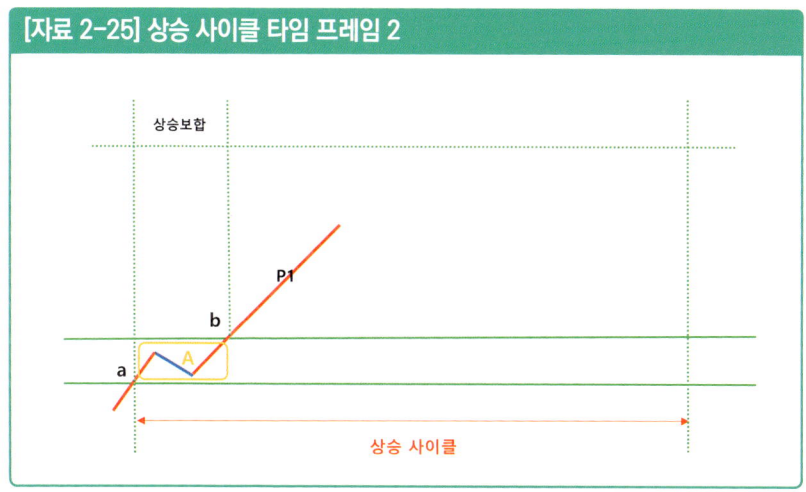

[자료 2-25]는 상승 사이클 내에서 상승보합 구간을 보여줍니다. 하락 사이클에서 상승 사이클로 전환된 후 노란색 박스인 A영역은 상승보합 구간으로 관망해야 합니다. a지점에서 추세가 지지선에서 상승하는 것처럼 보여도 저항선을 통과하지 못했습니다. 물론 기준차트인 10분차트보다 낮은 하위차트로 추세를 보면 상승보합 구간이 없는 것처

럼 보일 수 있지만, 상승 폭이 작으므로 수익 내기가 쉽지 않습니다.

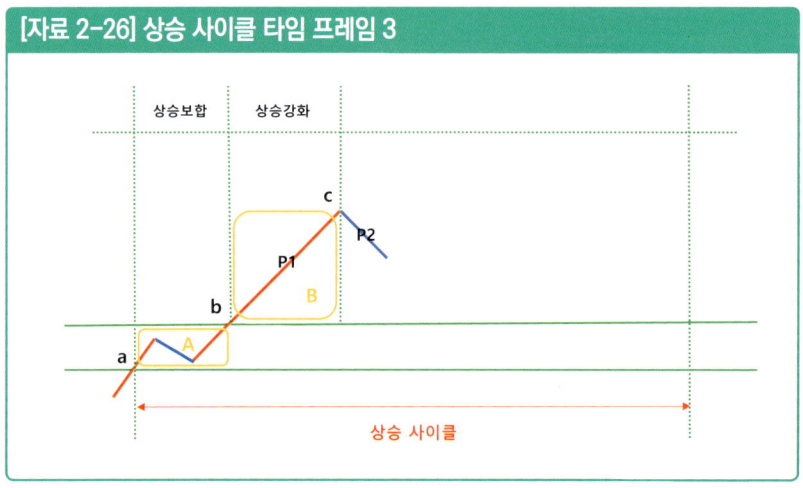

[자료 2-26] 상승 사이클 타임 프레임 3

[자료 2-26]은 상승 사이클 내에서 P1구간을 보여줍니다. 실전 거래에서 매수진입은 P1구간 또는 P4-1구간에서 해야 수익을 기대할 수 있습니다. P1구간은 상승 사이클이 시작된 후 일정 기간 노란색 박스인 A영역만큼 상승보합 구간이 존재합니다. 이후 양봉이 저항선을 되돌림 없이 우상향으로 통과하는 b지점에서 양봉이 계속 나오다가 음봉이 출현해 P2구간이 시작되기 전까지는 노란색 박스인 B영역을 뜻합니다. 해외선물 거래에서는 기준차트를 10분차트로 설정하기 때문에 반드시 기준차트 먼저 P1구간이 나온 후 하위차트인 5분, 3분, 1분 순서대로 P1구간 또는 P4-1구간이 나올 때 매수진입해야 수익을 기대할 수 있습니다.

하나의 상승 사이클 내에서 P1구간은 오직 한 번만 출현하기 때문에 10분차트에서 첫 번째 양봉에서 매수진입을 고려하되 매수진입 가격이 여러분이 손절을 잡은 폭 이상 기준가격에서 이미 상승했으면 매수진입하지 말고 관망해야 합니다. 너무 늦은 진입으로 수익을 기대하면 지나친 욕심입니다.

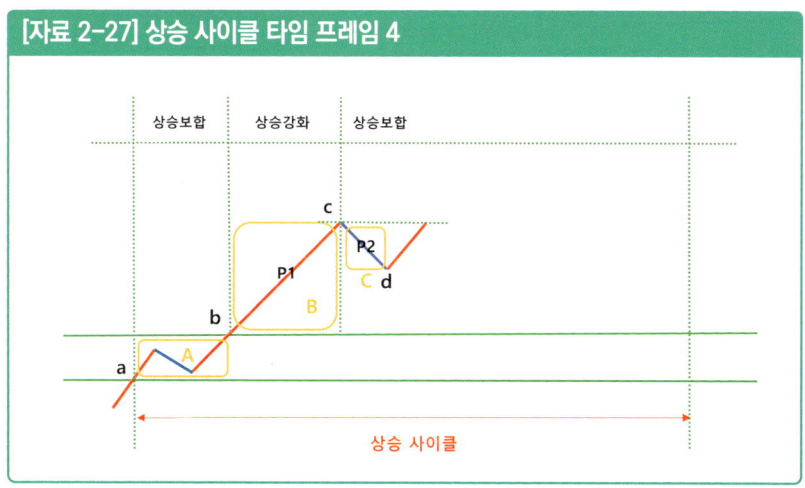

[자료 2-27]은 상승 사이클 내에서 P2구간을 보여줍니다. P2구간의 전제조건은 P1구간이 존재해야 합니다. P2구간은 c지점부터 d지점까지 노란색 박스인 C영역으로 상승 사이클과 반대 방향인 하락으로 추세가 진행되고 브이(V)자 형태로 나타납니다. P2구간은 크게 두 가지가 있습니다. 하나는 P1구간이 출현한 후 상승 사이클이 끝날 때까지 하락하는 P2구간입니다. 또 하나는 P1구간이 출현한 후 P2, P3, P4가 나올 때 중간에 있어 재상승을 하기 위해 전고점보다 내려온 상태의 P2구간이 있습니다. [자료 2-27]에서 P2구간은 후자인 경우입니다.

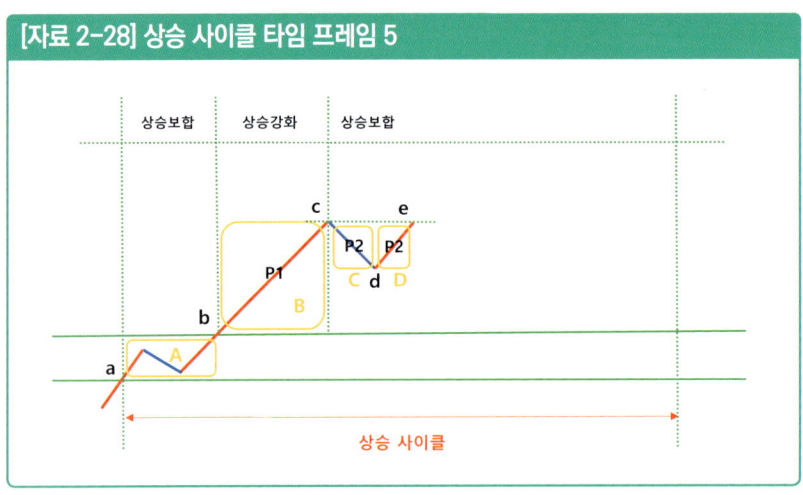

[자료 2-28]은 상승 사이클 내에서 또 다른 P2구간을 보여줍니다. 노란색 박스인 D영역을 보면 P1구간 이후 P2구간이 출현합니다. 이후 P2구간과 반대 방향으로 추세가 d지점부터 e지점까지 브이(V) 형태로 다시 반전해 상승하는 것을 보실 수 있습니다. 이 구간은 타임 프레임상 무엇에 해당할까요? P3구간이라고 생각할 수 있지만, 현재 출현한 캔들의 최고가인 c지점보다 낮은 지점이기 때문에 P2구간입니다. 만약 캔들이 전고점인 c지점과 이은 e지점보다 높아서 재상승지점이 나오면 P4구간이 출현하는데 이때 노란색 박스인 D영역은 P2구간이 아니라 P3구간으로 변경이 됩니다. 결국 P2구간과 P3구간은 상승보합 구간으로 거래하지 않고 관망 전략을 택하면 됩니다.

[자료 2-29] 상승 사이클 타임 프레임 6

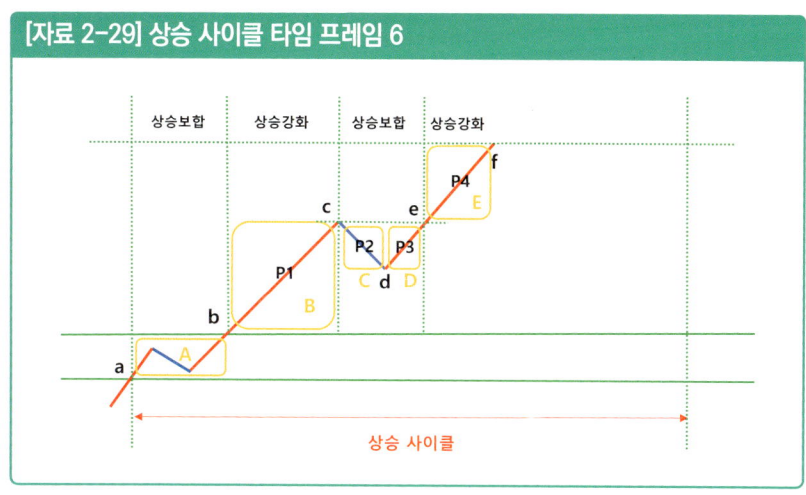

[자료 2-29]는 상승 사이클 내에서 P3구간을 보여줍니다. P3구간의 전제조건은 P1, P2, P4구간이 존재해야 합니다. 많은 수강생이 P3에서 매수진입을 하시는데 전고점인 c지점과 같은 가격인 e지점을 우상향으로 통과하지 않았기에 관망해야 합니다. 만약 e지점 이후 추세가 다시 하락으로 전환되었다면, P1구간 이후 P2, P2, P2구간으로 계속 반복됩니다. 이해가 되시나요? 다시 한 번 말씀드리지만, 상승 사이클 내에서 P3구간은 반드시 재상승하는 P4구간이 나와야만 존재하는 구간입니다.

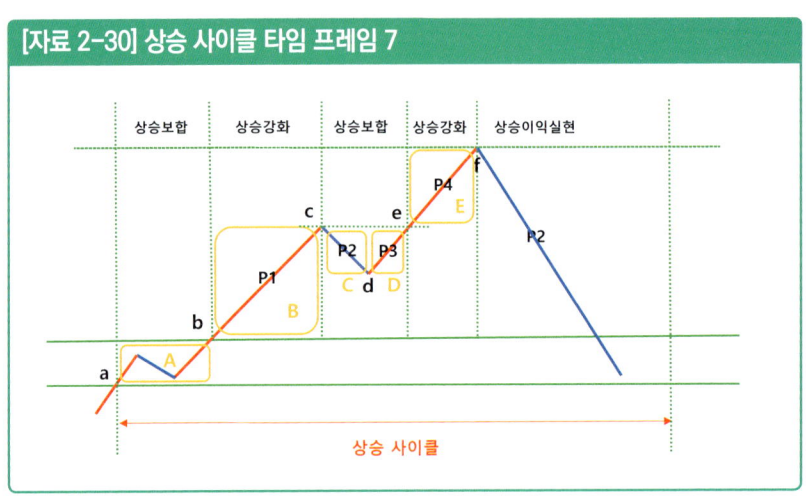

[자료 2-30]은 상승 사이클 내에서 P4구간을 보여줍니다. P4구간의 전제조건은 P1, P2, P3구간이 존재한 상태에서 P1구간과 같은 방향으로 추세가 진행하고 P1구간의 전고점인 e지점부터 f지점까지의 노란색 박스인 E영역입니다. P4구간은 크게 P4-1구간과 P4-2구간으로 분류합니다. P4-1구간은 하락 다이버전스가 나오지 않는 안전한 구간으로 매수진입이 가능하지만, P4-2구간은 하락 다이버전스가 나오는 위험한 구간으로 매수진입을 하지 않고 관망 전략을 택하는 것이 좋습니다.

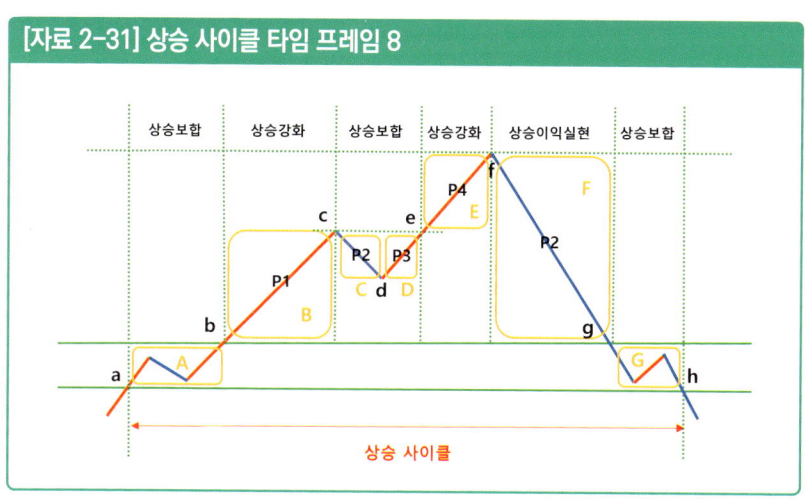

　[자료 2-31]은 상승 사이클 내에서 P2구간을 보여줍니다. 상승 사이클 내에서 최고점인 f지점을 찍고 g지점까지 내려오는 노란색 박스인 F영역을 의미하고 상승 사이클에서 하락 사이클로 전환을 유도합니다. C영역의 P2구간은 재상승을 위한 구간으로 아직은 매수세력이 매도세력보다 큰 경우입니다. 하지만 F영역의 P2구간은 사이클 전환을 위한 구간으로 매수세력보다는 매도세력이 큰 경우로 해석해야 맞습니다. F영역의 P2구간은 크게 보면 상승보합 구간이지만 한편으로는 상승이익실현 구간으로도 생각할 수 있습니다. 그리고 캔들이 처음에 생각한 저항선보다 내려오는 g지점부터 지지선인 h지점까지의 노란색 박스인 G영역도 상승보합 구간으로 관망해야 합니다.

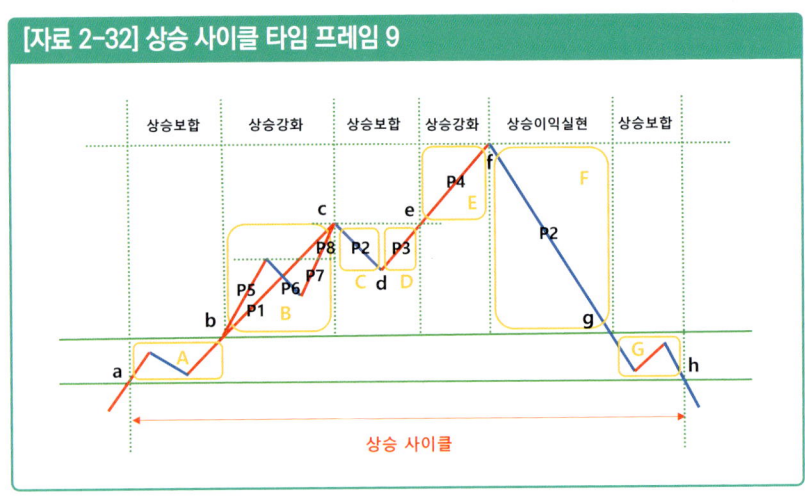

[자료 2-32]는 상승 사이클 내에서 P1구간인 B영역을 다시 하위 타임 프레임으로 생각해봤습니다. 해외선물 거래에서 기준차트를 10분 차트로 생각하면 B영역에서는 10분짜리 양봉이 계속 상승하면서 추세를 만듭니다. 하지만 10분차트보다 낮은 하위 타임프레임인 1분, 3분, 5분으로 보면 P5, P6, P7, P8구간으로 다시 분류할 수 있습니다. 그러면 P1=P5+P6+P7+P8로 생각할 수 있습니다. 물론 실전 거래에서는 하위 타임 프레임이 몇 분으로 보는 것에 따라 P5, P6, P7, P8구간은 한 번만 나올 수도 있고 여러 번 출현할 수도 있습니다. 그러면 질문을 하나 해보겠습니다.

"10분차트 타임 프레임을 보고 P1구간에서 매수진입을 했습니다. 그런데 하위 타임 프레임에서 P5구간까지는 양봉으로 추세를 만들어서 보유가 쉬웠는데 P6구간이 시작되면 추세는 하락하는데 청산을 해야 할까요? 아니면 계속 보유를 해야 할까요?"

정답은 하위 타임 프레임에서 P6구간을 만나도 진입가격까지 내려오지 않으면 계속 보유해야 합니다. 이유는 P1구간 안에 있는 P6구간도 결국 상승강화구간에서 상승추세의 크기가 잠시 줄어든 후 재상승을 위한 P2구간이기 때문입니다. 그러면 실전 거래에서 수익을 기대하기 위해서는 10분차트에서 상승강화 구간인 P1구간과 하락 다이버전스가 발생하지 않는 P4-1구간이 나온 상태에서 1분, 3분, 5분 하위 타임 프레임에서도 P1구간과 P4-1구간이 동시에 나올 때입니다. B영역에서 하위 타임 프레임으로 생각하면 P1구간에 해당하는 구간은 P5구간이고 P4-1구간에 해당하는 구간은 P8구간에 해당합니다.

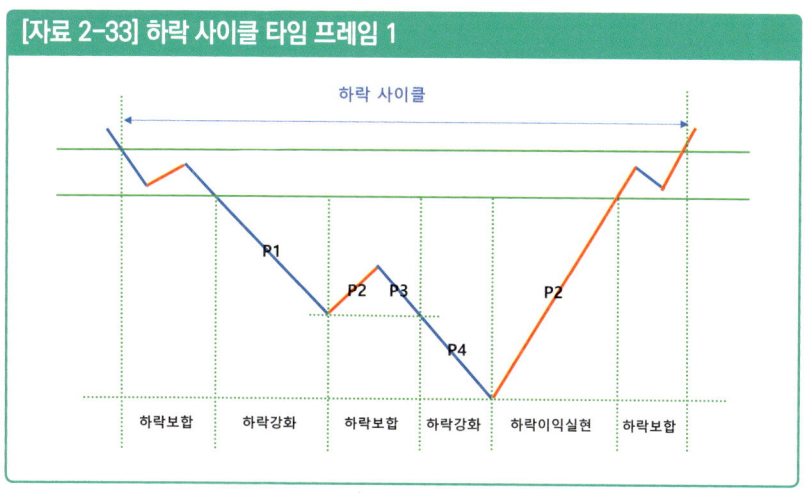

[자료 2-33] 하락 사이클 타임 프레임 1

[자료 2-33]은 하락 사이클 내에서 추세를 타임 프레임으로 분석해서 P1, P2, P3, P4구간으로 나누어서 보여줍니다. 상승 사이클이 끝난 지점에서 하락 사이클이 시작되고 X축으로 시간이 흘러가면서 Y축으로 가격변화의 흐름을 단위시간 캔들로 표시하면 하나의 하락 사이클이 완성됩니다. P3구간 이후 재하락하는 P4구간이 나오고 이어서 추세가 계속 하락하면 P2, P3, P4가 계속 나올 수도 있습니다. 그리고 언젠가는 하락 사이클이 끝나므로 마지막 P2구간이 끝나고 하락 사이클이

상승 사이클로 전환이 됩니다. 이제부터는 하락 사이클에서 타임 프레임을 하나씩 공부해보겠습니다.

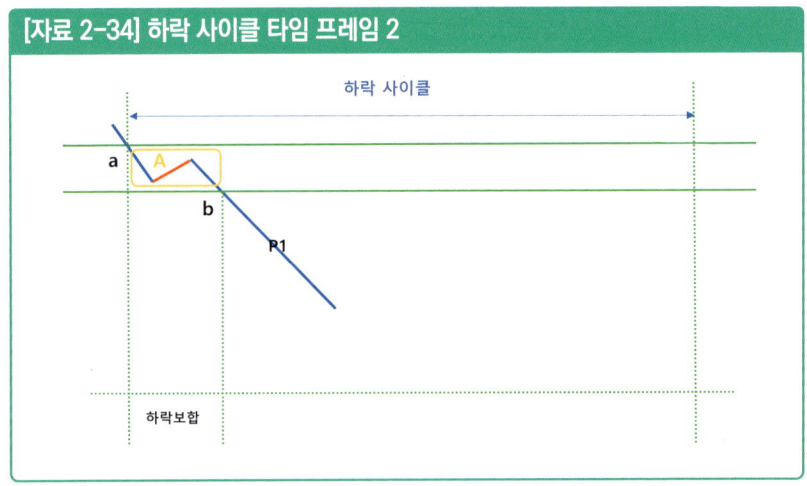

[자료 2-34]는 하락 사이클 내에서 하락보합 구간을 보여줍니다. 상승 사이클에서 하락 사이클로 전환된 후 노란색 박스인 A영역은 하락보합 구간으로 관망해야 합니다. a지점에서 추세가 지지선에서 하락하는 것처럼 보여도 저항선을 통과하지 못했습니다. 물론 기준차트인 10분차트보다 낮은 하위차트로 추세를 보면 하락보합 구간이 없는 것처럼 보일 수 있지만, 하락 폭이 작으므로 수익 내기가 쉽지 않습니다.

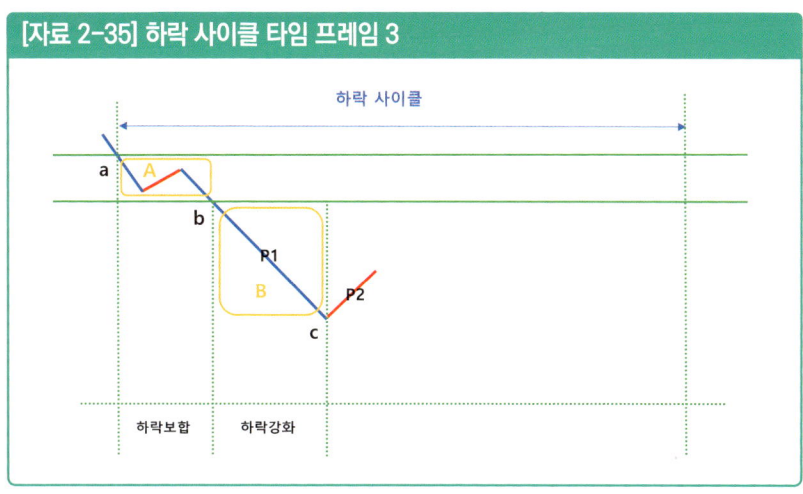

[자료 2-35]는 하락 사이클 내에서 P1구간을 보여줍니다. 실전 거래에서 매도진입은 P1구간 또는 P4-1구간에서 해야 수익을 기대할 수 있습니다. P1구간은 하락 사이클이 시작된 후 일정 기간 노란색 박스인 A영역만큼 하락보합 구간이 존재한 후 음봉이 저항선을 되돌림 없이 우하향으로 통과하는 b지점에서 음봉이 계속 나오다가 양봉이 출현해 P2구간이 시작되기 전까지인 노란색 박스인 B영역을 뜻합니다. 해외선물 거래에서는 기준차트를 10분차트로 설정하기 때문에 반드시 기준차트 먼저 P1구간이 나온 후 하위차트인 5분, 3분, 1분 순서대로 P1구간 또는 P4-1구간이 나올 때 매도진입을 해야 수익을 기대할 수 있습니다. 하나의 하락 사이클 내에서 P1구간은 오직 한 번만 출현하기 때문에 10분차트에서 첫 번째 음봉에서 매도진입을 고려하되 매도진입 가격이 여러분이 손절을 잡은 폭 이상 기준가격에서 이미 하락했으면 매도진입하지 말고 관망해야 합니다. 너무 늦은 진입으로 수익을 기대하면 지나친 욕심입니다.

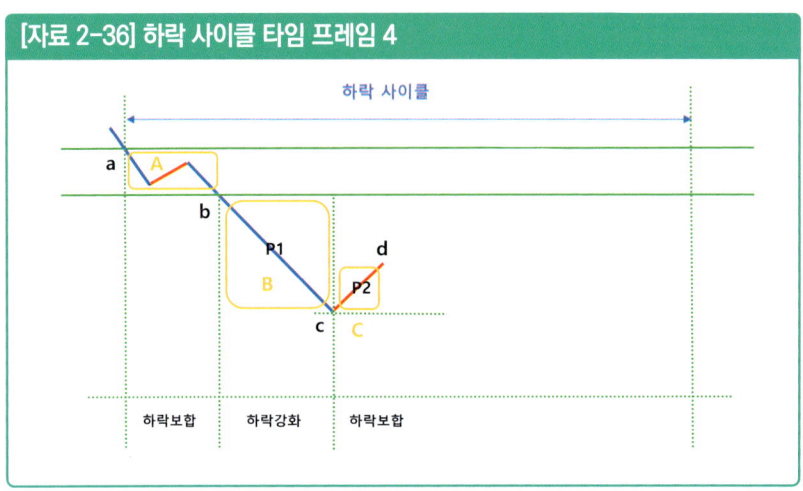

　[자료 2-36]은 하락 사이클 내에서 P2구간을 보여줍니다. P2구간의 전제조건은 P1구간이 존재해야 합니다. P2구간은 c지점부터 d지점까지 노란색 박스인 C영역으로 하락 사이클과 반대 방향인 상승으로 추세가 진행되고 브이(V) 형태로 나타납니다. P2구간은 크게 두 가지가 있습니다. 하나는 P1구간이 출현한 후 하락 사이클이 끝날 때까지 상승하는 P2구간이 있고, 또 하나는 P1구간이 출현한 후 P2, P3, P4가 나올 때 중간에 있어 재하락을 하기 위해 전저점보다 높은 상태의 P2구간이 있습니다. [자료 2-36]에서 P2구간은 후자인 경우입니다.

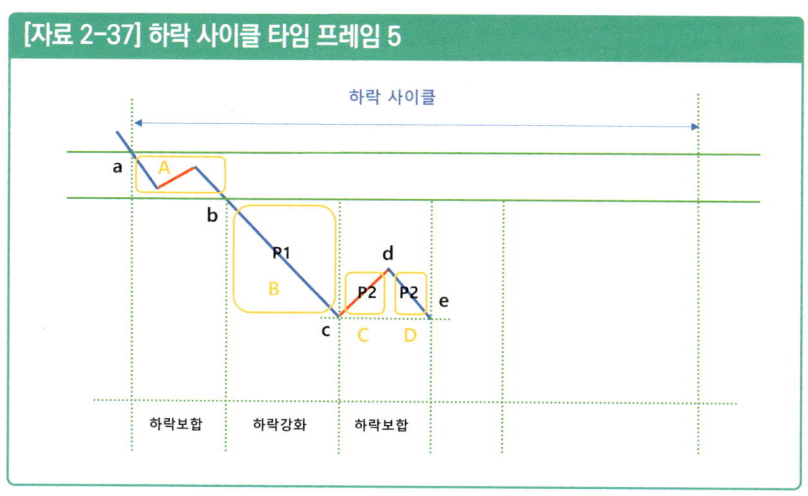

[자료 2-37]은 하락 사이클 내에서 또 다른 P2구간을 보여줍니다. 노란색 박스인 D영역을 보면 P1구간 이후 P2구간이 출현하고 P2구간과 반대 방향으로 추세가 d지점부터 e지점까지 브이(V) 형태로 다시 반전해 하락하는 것을 보실 수 있습니다. 이 구간은 타임 프레임 상 무엇에 해당할까요? P3구간이라고 생각할 수 있지만, 현재 출현한 캔들의 최저가인 c지점보다 높은 지점이기 때문에 P2구간입니다. 만약 캔들이 전고점인 c지점과 이은 e지점보다 낮아서 재하락지점이 나오면 P4구간이 출현합니다. 이때 노란색 박스인 D영역은 P2구간이 아니라 P3구간으로 변경이 됩니다. 결국, P2구간과 P3구간은 하락보합 구간으로 거래하지 않고 관망 전략을 택하면 됩니다.

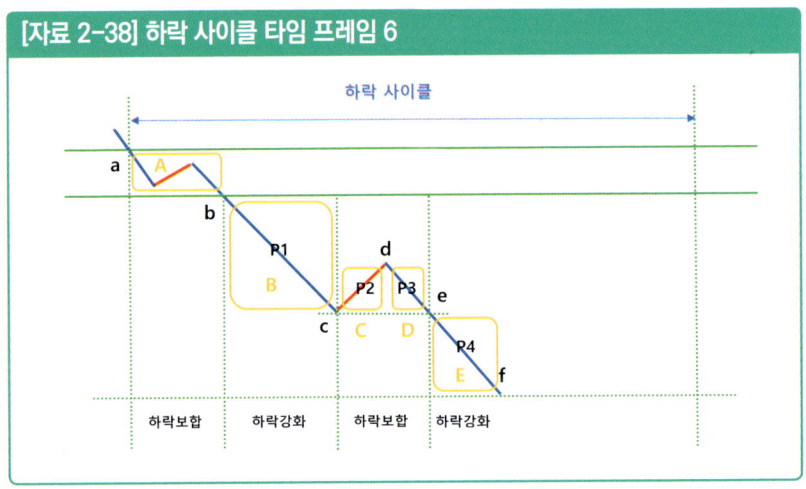

[자료 2-38]은 하락 사이클 내에서 P3구간을 보여줍니다. P3구간의 전제조건은 P1, P2, P4구간이 존재해야 합니다. 많은 수강생이 P3에서 매도진입을 하시는데 전저점인 c지점과 같은 가격인 e지점을 우하향으로 통과하지 않았기에 관망해야 합니다.

만약 e지점 이후 추세가 다시 상승으로 전환되었다면 P1구간 이후 P2, P2, P2구간으로 계속 반복됩니다. 이해가 되시나요? 다시 한 번 말씀드리 지만, 하락 사이클 내에서 P3구간은 반드시 재하락하는 P4구간이 나와야만 존재하는 구간입니다.

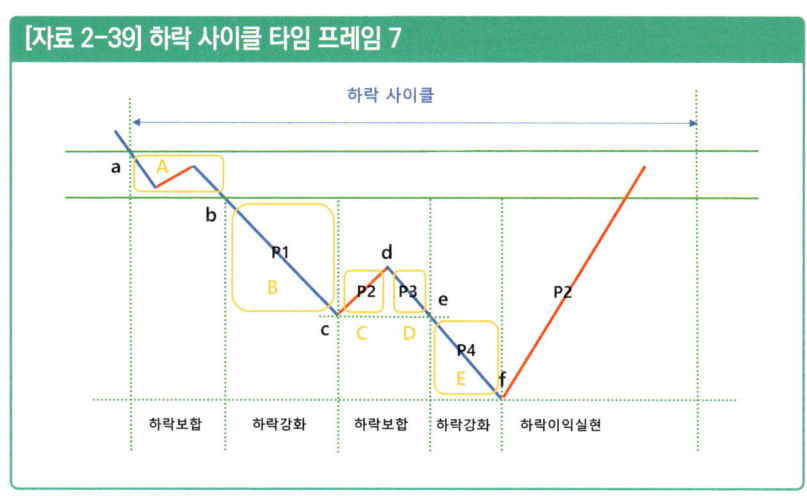

[자료 2-39]는 하락 사이클 내에서 P4구간을 보여줍니다. P4구간의 전제조건은 P1, P2, P3구간이 존재한 상태에서 P1구간과 같은 방향으로 추세가 진행하고 P1구간의 전저점인 e지점부터 f지점까지의 노란색 박스인 E영역입니다. P4구간은 크게 P4-1구간과 P4-2구간으로 분류합니다. P4-1구간은 상승 다이버전스가 나오지 않는 안전한 구간으로 매수진입이 가능하지만, P4-2구간은 상승 다이버전스가 나오는 위험한 구간으로 매도진입을 하지 않고 관망 전략을 택하는 것이 좋습니다.

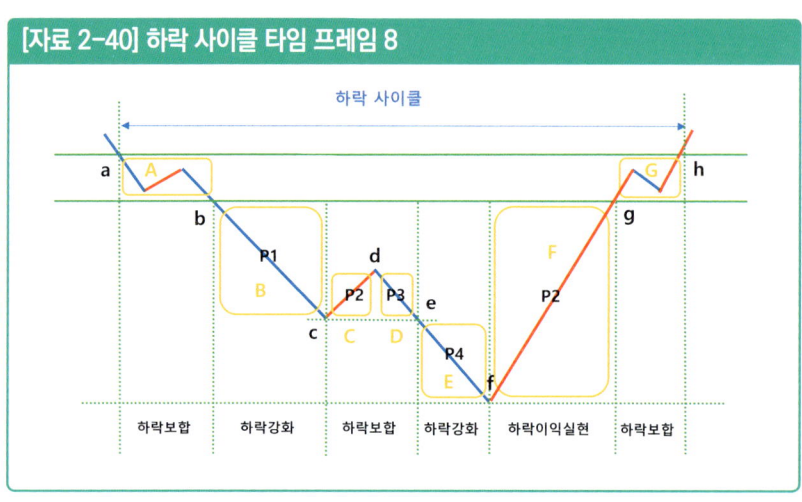

[자료 2-40]은 하락 사이클 내에서 P2구간을 보여줍니다. 하락 사이클 내에서 최저점인 f지점을 찍고 g지점까지 상승 오는 노란색 박스인 F영역을 의미하고 하락 사이클에서 상승 사이클로 전환을 유도합니다. C영역의 P2구간은 재하락을 위한 구간으로 아직은 매도세력이 매수세력보다 큰 경우이지만 F영역의 P2구간은 사이클 전환을 위한 구간으로 매도세력보다는 매수세력이 큰 경우로 해석해야 맞습니다. F영역의 P2구간은 크게 보면 하락보합 구간이지만 한편으로는 하락이익실현 구간으로도 생각할 수 있습니다. 그리고 캔들이 처음에 생각한 저항선보다 상승하는 g지점부터 지지선인 h지점까지의 노란색 박스인 G영역도 하락보합 구간으로 관망해야 합니다.

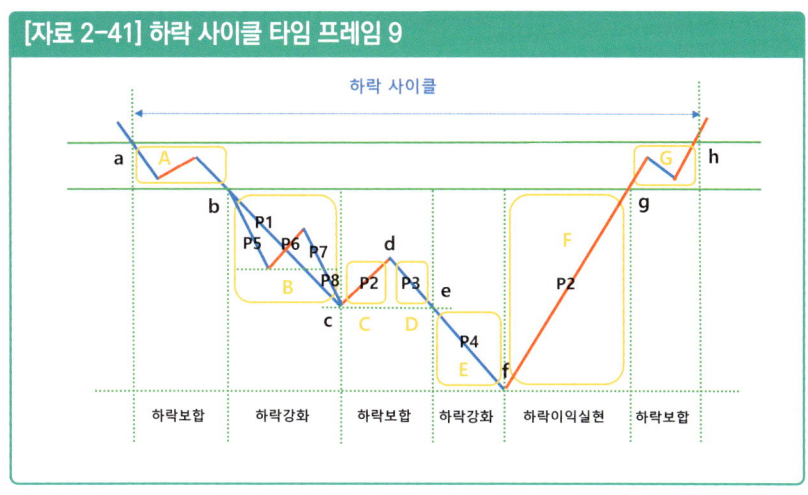

[자료 2-41]은 하락 사이클 내에서 P1구간인 B영역을 다시 하위 타임 프레임으로 생각해봤습니다. 해외선물 거래에서 기준차트를 10분 차트로 생각하면 B영역에서는 10분짜리 음봉이 계속 하락하면서 추세를 만들지만, 10분차트보다 낮은 하위 타임 프레임인 1분, 3분, 5분으로 보면 P5, P6, P7, P8구간으로 다시 분류할 수 있습니다. 그러면 P1=P5+P6+P7+P8로 생각할 수 있습니다. 물론 실전 거래에서는 하위 타임 프레임이 몇 분으로 보는 것에 따라 P5, P6, P7, P8구간은 한 번만 나올 수도 있고 여러 번 출현할 수도 있습니다. 그러면 질문을 하나 해보겠습니다.

"10분차트 타임 프레임을 보고 P1구간에서 매도진입을 했습니다. 그런데 하위 타임 프레임에서 P5구간까지는 음봉으로 추세를 만들어서 보유가 쉬웠는데 P6구간이 시작되면 추세는 상승하는데 청산해야 할까요? 아니면 계속 보유해야 할까요?"

정답은 하위 타임 프레임에서 P6구간을 만나도 진입가격까지 올라오지 않으면 계속 보유해야 합니다. 이유는 P1구간 안에 있는 P6구간도 결국 하락강화 구간에서 하락추세의 크기가 잠시 줄어든 후 재하락을 위한 P2구간이기 때문입니다. 그러면 실전 거래에서 수익을 기대하기 위해서는 10분차트에서 하락강화 구간인 P1구간과 상승 다이버전스가 발생하지 않는 P4-1구간이 나온 상태에서 1분, 3분, 5분 하위 타임 프레임에서도 P1구간과 P4-1구간이 동시에 나올 때입니다. B영역에서 하위 타임 프레임으로 생각하면 P1구간에 해당하는 구간은 P5구간이고 P4-1구간에 해당하는 구간은 P8구간에 해당합니다.

기준차트 설정

여러분은 추세를 분석할 때 어떤 차트를 기준으로 보고 계시나요? TV나 책을 보면 60분 또는 1일차트를 보고 설명하는 것을 종종 보실 수 있습니다. 저도 처음에는 아무도 가르쳐주지 않았기에 TV나 책을 보고 따라 했지만 계속 손실을 경험했습니다. 주식 거래인 경우에는 한 방향거래와 레버리지가 1배이기 때문에 기준차트를 60분 또는 1일차트가 가능하지만, 해외선물 거래인 경우에는 양방향 거래와 레버리지 30~50배를 사용하기 때문에 기준차트를 60분 또는 1일차트로 하면 진입한 방향과 추세의 방향이 맞아도 실전 거래에서 P2구간의 노이즈를 견디면서 보유하기가 쉽지 않음을 발견했습니다. 그러면 해외선물 거래에서는 기준차트(Standard Chart)를 무엇으로 설정해야 할까요? 기준차트 설정에 따라서 현재의 추세를 보는 시각이 달라질 수 있기에 때문에 기준차트의 설정은 매우 중요합니다.

PST이론을 적용해서 수많은 테스트를 해본 결과 해외선물 거래에서는 기준차트를 10분으로 설정하는 것이 제일 좋다는 것을 찾았습니다.

10분차트가 기준차트가 되면 10분보다 낮은 1분, 3분, 5분차트는 하위차트가 되고 30분 이상 차트는 상위차트가 됩니다. 그러면 각 차트에서 추세를 보면 다르게 보이게 됩니다. 그때 PST지표를 활용해서 각 차트에서 타임 프레임을 분석하면 P1, P2, P3, P4구간으로 분류할 수 있습니다. P1구간과 P4-1구간이 공통으로 조건이 맞으면 거래할 수 있습니다.

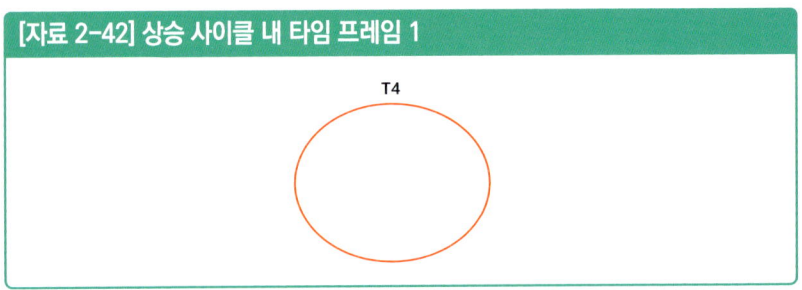

[자료 2-42] 상승 사이클 내 타임 프레임 1

[자료 2-42]는 10분차트로 상승 사이클 내 타임 프레임(T4)을 보여줍니다. 주의할 점은 T4 원의 X축 길이(지름)가 10분이 아니라 10분짜리 양봉이 계속 상승구간(빨간색 동그라미)을 나타낸 것으로 생각해야 합니다. T4구간이 10분차트에서 타임 프레임이 P1구간 또는 P4-1구간이면 빨간색 동그라미영역으로 매수진입을 고려할 수 있습니다.

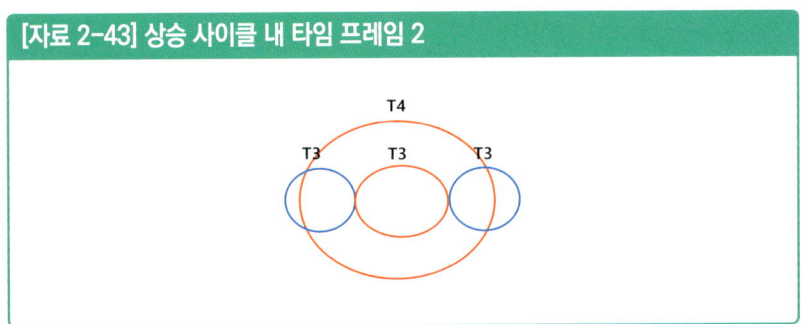

[자료 2-43] 상승 사이클 내 타임 프레임 2

[자료 2-43]은 10분차트로 상승 사이클 내 타임 프레임(T4)과 5분 차트로 타임 프레임(T3)을 보여줍니다. 주의할 점은 T3 원의 X축 길이(지름)가 5분이 아니라, 5분짜리 음봉이 계속 하락구간(파란색 동그라미)과 계속 상승구간(빨간색 동그라미)을 나타낸 것으로 생각해야 합니다. T3구간이 5분차트에서 타임 프레임이 P2구간 또는 P3구간이면 파란색 동그라미영역으로 관망해야 하고 P1구간 또는 P4-1구간이면 빨간색 동그라미영역으로 매수진입을 고려할 수 있습니다.

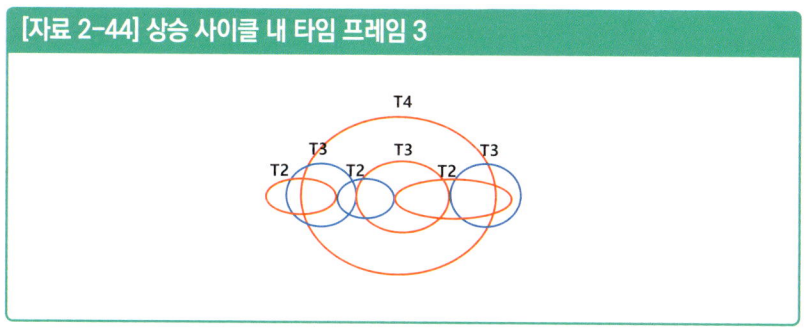

[자료 2-44] 상승 사이클 내 타임 프레임 3

　[자료 2-44]는 10분차트로 상승 사이클 내 타임 프레임(T4)과 5분 차트로 타임 프레임(T3)과 3분차트로 타임 프레임(T2)을 보여줍니다. 주의할 점은 T2 원의 X축 길이(지름)가 3분이 아니라, 3분짜리 양봉이 계속 상승구간(빨간색 동그라미)과 계속 하락구간(파란색 동그라미)을 나타낸 것으로 생각해야 합니다. T2구간이 3분차트에서 타임 프레임이 P1구간 또는 P4-1구간이면 빨간색 동그라미영역으로 매수진입을 고려할 수 있고, P2구간 또는 P3구간이면 파란색 동그라미영역으로 관망해야 합니다.

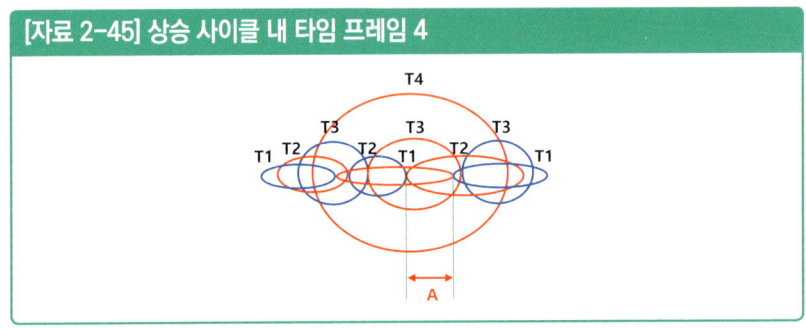

[자료 2-45]는 10분차트로 상승 사이클 내 타임 프레임(T4)과 5분차트로 타임 프레임(T3), 3분차트로 타임 프레임(T2)과 1분차트로 타임 프레임(T1)을 보여줍니다. 주의할 점은 T1 원의 X축 길이(지름)가 1분이 아니라, 1분짜리 음봉이 계속 하락구간(파란색 동그라미)과 계속 상승구간(빨간색 동그라미)을 나타낸 것으로 생각해야 한다는 것입니다. T1 구간이 1분차트에서 타임 프레임이 P2구간 또는 P3구간이면 파란색 동그라미영역으로 관망해야 하고, P1구간 또는 P4-1구간이면 빨간색 동그라미영역으로 매수진입을 고려할 수 있습니다. 결국은 [자료 2-45]에서 A구간처럼 기준차트 10분을 중심으로 하위차트인 5분, 3분, 1분차트에서도 타임 프레임 상 모두 매수진입 조건이 되는 P1구간 또는 P4-1구간에서만 거래해야 수익을 기대할 수 있습니다.

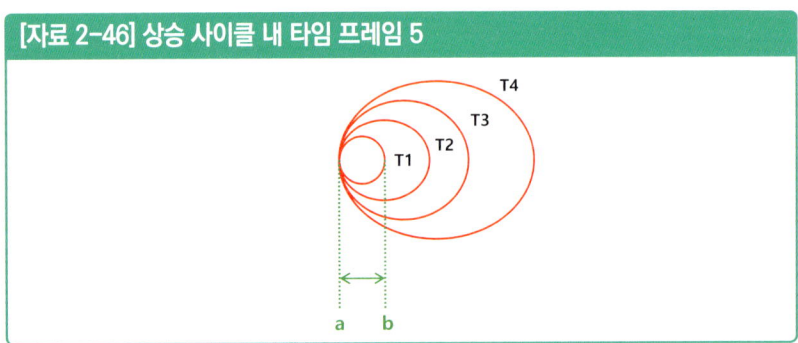

각 시간 차트마다 타임 프레임은 서로 다르게 발생합니다. 만약 [자료 2-46]처럼 T1, T2, T3, T4가 a지점에서 모두 동일하게 시작되는 것을 쉽게 알 수가 있으면 실전 거래에서 매수 쉽게 매수진입을 할 수 있을 것입니다. 또한, 욕심을 내지 않고 b지점에서 매수청산을 한다면 T1구간에서는 무조건 수익을 기대할 수가 있습니다. 현재 보조지표로는 a지점과 b지점을 발견하지 못하지만, PST지표를 활용하면 아주 쉽게 발견해 실전 거래에서 매수진입과 매수청산 시점을 알기 때문에 수익을 기대할 수 있습니다.

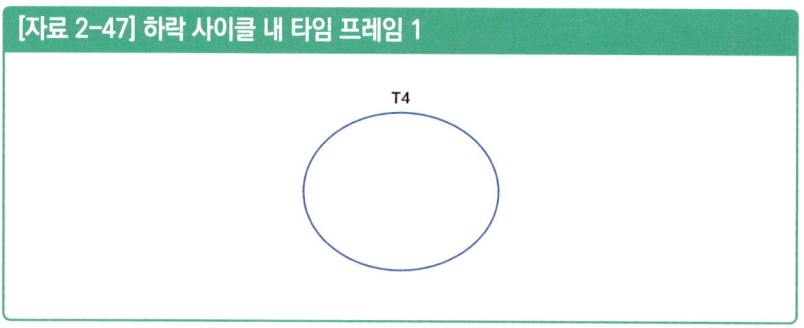

[자료 2-47] 하락 사이클 내 타임 프레임 1

[자료 2-47]은 10분차트로 하락 사이클 내 타임 프레임(T4)을 보여줍니다. 주의할 점은 T4 원의 X축 길이(지름)가 10분이 아니라 10분짜리 음봉이 계속 하락구간(파란색 동그라미)을 나타낸 것으로 생각해야 합니다. T4구간이 10분차트에서 타임 프레임이 P1구간 또는 P4-1구간이면 파란색 동그라미영역으로 매도진입을 고려할 수 있습니다.

[자료 2-48] 하락 사이클 내 타임 프레임 2

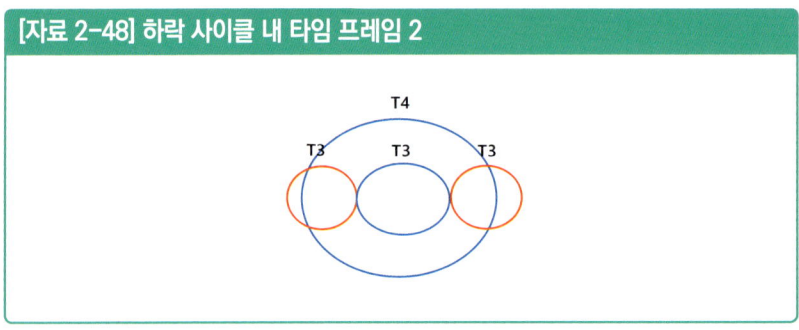

　[자료 2-48]은 10분차트로 하락 사이클 내 타임 프레임(T4)과 5분차트로 타임 프레임(T3)을 보여줍니다. 주의할 점은 T3 원의 X축 길이(지름)가 5분이 아니라, 5분짜리 양봉이 계속 상승구간(빨간색 동그라미)과 계속 하락구간(파란색 동그라미)을 나타낸 것으로 생각해야 합니다. T3구간이 5분차트에서 타임 프레임이 P2구간 또는 P3구간이면 빨간색 동그라미영역으로 관망해야 하고 P1구간 또는 P4-1구간이면 파란색 동그라미영역으로 매도진입을 고려할 수 있습니다.

[자료 2-49] 하락 사이클 내 타임 프레임 3

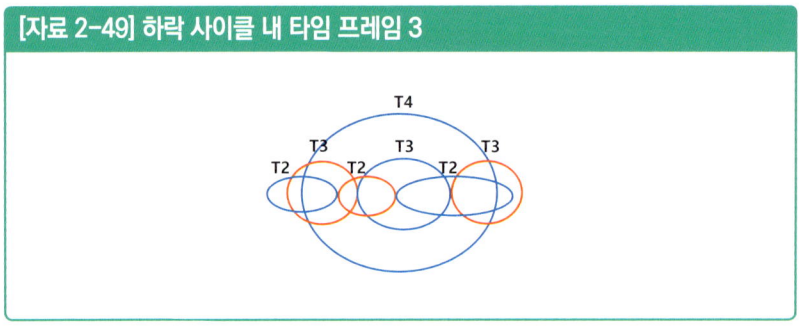

　[자료 2-49]는 10분차트로 하락 사이클 내 타임 프레임(T4)과 5분차트로 타임 프레임(T3), 3분차트로 타임 프레임(T2)을 보여줍니다. 주의할 점은 T2 원의 X축 길이(지름)가 3분이 아니라, 3분짜리 음봉이 계

속 하락구간(파란색 동그라미)과 계속 상승구간(빨간색 동그라미)을 나타낸 것으로 생각해야 합니다. T2구간이 3분차트에서 타임 프레임이 P1구간 또는 P4-1구간이면 파란색 동그라미영역으로 매도진입을 고려할 수 있고, P2구간 또는 P3구간이면 빨간색 동그라미영역으로 관망해야 합니다.

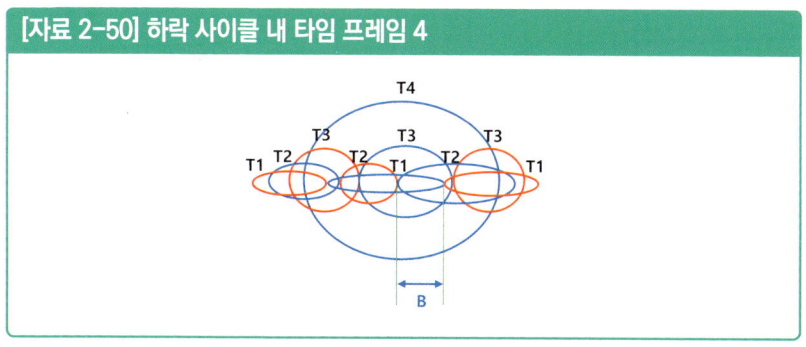

[자료 2-50] 하락 사이클 내 타임 프레임 4

    [자료 2-50]은 10분차트로 하락 사이클 내 타임 프레임(T4)과 5분차트로 타임 프레임(T3), 3분차트로 타임 프레임(T2)과 1분차트로 타임 프레임(T1)을 보여줍니다. 주의할 점은 T1 원의 X축 길이(지름)가 1분이 아니라, 1분짜리 양봉이 계속 상승구간(빨간색 동그라미)과 계속 하락구간(파란색 동그라미)을 나타낸 것으로 생각해야 합니다. T1구간이 1분차트에서 타임 프레임이 P2구간 또는 P3구간이면 빨간색 동그라미영역으로 관망해야 하고, P1구간 또는 P4-1구간이면 파란색 동그라미영역으로 매도진입을 고려할 수 있습니다. 결국은 [자료 2-50]에서 B구간처럼 기준차트 10분을 중심으로 하위차트인 5분, 3분, 1분차트에서도 타임 프레임상 모두 매도진입 조건이 되는 P1구간 또는 P4-1구간에서만 거래해야 수익을 기대할 수 있습니다.

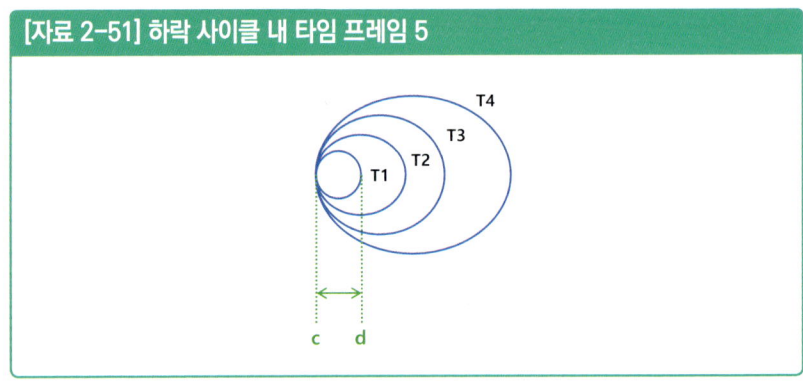

각 시간 차트마다 타임 프레임은 서로 다르게 발생합니다. 만약 [자료 2-51]처럼 T1, T2, T3, T4가 c지점에서 모두 동일하게 시작되는 것을 쉽게 알 수가 있으면 실전 거래에서 매수 쉽게 매도진입할 수 있을 것입니다. 또한, 욕심을 내지 않고 d지점에서 매도청산을 한다면 T1 구간에서는 무조건 수익을 기대할 수가 있습니다. 현재 보조지표로는 c지점과 d지점을 발견하지 못하지만, PST지표를 활용하면 아주 쉽게 발견해 실전 거래에서 매도진입과 매도청산 시점을 알기 때문에 수익을 기대할 수 있습니다.

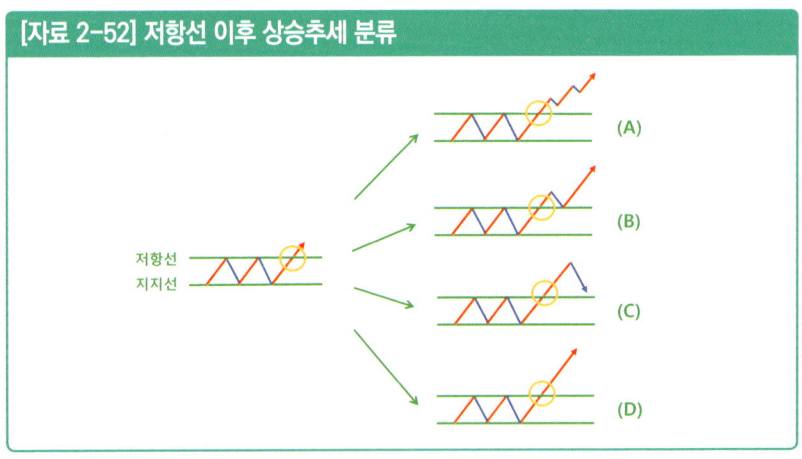

여러분은 저항선과 지지선 사이에서 보인 추세가 저항선을 우상향으로 통과 후 상승추세로 보일 때 매수진입을 하면 [자료 2-52]처럼 A, B, C, D 경우를 모두 경험했을 것입니다. A 경우처럼 추세가 상승, 하락을 반복하면서 상승할 때도 있고, B 경우처럼 상승하다가 다시 저항선을 지지한 후 다시 상승할 때도 있으며, C 경우처럼 상승은 하지만 강한 상승은 안 나오고 약한 상승만 하고 하락할 때도 있고, D 경우처럼 계속 강한 상승이 나올 때도 있습니다. 왜 이런 현상이 나오는지 알고 계셨나요?

모르는데 어떻게 마켓 메이커가 아닌 여러분이 주관적으로 생각한 저항선을 우상향 통과할 때마다 매수진입을 하셨나요? 손실 볼 때와 이익 볼 때를 구별하지 않고 운에 맡기고 매수진입을 하신 것입니다. 조금 후 PST이론으로 분석해보겠습니다.

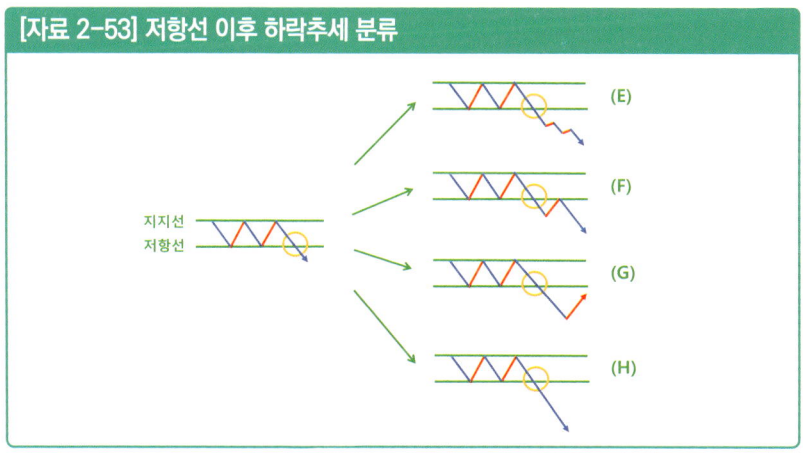

[자료 2-53] 저항선 이후 하락추세 분류

여러분은 저항선과 지지선 사이에서 보인 추세가 저항선을 우하향으로 통과 후 하락추세로 보일 때 매도진입을 하면 [자료 2-53]처럼 E, F, G, H 경우를 모두 경험했을 것입니다. E 경우처럼 추세가 하락, 상승을 반복하면서 하락할 때도 있고, F 경우처럼 하락하다가 다시 저항선을 지지한 후 다시 하락할 때도 있습니다. G 경우처럼 하락은 하지만 강한 하락은 안 나오고 약한 하락만 하고 상승할 때도 있고, D 경우처럼 계속 강한 하락이 나올 때도 있습니다. 왜 이런 현상이 나오는지 알고 계셨나요? 모르는데 어떻게 마켓 메이커가 아닌 여러분이 주관적으로 생각한 저항선을 우하향 통과할 때마다 매도진입하셨나요? 손실 볼 때와 이익 볼 때를 구별하지 않고 운에 맡기고 매도진입하신 것입니다. 조금 후 PST이론으로 분석해보겠습니다.

[자료 2-54] 타임 프레임과 추세의 상관관계

	T1	T2	T3	T4	
1	+	+	+	+	D
2	+	+	+	−	C
3	+	+	−	+	B
4	+	+	−	−	C
5	+	−	+	+	B
6	+	−	+	−	C
7	+	−	−	+	B
8	+	−	−	−	E
9	−	+	+	+	A
10	−	+	+	−	F
11	−	+	−	+	G
12	−	+	−	−	F
13	−	−	+	+	G
14	−	−	+	−	F
15	−	−	−	+	G
16	−	−	−	−	H

[자료 2-54]는 [자료 2-52]와 [자료 2-53]의 상관관계를 나타냅니다. 추세가 저항선을 우상향으로 통과 후 출현하는 경우와 추세가 저항선을 우하향으로 통과 후 출현하는 경우를 정리하면 다음과 같습니다.

저항선 통과 후 상승추세 출현

A : 1분 타임 프레임은 안 맞고 3분, 5분, 10분 타임 프레임은 맞음.
B : 3분, 5분 타임 프레임은 안 맞고 1분, 10분 타임 프레임은 맞음.
C : 10분 타임 프레임은 안 맞고 1분, 3분, 5분 타임 프레임은 맞음.
D : 1분, 3분, 5분, 10분 타임 프레임 모두 맞음.

저항선 통과 후 하락추세 출현

E : 1분 타임 프레임은 안 맞고 3분, 5분, 10분 타임 프레임은 맞음.
F : 3분, 5분 타임 프레임은 안 맞고 1분, 10분 타임 프레임은 맞음.
G : 10분 타임 프레임은 안 맞고 1분, 3분, 5분 타임 프레임은 맞음.
H : 1분, 3분, 5분, 10분 타임 프레임 모두 맞음.

저항선 통과 후 상승추세 출현일 경우는 기준차트 10분 캔들이 일반적으로 D 경우는 장대양봉이 출현하고, C 경우는 장대양봉보다 작은 양봉이 출현합니다. B 경우는 역망치 형태의 양봉이 출현하고, A 경우는 노이즈 생기면서 양봉이 출현합니다. 저항선 통과 후 하락추세 출현일 경우는 기준차트 10분 캔들이 일반적으로 H 경우는 장대음봉이 출현하고, G 경우는 장대음봉보다 작은 음봉이 출현하고, F 경우는 망치 형태의 음봉이 출현하고, E 경우는 노이즈가 생기면서 음봉이 출현합니다. 이로써 여러분은 이제 저항선을 통과 후 매수진입 또는 매도진입할 경우 출현하는 캔들의 형태까지 알 수 있게 되었습니다. 물론 PST이론상 캔들 형태보고 진입하지 않지만 어떻게 캔들 형태가 만들어지는 이유를 이해하셨으리라 믿습니다.

큰 손실을 보는 트레이더들은 A 경우에 매수진입을 또는 E 경우에 매도진입해 진입 후 손실을 보면서 수익이 나기를 원하십니다. 만약 상위차트 타임 프레임에서 P1구간 또는 P4-1구간으로 진입이 가능할 때 하위차트 타임 프레임인 1분차트에서 진입 방향과 다른 P2구간이 발생하면 손실 보면서 계속 보유가 가능할까요? 물론 모의 거래는 가능하겠지만 실전 거래에서는 상위차트를 보면서 P2구간의 되돌림을 버티기가 어렵습니다.

여러분은 저항선과 지지선을 만드는 마켓 메이커가 아니므로 저항선을 통과 후 무조건 여러분 주관대로 진입해서는 안 됩니다. 마켓 메이커가 만드는 추세에 모든 정보가 다 들어가 있지만, 이 정보를 잘못 해석하면 이익을 기대할 수 없습니다. 추세가 하락추세에서 살짝 반등해 상승할 때 매수진입을 하면 안 되고 추세가 상승추세에서 살짝 하락할 때 매도진입을 하면 안 됩니다. 모두 P2구간이기 때문입니다.

물론 P2구간에서 노이즈가 나올 줄 알았는데 노이즈 없이 한 번에 추세의 반대 방향으로 강한 상승이나 강한 하락이 출현할 수 있지만 이런 경우는 예외적인 경우로 추세를 만드는 마켓 메이커만 알 수 있습니다. 실전 거래에는 일반적으로 수익이 나는 경우로 거래해야지, 예외적으로 수익이 나는 경우로 거래를 하시면 안 됩니다.

[자료 2-54]는 매우 중요하니 외우고 바로 실전 거래를 하지 마시고, 반드시 모의 거래를 통해서 먼저 이해하시길 바랍니다.

추세 속도 설정

여러분은 주식, 부동산, 해외선물, 가상화폐 등 재테크 상품에 투자하실 때 어떤 것을 고려하시나요? 당연히 짧은 기간 동안 많은 수익을 원하실 것입니다. 동의하시나요? 예금이나 적금 상품은 제일 안전한 투자 상품이지만 긴 투자 기간과 비교하면 금리가 여러분이 원하는 만큼 높지 않아 예금이나 적금보다는 '하이 리스크 하이 리턴(High Risk High Return)'인 투자 상품에 관심이 있으실 것입니다. 투자 위험이 큰 금융상품을 보유해 많은 수익을 기대하는 것에는 저도 동의합니다. 그런데 과연 투자 위험이 큰 금융상품이 반드시 큰 수익을 줄까요? 그러면 '로 리스크 하이 리턴(Low Risk High Return)'은 어떠세요? 위험을 최소화하면서 많은 수익을 기대하면 금상첨화가 아닐까요? 이제부터 그 비밀을 저와 같이 찾아보겠습니다.

[자료 2-55] 로 리스트 하이 리턴

Low Risk : P1, P4-1 구간 진입

+

High Return : 추세 속도 설정

=

Low Risk High Return

저는 '어떻게 하면 로 리스크 하이 리턴의 방법이 될까?'를 연구하다가 [자료 2-55]처럼 방법을 찾게 되었습니다. 리스크가 적은 구간에 진입해서 빠른 시간에 많은 수익을 내면 되는 것이지요. 리스크가 적은 구간은 PST지표를 활용해서 추세의 위치를 파악한 후 P1구간과 P4-1구간에서만 거래하면 됩니다. 손실 보는 트레이더가 P2구간과 P3구간에서 거래하면 하이 리스크를 가지고 거래하는 것입니다.

그러면 하이 리턴은 어떻게 찾아볼까요? P1구간 또는 P4-1구간에서 매수진입이나 매도진입을 할 때 추세 속도가 빠르게 진행되면, 보유시간이 짧아도 높은 수익을 얻을 수 있습니다. 그러면 추세의 속도, 보유시간, 수익을 금융공학적으로 생각해보겠습니다. 보유시간을 ΔX라고 생각하고 기대수익을 ΔY라고 생각하면 추세 기울기(θ)를 구할 수 있고 그 기울기가 속도(v)에 비례와 상관관계가 있습니다. 이해가 되시나요?

$$\text{추세속도}(v) \propto \text{추세 기울기}(\theta) \propto \frac{\Delta Y}{\Delta X} \propto \frac{\text{기대수익}}{\text{보유시간}}$$

현재까지 공개된 투자 이론이나 보조지표에서 추세 속도나 추세 기울기를 찾지 못했지만 PST이론과 PST지표를 통해서 찾아냈습니다. 이제부터 하나씩 공부해보겠습니다.

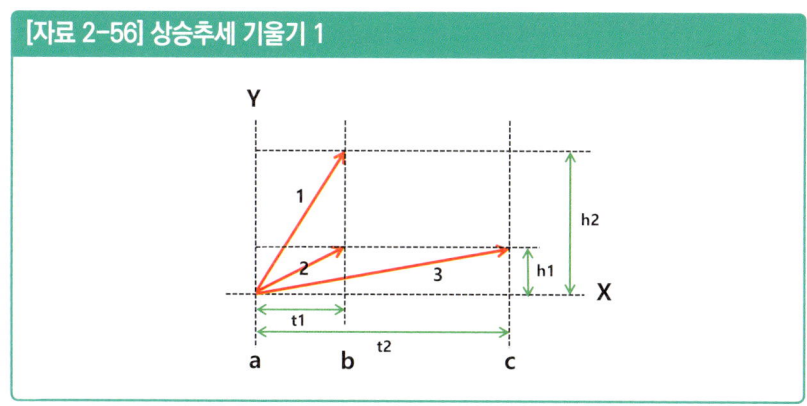

[자료 2-56] 상승추세 기울기 1

[자료 2-56]은 시간을 X축으로 생각하고 가격을 Y축으로 생각한 후 캔들이 상향돌파선(BLU)을 돌파한 다음 나오는 상승추세의 기울기를 보여줍니다. 시간 변동에 따라 X축상에서 상승추세가 a지점부터 b지점과 c지점까지 움직인다고 보고 매수진입으로 수익이 난 경우를 h1과 h2로 생각해보겠습니다. 그러면 a지점부터 c지점까지를 상승 사이클 내에서 P1구간으로 생각하면 추세1, 추세2, 추세3 경우 모두 수익을 낼 수 있겠습니다. 여러분은 어느 경우가 시간 대비 이익을 효과적으로 거래했다고 생각하시나요? 당연히 추세1 경우입니다. 왜 그런지 하나씩 살펴보겠습니다.

추세3은 a지점부터 c지점까지 t2의 시간이 소요되었고 수익은 h1만큼만 수익이 난 경우입니다. 적은 수익이 나긴 났지만, 보유시간을 고려하면 만족할 만한 수익이 나지 않았습니다. 추세2는 추세3과 동일한 h1만큼의 수익이 났지만, 소요시간은 a지점부터 b지점까지의 t1입니다. 그러면 추세2가 추세3보다 동일한 시간 대비 수익을 더 빠르게 난 이유가 무엇일까요? 기울기가 추세3보다 추세2가 더 크기 때문입니다. 추세1은 a지점부터 b지점까지인 가장 빠른 t1시간 동안 가장 많은 h2만큼 수익이 난 경우입니다. 그리고 기울기 또한 추세2보다 추세1이 더 크다는 것을 알기 때문에 보유시간과 수익을 고려하면 추세1 > 추세2 > 추세3 순서대로 효과적인 거래라고 볼 수 있습니다. 이는 또한 기울기의 크기도 추세1 > 추세2 > 추세3 순서임을 알 수 있습니다.

> 상승추세 속도 ∝ 상승추세 기울기 ∝ 효과적인 거래

상승추세에서 기울기는 탄젠트 각도로 어느 두 지점 사이의 가격의 변화량을 시간의 변화량으로 나누면 구할 수 있습니다. 분모인 시간의 변화량이 적고 분자인 이익이 많을수록 상승추세 기울기가 크고 이는 상승추세 속도에 비례합니다. 결국은 기울기가 크게 진행하는 상승추세에서 빠른 속도로 많은 수익이 나는 거래가 가장 효과적인 거래임을 알 수 있습니다. 동의하시나요?

그러면 다음 풀어야 할 문제가 무엇일까요? 여러분은 a지점에서 매수진입을 했을 때 이후에 나오는 상승추세의 기울기가 클지 아니면 작을지를 미리 알 수가 있을까요?

현재까지 오픈된 일반지표로는 알 수가 없지만, PST지표는 미리 기울기를 설정해서 거래를 할 수 있습니다. 여러분은 제가 만든 PST지표도 일종의 보조지표이기 때문에 마켓 메이커가 만드는 추세를 선행할 수 없다고 생각할 수 있습니다.

그러나 PST이론은 선행지표도 아니고 후행지표도 아닌 현재 추세에 가장 근접하게 분석한 현행지표이기 때문에 가능합니다. PST지표로 기

울기가 작을 때는 상승추세 속도가 느리게 진행될 것을 알 수 있고, 이 때는 거래하지 않습니다. 이유는 비효율적인 거래이기 때문입니다.

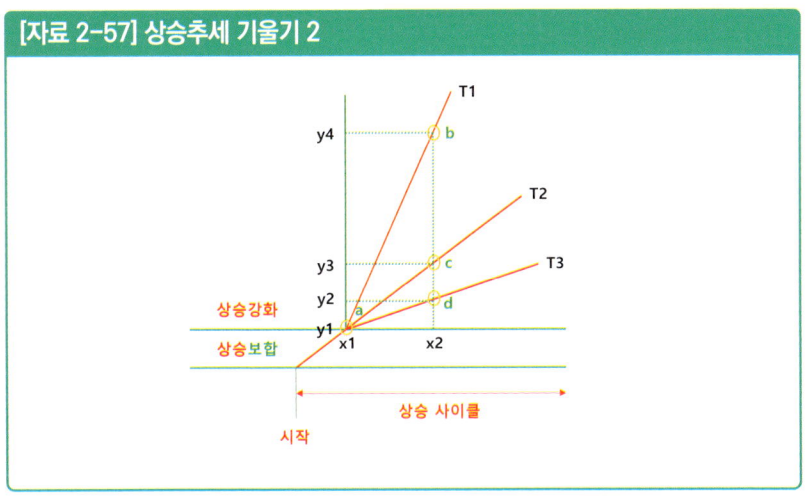

[자료 2-57]은 [자료 2-56]에서 시간의 변동인 t1구간의 시작점을 x1, 끝점을 x2라고 생각하고, 동일한 시간 변동에서 가격의 변동을 각각 y1, y2, y3, y4라고 생각한 후 발생할 수 있는 각각의 상승추세 기울기를 보여줍니다. 상승 사이클 구간에서 일정 시간 동안 상승보합이 보이다가 저항선을 우상향으로 돌파하는 상승강화 구간인 P1구간이 a지점(x1, y1)부터 시작합니다. 기준차트를 중심으로 하위차트 모두 타임프레임을 맞추고 매수진입을 a지점에서 한 후 매수청산을 b지점, c지점, d지점에서 하면 여기에 해당하는 추세는 각각 T1, T2, T3가 됩니다. 그러면 각각의 기울기를 구해볼까요?

$$T1(\theta) = \frac{\Delta y}{\Delta x} = \frac{y4-y1}{x2-x1} = \tan 60°$$

$$T2(\theta) = \frac{\Delta y}{\Delta x} = \frac{y3-y1}{x2-x1} = \tan 45°$$

$$T3(\theta) = \frac{\Delta y}{\Delta x} = \frac{y2-y1}{x2-x1} = \tan 30°$$

PST지표는 이런 추세의 기울기가 저항선인 상향돌파선(BLU)을 우상향으로 통과할 때 순간적으로 다음과 같이 생각합니다.

$$\text{상승추세 순간 기울기} = \lim_{\Delta x \to 0} \frac{\Delta y}{\Delta x} \propto \text{상승추세 순간 속도}$$

PST지표는 여러분이 거래하기 전에 상승추세에서 매수진입할 때 탄젠트 몇도로 추세가 움직일지를 미리 설정할 수 있습니다. 이런 이유로 a지점에 매수진입한 후 출현할 상승추세의 기울기가 T1, T2, T3 이상이 될지 아니면 T1 이하가 될지를 미리 알 수가 있습니다.

[자료 2-57]에서 가장 효과적인 거래는 추세의 기울기를 탄젠트 60도 이상으로 설정해서 만족하는 매수진입 조건이 나오면 a지점에서 매수진입을 한 후 시간상 x2지점까지만 보유하고 매수청산하는 것입니다. 그러면 수익은 (y4-y1)이 됩니다. 이처럼 상승추세에서 PST지표를 활용하면 상승추세의 기울기를 설정해 상승추세의 속도를 조절할 수 있을 뿐만 아니라 최고점도 예측해 최고점 전에서 매수청산을 할 수 있습니다. PST지표 중 매수진입 시 상승추세 기울기를 설정하는 지표는 다음과 같습니다.

PST6지표 : $\tan 30° \leq \theta < \tan 90°$ (2차원 지표)
PST13지표 : $\tan 45° \leq \theta < \tan 90°$ (2차원 지표)
PST35지표 : $\tan 0° \leq \theta \leq \tan 90°$ (2차원 지표)
PST55지표 : $\tan 60° \leq \theta < \tan 90°$ (2차원 지표)
PST99지표 : $\tan 60° \leq \theta < \tan 90°$ (3차원 지표)

PST6지표는 P1구간과 P4구간에서 매수진입 후 상승추세 기울기가 탄젠트 30도 이상부터 탄젠트 90도 미만으로 추세가 출현할 것을 예상할 수 있고, PST13지표는 P1구간, P4구간, P2-1구간에서 매수진입 후 상승추세 기울기가 탄젠트 45도 이상부터 탄젠트 90도 미만으로 추세가 출현할 것을 예상할 수 있습니다. PST이론상 P2구간(P2-1구간, P2-2구간 포함)에서 매수진입 한다는 것은 추세가 하락한 후 기술적 반등처럼 보이는 구간에서 매수진입하는 것입니다. PST지표를 활용하면 하락 사이클이 아직 끝나지 않는 상태에서 P2-1구간에서 매수진입해 수익을 낼 수 있습니다. PST35지표는 P1구간, P4구간, P2구간에서 매수진입 후 상승추세 기울기가 탄젠트 0도 이상부터 탄젠트 90도 이하로 추세가 출현할 것을 예상할 수 있습니다. 기울기가 탄젠트 0도는 0을 뜻하고 탄젠트 90도는 플러스 무한대를 뜻합니다. 이는 매수진입 후 노이즈가 발생할 수 있고 추세가 수직상승처럼 급하게 상승할 수 있음을 예측합니다. PST35지표는 주로 경제지표 발표 전에 활용됩니다. PST55지표와 PST99지표는 모두 상승추세 기울기가 탄젠트 60도 이상부터 탄젠트 90도 미만으로 상승추세가 전개될 것으로 예상합니다. PST6, PST13, PST35, PST55지표는 상승추세를 2차원적으로 생각해서 만든 지표이고 PST99지표는 상승추세를 3차원적으로 생각해서 만든 지표입니다. 각 지표에 대해서는 추후 자세히 설명해드리겠습니다.

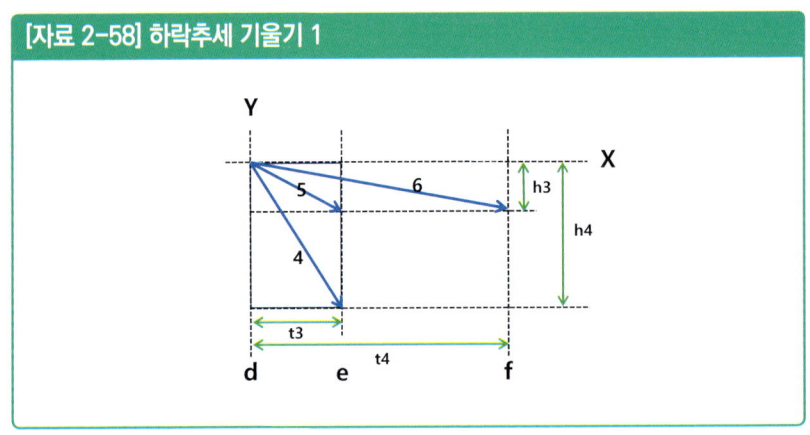

[자료 2-58] 하락추세 기울기 1

[자료 2-58]은 시간을 X축으로 생각하고 가격을 Y축으로 생각한 후 하향돌파선(BLD)을 돌파한 다음 나오는 하락추세의 기울기를 보여줍니다. 시간 변동에 따라 X축 상에서 하락추세가 d지점부터 e지점과 f지점까지 움직인다고 보고 매도진입으로 수익이 난 경우를 h3과 h4로 생각해보겠습니다. 그러면 d지점부터 f지점까지를 하락 사이클내에서 P1구간으로 생각하면 추세4, 추세5, 추세 6 경우 모두 수익을 낼 수 있겠습니다. 여러분은 어느 경우가 시간 대비 이익을 효과적으로 거래했다고 생각하시나요?

당연히 추세4 경우입니다. 왜 그런지 하나씩 살펴보겠습니다.

추세6은 d지점부터 f지점까지 t4의 시간이 소요되었고 수익은 h3만큼만 수익이 난 경우입니다. 적은 수익이 나긴 났지만, 보유시간을 생각하면 만족할 만한 수익이 나지 않았습니다. 추세5는 추세6과 동일한 h3만큼의 수익이 났지만, 소요시간은 d지점부터 e지점까지의 t3입니다. 그러면 추세5가 추세6보다 동일한 시간 대비 수익을 더 빠르게 난 이유가 무엇일까요? 기울기가 추세6보다 추세5가 더 크기 때문입니다. 추세4는 d지점부터 e지점까지인 가장 빠른 t3시간 동안 가장 많은

h4만큼 수익이 난 경우입니다. 그리고 기울기 또한 추세5보다 추세4가 더 크다는 것을 알기 때문에 보유시간과 수익을 고려하면 추세4 > 추세5 > 추세6 순서대로 효과적인 거래라고 볼 수 있습니다. 이는 또한 기울기의 크기도 추세4 > 추세5 > 추세6 순서임을 알 수 있습니다.

> 하락추세 속도 ∝ 하락추세 기울기 ∝ 효과적인 거래

하락추세에서 기울기는 아크탄젠트 각도로 어느 두 지점 사이의 가격의 변화량을 시간의 변화량으로 나누면 구할 수 있습니다. 분모인 시간의 변화량이 적고 분자인 이익이 많을수록 하락추세 기울기가 크고 이는 하락추세 속도에 비례합니다. 결국은 기울기가 크게 진행하는 하락추세에서 빠른 속도로 많은 수익이 나는 거래가 가장 효과적인 거래임을 알 수 있습니다. 동의하시나요?

그러면 다음 풀어야 할 문제가 무엇일까요? 여러분은 d지점에서 매도진입을 했을 때 이후에 나오는 하락추세의 기울기가 클지 아니면 작을지를 미리 알 수가 있을까요?

현재까지 오픈된 일반지표로는 알 수가 없지만, PST지표는 미리 기울기를 설정해서 거래를 할 수 있습니다. 여러분은 제가 만든 PST지표도 일종의 보조지표이기 때문에 마켓 메이커가 만드는 추세를 선행할 수 없다고 생각할 수 있습니다. 그러나 PST이론은 선행지표도 아니고 후행지표도 아닌 현재 추세에 가장 근접하게 분석한 현행지표이기 때문에 가능합니다. PST지표를 활용하면 하락추세 속도가 느리게 진행될 것을 미리 아는 기울기가 작을 때는 거래하지 않습니다. 이유는 비효율적인 거래이기 때문입니다.

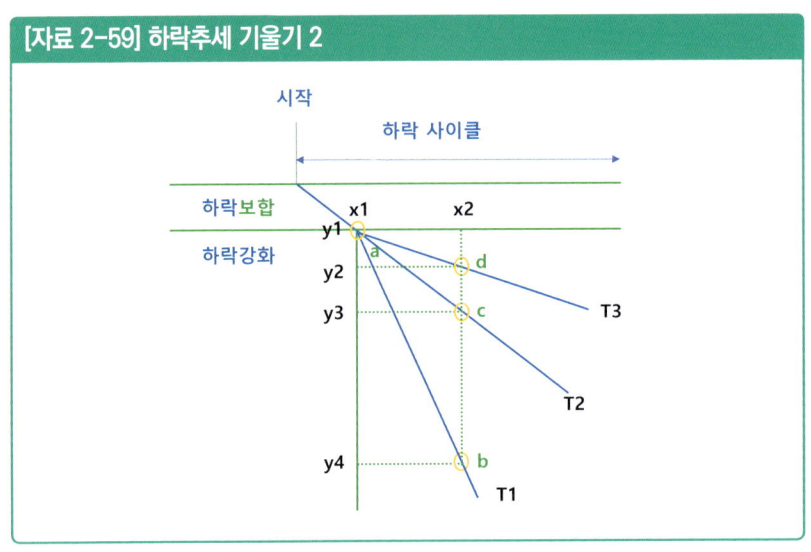

[자료 2-59]는 [자료 2-58]에서 시간의 변동인 t3구간의 시작점을 x1, 끝점을 x2라고 생각하고, 동일한 시간 변동에서 가격의 변동을 각각 y1, y2, y3, y4라고 생각한 후 발생할 수 있는 각각의 하락추세 기울기를 보여줍니다. 하락 사이클 구간에서 일정 시간 동안 하락보합이 보이다가 저항선을 우하향으로 돌파하는 하락강화 구간인 P1구간이 a지점(x1, y1)부터 시작합니다. 기준차트를 중심으로 하위차트 모두 타임프레임을 맞추고 매도진입을 a지점에서 한 후 매도청산을 b지점, c지점, d지점에서 하면 여기에 해당하는 추세는 각각 T1, T2, T3가 됩니다. 그러면 각각의 기울기를 구해볼까요?

$$T1(\theta) = \frac{\Delta y}{\Delta x} = \frac{y4-y1}{x2-x1} = \arctan 60°$$

$$T2(\theta) = \frac{\Delta y}{\Delta x} = \frac{y3-y1}{x2-x1} = \arctan 45°$$

$$T3(\theta) = \frac{\Delta y}{\Delta x} = \frac{y2-y1}{x2-x1} = \arctan 30°$$

PST지표는 이런 추세의 기울기가 저항선인 하향돌파선(BLD)을 우상향으로 통과할 때 순간적으로 다음과 같이 생각합니다.

$$\text{하락추세 순간 기울기} = \lim_{\Delta x \to 0} \frac{\Delta y}{\Delta x} \propto \text{하락추세 순간 속도}$$

PST지표는 여러분이 거래하기 전에 하락추세에서 매도진입을 할 때 아크탄젠트 몇도로 추세가 움직일지를 미리 설정할 수 있습니다. 이런 이유로 a지점에 매도진입한 후 출현할 하락추세의 기울기가 T1, T2, T3 이상이 될지 아니면 T1 이하가 될지를 미리 알 수가 있습니다.

[자료 2-59]에서 가장 효과적인 거래는 추세의 기울기를 아크탄젠트 60도 이상으로 설정해서 만족하는 매도진입 조건이 나오면 a지점에서 매도진입을 한 후 시간상 x2지점까지만 보유하고 매도청산을 하는 것입니다. 그러면 수익은 y4-y1이 됩니다. 이처럼 하락추세에서 PST지표를 활용하면 하락추세의 기울기를 설정해 하락추세의 속도를 조절할 수 있을 뿐만 아니라 최저점도 예측해 최저점 전에서 매도청산할 수 있습니다.

PST지표 중 매도진입 시 하락추세 기울기를 설정하는 지표는 다음과 같습니다.

> PST6지표 : $\arctan 30° \leq \theta < \arctan 90°$ (2차원 지표)
> PST13지표 : $\arctan 45° \leq \theta < \arctan 90°$ (2차원 지표)
> PST35지표 : $\arctan 0° \leq \theta \leq \arctan 90°$ (2차원 지표)
> PST55지표 : $\arctan 60° \leq \theta < \arctan 90°$ (2차원 지표)
> PST99지표 : $\arctan 60° \leq \theta < \arctan 90°$ (3차원 지표)

PST6지표는 P1구간과 P4구간에서 매도진입 후 하락추세 기울기가 아크탄젠트 30도 이상부터 아크탄젠트 90도 미만으로 추세가 출현할 것을 예상할 수 있고, PST13지표는 P1구간, P4구간, P2-1구간에서 매도진입 후 하락추세 기울기가 아크탄젠트45도 이상부터 아크탄젠트 90도 미만으로 추세가 출현할 것을 예상할 수 있습니다.

PST이론상 P2구간(P2-1구간, P2-2구간 포함)에서 매도진입한다는 것은 추세가 상승한 후 기술적 반전처럼 보이는 구간에서 매도진입을 하는 것입니다. PST지표를 활용하면 상승 사이클이 아직 끝나지 않는 상태에서 P2-1구간에서 매도진입해 수익을 낼 수 있습니다.

PST35지표는 P1구간, P4구간, P2구간에서 매도진입 후 하락추세 기울기가 아크탄젠트0도 이상부터 아크탄젠트 90도 이하로 추세가 출현할 것을 예상할 수 있습니다. 기울기가 탄젠트 0도는 0을 뜻하고 탄젠트 90도는 마이너스 무한대를 뜻합니다. 이는 매도진입 후 노이즈가 발생할 수 있고 추세가 수직 하락처럼 급하게 하락할 수 있음을 예측합니다. PST35지표는 주로 경제발표 전에 활용됩니다.

PST55지표와 PST99지표는 모두 하락추세 기울기가 아크탄젠트 60

도 이상부터 아크탄젠트 90도 미만으로 하락추세가 전개될 것으로 예상합니다.

　PST6, PST13, PST35, PST55지표는 하락추세를 2차원적으로 생각해서 만든 지표이고 PST99지표는 하락추세를 3차원적으로 생각해서 만든 지표입니다. 각 지표에 대한 설명은 추후 자세히 하겠습니다.

PST지표 이해

PST2지표 설명 및 이해
- 캔들의 의미 파악

　PST이론을 기반으로 만든 PST지표는 현재 오픈된 일반 보조지표와는 차원이 다릅니다. 가장 큰 차이는 일반 보조지표는 현재 실시간 추세를 너무 후행적으로 분석한 것이고 PST지표는 현행적으로 가장 근접하게 분석한 것입니다.

　PST2지표를 만든 목적은 '캔들의 의미 파악'입니다. 캔들의 의미 파악이 마켓 메이커가 만드는 추세를 분석하는 데 가장 기본이 됩니다. 첫 단추를 잘못 끼우면 결과가 어떻게 되는지 여러분도 잘 아시지요? PST지표는 버전이 1부터 현재 157까지 있지만, 여러분이 실전 거래에 필요한 것만 골라서 하나씩 공부해보겠습니다.

　아주 기초적인 질문을 먼저 해보겠습니다. "캔들이란 무엇일까요?" 캔들은 단위시간 동안 하나의 가격에 대한 마켓 메이커와 마켓 팔로어 간의 매매결과로 시가, 종가, 고가, 저가로 표현이 됩니다. PST이론상 캔들이 최소 3개 이상 모이면 작은 추세가 된다고 생각합니다. 물론 한 개의 캔들도 타임 프레임으로 생각하면 한 개의 캔들 안에도 작은 추세가 존재합니다. 이해가 되시나요? 캔들과 추세와 타임 프레임의 상관관계(Correlation Relationship)를 이해해야 PST이론을 이해하실 수 있습니다.

예를 들어 10분봉차트로 캔들이 한 개만 있다고 가정하겠습니다. 한 개의 캔들만 보면 추세가 안 보이지만 30분이 지나서 10분봉차트가 3개 보이면 추세선을 그을 수 있습니다. 이번에는 다른 관점에서 생각해 볼까요? 10분봉차트로 캔들이 한 개만 있을 경우도 1분봉차트로는 캔들이 10개가 보여서 1분봉차트에서는 캔들의 합인 추세가 보여서 추세선을 역시 그을 수 있습니다.

저는 PST이론을 연구하다가 시간이 지나면서 마켓 메이커와 마켓 팔로어가 매매해 이루어진 가격의 변화를 나타내는 추세의 최소 단위인 '캔들은 무엇으로 구성되어 있을까?'라는 고민을 많이 했습니다. 그러다가 마침내 캔들과 추세를 분석하면서 캔들에는 '주기'와 '힘'이라는 존재로 구성되어 있음을 PST이론으로 증명했습니다.

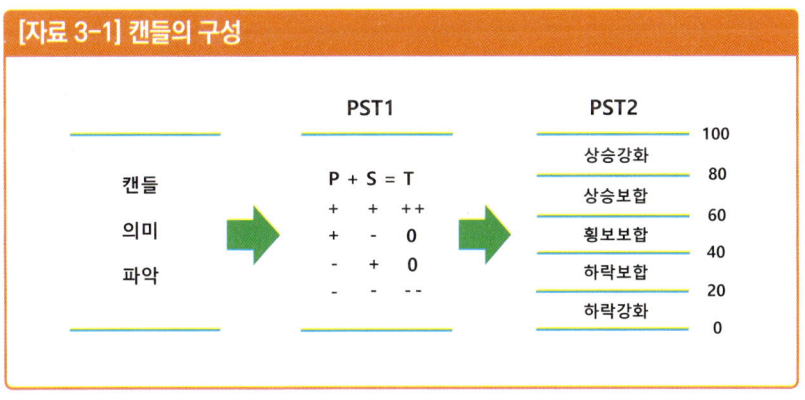

[자료 3-1] 캔들의 구성

[자료 3-1]은 캔들의 구성에 따라 나온 결과를 의미하는 것을 보여줍니다. 캔들을 구성하는 주기(Period)와 힘(Strength)의 합이 작은 추세(Trend) 개념을 만들 수 있습니다. 주기와 힘이 각각 플러스(+)와 마이

너스(-)가 있다고 가정하면 나올 수 있는 경우의 수는 4가지입니다. 주기와 힘이 모두 플러스인 경우에는 추세는 플러스가 2개로 상승강화가 됩니다. 주기와 힘이 하나는 플러스이고 다른 하나는 마이너스일 경우 또는 하나는 마이너스이고 다른 하나는 플러스일 경우는 추세가 0이 됩니다. 물론 주기와 힘의 플러스와 마이너스의 절댓값이 동일하면 0이 되지만 절댓값이 같지 않을 경우는 0이 아니겠지요. 또한, 주기와 힘이 모두 마이너스인 경우에는 추세는 마이너스가 2개가 되어 하락강화가 됩니다. 이렇게 주기와 힘의 합의 결과로 상승강화, 상승보합, 하락보합, 하락강화 4가지 경우로 분류해 만든 지표는 PST1지표입니다. PST1지표도 과거에는 실전 거래에서 매우 훌륭한 결과를 보여주었습니다. PST1지표에서는 상승강화 구간에서는 매수진입을 고려하고 하락강화 구간에서는 매도진입만 고려합니다. 상승보합 구간과 하락보합 구간은 노이즈가 발생하는 P2구간이므로 관망해야 합니다.

상승강화 구간이 나온 후 정확한 매수진입을 하던지, 또는 하락강화 구간이 나온 후 정확한 매도진입을 해야 하는데 수강생들이 본인이 추세를 만드는 마켓 메이커도 아닌데 본인 생각에 '추세가 이렇게 되어 진입 시점이 올 거야'라고 미리 예상하고 진입해서 종종 손실을 봤습니다. 그래서 제가 PST1지표를 업그레이드해서 PST2지표를 완성했습니다. PST2지표는 PST1지표보다 진입 시점이 이론상 조금 늦지만 수익이 더욱 기대할 수 있습니다.

PST1지표로 4단계로 추세 분류한 것을 PST2지표에서는 5단계로 분류했습니다. 추세의 움직인 것을 Y축 범위로 0%~100%라고 생각해 보면 다음과 같습니다.

> 상승강화 구간(1구간) : 80%~100% → 매수진입 가능
> 상승보합 구간(2구간) : 60%~80% → 관망
> 횡보보합 구간(3구간) : 40%~60% → 관망
> 하락보합 구간(4구간) : 20%~40% → 관망
> 하락강화 구간(5구간) : 0%~20% → 매도진입 가능

사이클이 바뀐 후 처음으로 나오는 상승강화 구간에서 매수진입과 하락강화 구간에서 매도진입은 P1구간에 해당됩니다. 동일한 사이클 내에서 P1구간이 나온 후 다시 상승강화 구간에서 매수진입과 하락강화 구간에서 매도진입은 P4구간에 해당됩니다. 상승보합 구간, 횡보보합 구간, 하락보합 구간에서 P2구간의 되돌림이 발생할 수 있으니 거래하지 말고 관망해야 합니다. 이때 중요한 것은 캔들의 모양이나 캔들의 색깔에 의미를 두지 마시고 오직 PST지표로만 분석해야 합니다. 여러분은 실전 거래할 때 빨간색 캔들이 저항선을 우상향으로 돌파할 때 매수진입하면 조금 있다가 캔들이 바로 하락하고, 파란색 캔들이 저항선을 우하향으로 돌파할 때 매도진입하면 조금 있다가 바로 캔들이 바로 상승한 경험이 있으실 것입니다. 왜 이런 현상이 발생한다고 생각하세요? 정답은 캔들 분석의 오류입니다. 다른 각도에서 생각하면 마켓메이커가 만드는 캔들의 정확한 의미를 이해하지 못해서 그런 것입니다. 여러분은 이제 PST2지표를 활용해서 캔들의 모양과 색깔과는 관계없이 오직 캔들의 정확한 의미를 해석해서 실전 거래를 하시면 좋은 결과를 기대할 수 있습니다.

PST2지표를 구성하는 선은 4가지 선이 있습니다. 가는 빨간색선, 굵은 빨간색선, 가는 파란색선, 굵은 파란색선으로 구성되고 가격인 Y축 범위를 퍼센트 개념으로 0~100 사이에서 움직인다고 생각합니다. 그리

고 기준선은 20, 40, 60, 80으로 표시하면 캔들이 매 순간 움직일 때마다 PST2지표는 캔들의 '주기+합'을 백분율로 5구간 안에서 보여주는데, 가는 빨간색선과 가는 파란색선은 캔들 5개의 주기와 힘의 합 결과를 실시간으로 계산해서 보여주고 굵은 빨간색선과 굵은 파란색선은 캔들 10개의 주기와 힘의 합 결과를 실시간으로 계산해서 보여줍니다.

추세를 해석하는 데 가장 기본은 무엇일까요? 정답은 현재 사이클의 시작과 끝을 알아야 합니다. 상승 사이클 안에는 상승추세만 존재하고 하락 사이클 안에는 하락추세만 존재합니다. 상승 사이클이 끝나면 하락 사이클이 시작되고 하락 사이클이 끝나면 다시 상승 사이클이 시작된다고 생각합니다. 한 사이클이 시작과 끝은 굵은 빨간색선과 굵은 파란색선이 교차하는 50부터 다시 교차하는 50까지입니다. 굵은 빨간색선이 굵은 파란색 위에 위치하면 상승 사이클이고 반대로 굵은 파란색선이 굵은 빨간색선 위에 위치하면 하락 사이클이라고 PST2지표는 해석합니다. 그러면 상승 사이클 내에서 매수진입과 하락 사이클 내에서 매도진입은 언제 해야 할까요? 상승 사이클 내에서 굵은 빨간색선이 상승보합 구간(기준선 60 이상)으로 바뀐 상태에서 가는 빨간색선이 상승강화 구간(기준선 80 이상)으로 바뀐 상태이면 매수진입이 가능합니다. 반대로 하락 사이클 내에서 굵은 파란색선이 상승보합 구간(기준선 60 이상)으로 바뀐 상태에서 가는 파란색선이 상승강화 구간(기준선 80 이상)으로 바뀐 상태이면 매도진입이 가능합니다. 진입조건은 우선 기준차트인 10분차트부터 만족한 다음 10분차트 보다 하위차트인 5분, 3분, 1분차트에서 진입조건을 모두 만족해야 합니다. 만약 기준차트가 진입조건을 만족하더라도 하위차트에서 한 개 차트라도 진입조건이 만족하지 않으면 진입하지 말고 관망 전략을 택하셔야 손실을 줄일 수 있습니다.

청산은 어떻게 할까요? 일반적으로 굵은 빨간색선이 1구간까지 상승하면 1구간 안에서 가는 빨간색선이 굵은 빨간색선을 우하향으로 교차해서 내려가는 지점에서 매수청산을 하고, 반대로 만약 굵은 파란색선이 1구간까지 상승하면 1구간 안에서 가는 파란색선이 굵은 파란색선을 우하향으로 교차해서 내려가는 지점에서 매도청산을 하면 됩니다. 그러나 예외적으로 가는 빨간색선이나 굵은 빨간색선이 기준선보다 작아지는 지점에서 매수청산을 하고 가는 파란색선이나 굵은 파란색선이 기준선보다 작아지는 지점에서 매도청산을 청산해야 합니다.

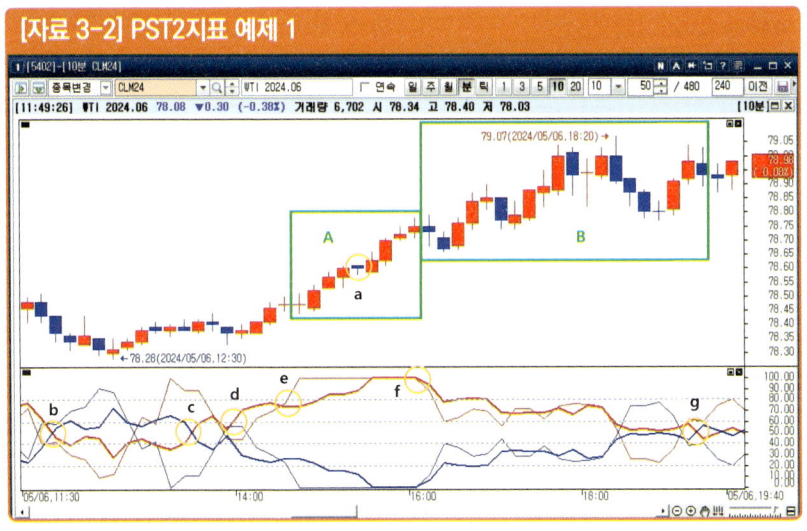

[자료 3-2]는 'WTI 2024년 6월물' 종목으로 2024년 5월 6일 11시 30분부터 19시 40분까지 10분봉차트입니다. 추세 아래에 PST2지표를 불러봤습니다.

PST2지표에서 가장 우선으로 확인할 것은 여러분이 진입할 곳이 상승 사이클 구간인지 하락 사이클 구간인지 구별해야 합니다. 상승 사이클 내에서는 매수진입만 하고 하락 사이클 내에서는 매도진입만 해야 합니다. 만약 상승 사이클 내에서 매도진입을 하고 하락 사이클 내에서 매수진입하면, 이 방법은 역방향으로 P2구간에서 진입한 것이기 때문에 위험한 거래입니다.

   b지점부터 c지점까지는 굵은 파란색선이 굵은 빨간색선 위에 존재하므로 하락 사이클 구간이고 c지점부터 g지점까지는 반대로 굵은 빨간색선이 굵은 파란색선 위에 존재하므로 상승 사이클임을 한 번에 알 수 있습니다. 그러면 상승사이클에서 매수진입은 언제 할까요? 굵은 빨간색선이 상승보합 구간인 d지점보다 위에 위치해야 하고 가는 빨간색선이 상승강화 구간인 e지점보다 위에 위치해야 하는 지점이므로 둘 다 만족하는 e지점에서 매수진입을 해야 합니다. 매수진입 시 캔들형태가 도지형태로 나오는 것은 기준차트보다 하위차트에서 매수조건이 변동이 되어 보이기 때문입니다. 매수진입 후 a지점에서 파란색 캔들이 보이는 P2구간이 출현할 때 재상승하는 P2구간인지 아니면 추세가 전환하는 P2구간인지를 구별해야 합니다. PST2지표로는 재상승하는 P2구간이므로 계속 보유를 하고 f지점에서 가는 빨간색선이 굵은 빨간색을 교차해서 내려오기 때문에 매수청산을 하면 녹색 박스인 A영역만큼 수익을 기대할 수 있습니다. 녹색 박스인 B영역은 P2구간와 P4-2구간을 포함하기 때문에 관망해야 합니다.

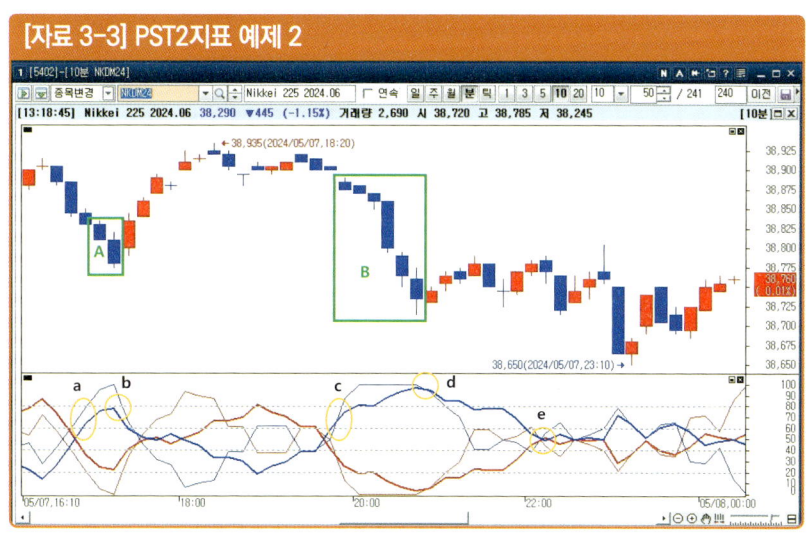

[자료 3-3]은 'Nikkei 255 2024년 6월물' 종목으로 2024년 5월 7일 16시 10분부터 5월 8일 0시 0분까지 10분봉차트입니다. 추세 아래에 PST2지표를 불러봤습니다.

사이클이 하락 사이클로 바뀐 후 a지점에서 매도진입이 가능한 P1구간에서 하락강화 구간이 출현했습니다. 그러면 a지점에서 무조건 매도진입을 해야 할까요?

아닙니다. 기준차트인 10분차트에서 매도진입이 가능한 P1구간이 출현하면 10분보다 낮은 하위차트에서도 반드시 P1구간 또는 P4-1구간이 출현해야 매도진입이 가능합니다. 여기서 하위차트란 1분, 3분, 5분차트를 의미하는데 발생순서는 1분, 3분, 5분차트 순서가 아니라 5분, 3분, 1분차트 순서로 반드시 매도진입 버튼을 누르는 순간은 1분차트에서 매도진입 조건이 나와야 합니다. 매도진입 후 매도청산은 b지점에서 굵은 파란색선이 기준선 80을 우하향으로 내려오는 시점에서 해야 합니다. 지나간 차트에서는 기준선 80을 우상향한 것같이 안 보이지만 실시간 차트에서는 기준선인 80을 우상향했습니다.

　지나간 차트에서는 녹색 박스인 B영역에서 음봉이 녹색 박스인 A영역보다 더 낮은 가격으로 내려와서 동일 사이클 내에서 재하락으로 보일 수 있습니다. 그러나 PST지표로 확인하면 18시와 19시 사이에 상승 사이클이 나온 후 20시 전에서 다시 하락 사이클이 나왔기 때문에 다른 사이클로 생각해야 합니다. 이런 이유로 c지점에서 매도진입은 P4구간으로 생각하지 않고 P1구간으로 생각해야 맞습니다.

　매도진입 후 매도청산은 가는 파란색선이 굵은 파란색을 우하향으로 통과하는 d지점에서 해야 합니다. 참고로 d지점 이후 하락 사이클이 끝나는 e지점까지는 P2구간으로 매도진입과 매수진입을 하지 말고 관망해야 합니다.

PST6지표 설명 및 이해
– 추세의 기울기 30도 ≤ θ < 90도 설정

PST2지표를 활용해서 거래할 때 수익이 나긴 나는데 짧은 보유시간 동안 많은 수익이 날 때도 있고 적은 수익이 날 때도 있었습니다. 저는 '왜 이런 현상이 일어날까?'를 고민하다가 추세의 기울기가 원인임을 알아냈습니다. 많은 투자자가 긴 보유시간 동안 적은 수익을 기대하는 투자 상품에는 관심이 없고 짧은 보유시간 동안 많은 수익을 기대하는 투자 상품에 관심이 있습니다. 동의하시나요? 이런 이유로 제일 안전한 은행 예금이나 적금보다는 주식, 선물, 옵션, 가상화폐 등 손실의 위험을 무릅쓰고 짧은 보유시간 동안 많은 수익을 기대하는 상품에 많은 투자자가 손실을 보면서 거래를 하고 있습니다. 만약에 안전하게 짧은 보유시간 동안 많은 수익을 레버리지가 큰 해외선물 거래에서 가능하다면 여러분은 어떠신가요? 이제부터 PST이론과 PST지표를 활용해서 하나씩 풀어보겠습니다.

PST6지표를 만든 목적은 '추세의 기울기를 30도 이상~90도 미만으로 설정하는 것'입니다. 추세의 기울기는 추세의 변화량을 파악하면 가능합니다. 많은 트레이더가 저에게 "거래할 때와 거래 하지 않을 때를 구별할 수가 있을까요?"라고 질문을 하십니다. 손실 보는 트레이더는 거래할 때 관망하고 거래하지 않을 때 거래를 합니다. 어떻게 보면 가장 기초적인 이 문제를 풀지 못하면 실전 거래에서 수익을 기대하기가 불가능합니다. 저도 처음에는 이 문제를 풀지 못했지만 PST6지표를 만들면서 해결했습니다.

여러분이 실전 거래에서 손실을 본 가장 기초적인 이유는 추세에 순응하지 못해서입니다. 상승추세에서는 매수진입만 고려하고 하락추세에서는 매도진입만 고려해야 합니다. 그리고 더욱 중요한 것은 보합일 때는 매수진입이나 매도진입을 절대로 하면 안 되고 관망을 해야 합니다. 당연하다고요? 문제는 손실 보는 트레이더는 현재 추세가 보합인지 보합이 아닌지를 구별하지 못하는 것입니다. 그래서 PST6지표는 현재 추세가 보합의 여부를 진입 전에 미리 알 수 있게 만들었습니다. 추세가 보합일 때는 관망해야 하고, 보합이 깨지고 추세가 시작될 때는 진입을 고려하시면 됩니다. 이해가 되시나요?

PST이론상 보합에는 상승보합, 횡보보합, 하락보합 3가지가 있습니다. 여러분은 현재 추세가 보합인지 또는 보합이 아닌지를 구별하지 못하지만 PST6지표는 현재 추세가 현재 추세가 보합인지 또는 보합이 아닌지를 구별할 수 있을뿐더러 보합도 상승보합, 횡보보합, 하락보합 중에 어느 하나인 것을 쉽게 구별할 수 있습니다.

보합의 유무를 알면 거래할 때와 거래 하지 않을 때를 구별할 수가 있습니다. 그러면 보합은 어떻게 정의할까요? 보합이란 시간이 지나가도 추세는 저항선과 지지선을 통과하지 못하고 그 사이에서 캔들이 움직이면서 이동하면 그 이동시간 추세의 흐름을 보합이라고 정의할 수 있습니다.

[자료 3-4] 보합의 유무

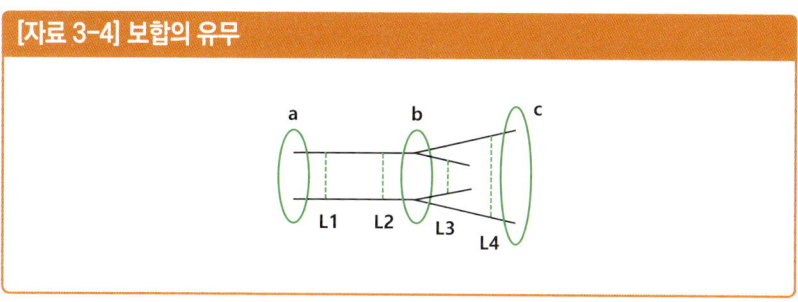

[자료 3-4]처럼 밴드 폭인 L1은 저항선에서 지지선을 뺀 값에 절댓값으로 계산하면 구할 수 있습니다. 시간이 지나가면서 추세는 일정한 값으로 밴드 폭을 만들면서 우측으로 이동하는데 밴드 폭이 L2처럼 동일하게 보이면 보합으로 생각할 수 있습니다. 이때 추세가 상승하면서 보합을 보이면 상승보합이고 추세가 횡보하면서 보합을 보이면 횡보보합입니다. 추세가 하락하면서 보합이면 하락보합으로 볼 수 있습니다. 추세가 상승보합, 횡보보합, 하락보합 중 어느 보합이라도 실전 거래에서는 절대로 진입하지 말고 관망해야지 손실을 줄일 수 있습니다.

[자료 3-4]를 보면 a지점부터 b지점까지 출현하는 밴드 폭인 L1과 L2는 동일하기에 추세의 방향과 무관하게 보합인 것을 알 수 있습니다. 그리고 b지점과 c지점 사이에서 출현하는 밴드 폭이 L3는 L1보다 작아지고 L4는 L1보다 큰 것을 알 수 있습니다.

> L1>L3 : 시간이 지나감에 따라 추세 변화량 작아짐. ∝ 추세 기울기 작아짐.
> L1 = L2 : 시간이 지나감에 따라 추세 변화량 동일 ∝ 추세 기울기 동일
> L1<4 : 시간이 지나감에 따라 추세 변화량 커짐. ∝ 추세 기울기 커짐.

이렇게 PST이론으로 L1<L4가 될 때 추세 변화량이 커진다는 것과 이는 추세 기울기가 커진다는 것에 비례함을 알았습니다. 그런데 추세 변화량이 얼마나 커져야 P1구간과 P4구간에서 수익을 기대할 수 있는 추세 기울기가 되는지가 궁금했습니다. PST이론을 연구하다 L4가 L1보다 약 20% 증가할 때 기울기가 30도 이상~90도 미만임을 찾아냈습니다.

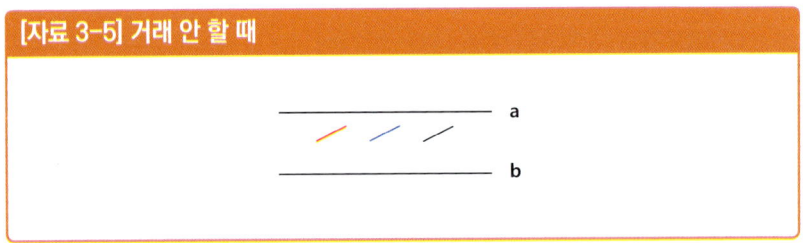

[자료 3-5] 거래 안 할 때

[자료 3-5]는 보합에서 저항선과 지지선을 보여줍니다. 참고로 상승추세일 때는 저항선이 a가 되고 지지선은 b가 되면 하락추세일 때는 반대로 저항선이 b가 되고 지지선이 a가 됩니다. PST6지표를 구상하는 선 중에서 빨간색선, 파란색선, 검정색선 3가지가 20% 밴드 폭을 보여주는 기준선 a와 기준선 b 사이에서 위치하면 현재 추세는 보합으로 생각해서 관망해야 합니다. 여기서 빨간색선은 캔들 5개, 파란색선은 캔들 10개, 검정색선은 캔들 15개를 작은 추세로 계산해서 추세의 변화량이 과거 밴드 폭(L1)과 현재 밴드 폭(L2, L3)을 보여줍니다.

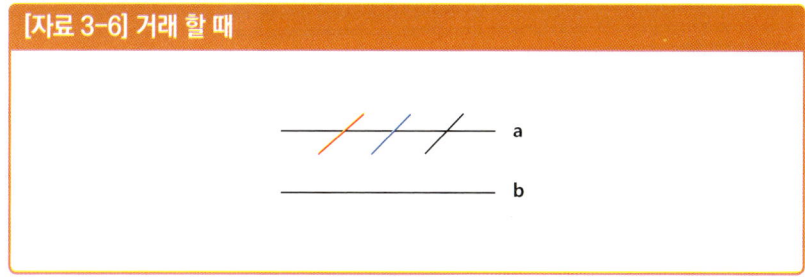

[자료 3-6]은 추세의 변화량을 나타내는 빨간색선, 파란색선, 검정 색선이 순서대로 우상향으로 기준선인 20% 밴드 폭을 나타내는 a지점 과 b지점 사이를 통과하는 것을 알 수 있습니다. 이는 현시점에서 캔들 5개, 10개, 15개로 각각 계산한 추세의 변화량이 20% 이상 움직였다 는 것을 의미하고 이는 추세의 기울기가 30도 이상~90도 미만으로 움 직였다는 것도 알 수 있습니다.

추세의 변화량이 추세의 기울기와 비례함을 알아서 추세의 변화량 이 20% 이상 변동을 줄 때 거래를 하는 것은 맞지만 매수진입을 해야 할지 매도진입 해야 할지가 아직 결정하지 못합니다. 그래서 이 문제를 풀기 위해서는 '주기의 변화량'을 하나 더 공부하면 풀 수 있습니다. 어 렵지만 하나 더 공부를 해보겠습니다.

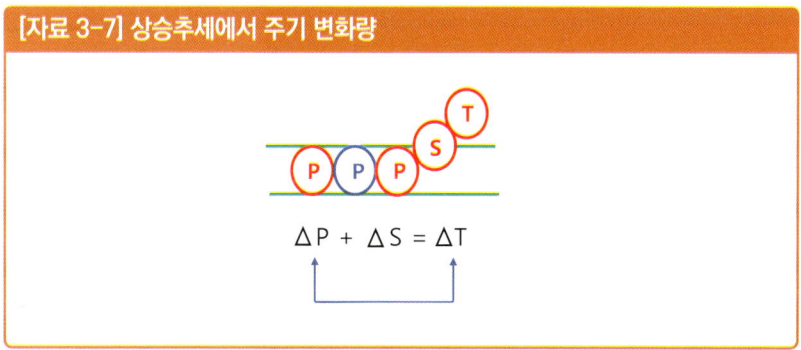

[자료 3-7]은 상승추세에서 주기 변화량과 추세 변화량의 상관관계를 보여줍니다.

플러스 주기 변화량(+ΔP)과 플러스 힘 변화량(+ΔS)의 합이 상승추세(+ΔT)라고 PST이론은 생각합니다. 여기서 상승추세의 변화량이 생기기 전에 반드시 플러스 주기 변화량이 먼저 출현해야 합니다. 만약 상승추세 변화량보다 플러스 주기 변화량이 나중에 출현하면 상승추세에서 되돌림이 나올 수 있으므로 관망해야 합니다. 저는 PST6지표에서 주기 변화량을 녹색선으로 표시하고 추세 변화량을 빨간색선, 파란색선, 검정색선으로 표시해봤습니다. 그러면 이 4가지 선들이 상승추세 흐름에 따라 기준선 위 또는 아래에서 실시간으로 보입니다. 실전 거래에서는 반드시 플러스 주기 변화량이 상승추세 변화량보다 먼저 20% 이상 보일 때만 거래해야 합니다. 그러면 추세 기울기를 탄젠트 30도 이상~90도 미만까지 예상하면서 수익을 기대할 수 있습니다.

+ΔP > +ΔT(5) > +ΔT(10) > +ΔT(15) > 기준선
+ΔP > +ΔT(10) > +ΔT(5) > +ΔT(15) > 기준선
+ΔP > +ΔT(10) > +ΔT(15) > +ΔT(5) > 기준선

4가지 선이 만들 수 있는 경우의 수는 16가지가 나올 수 있습니다. 이 중에서 실전 거래에서는 플러스 주기 변화량(+ΔP)이 가장 먼저 발생하고 +ΔT(5) > 기준선 조건을 만족하면 매수진입을 고려할 수 있습니다. PST6지표는 플러스 주기 변화량과 상승추세 변화량의 상관관계를 이용해서 기울기를 찾아냈지만, 안타깝게도 상승 사이클의 시작과 끝을 알 수가 없습니다. 그래서 PST6지표는 반드시 상승 사이클의 시작과 끝을 알 수 있는 PST2지표와 병행해서 사용해야 합니다.

PST2지표를 단독으로 사용할 때의 매수진입 조건이 PST지표와 병행해서 사용할 때는 다음과 같이 완화됩니다.

$$L1 \geq 80, L3 \geq 60 \rightarrow L1, L3 \geq 60$$

PST6지표에서 기울기가 이미 탄젠트 30도 이상~90도 미만으로 설정이 되어 추세를 예상하기 때문에 매 순간 캔들의 의미를 해석한 PST2지표에서는 매수진입할 때 상승강화 구간 말고 상승보합 구간 정도만 조건을 충족해서 수익을 기대할 수 있습니다.

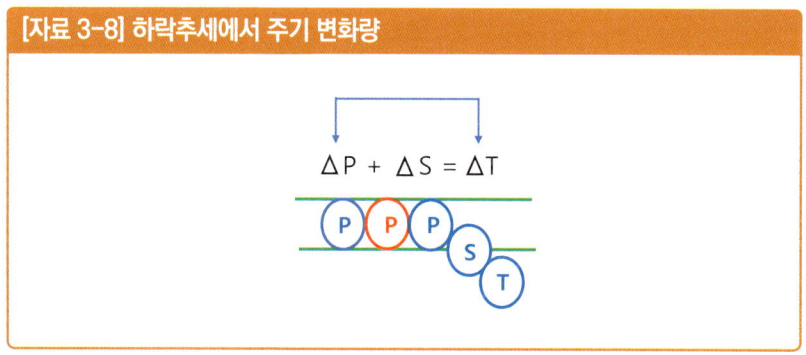

[자료 3-8] 하락추세에서 주기 변화량

[자료 3-8]은 하락추세에서 주기 변화량과 추세 변화량의 상관관계를 보여줍니다. 마이너스 주기 변화량(-ΔP)과 마이너스 힘 변화량(-ΔS)의 합이 하락추세(-ΔT)라고 PST이론은 생각합니다. 여기서 하락추세의 변화량이 생기기 전에 반드시 마이너스 주기 변화량이 먼저 출현해야 합니다. 만약 하락추세 변화량보다 마이너스 주기 변화량이 나중에 출현하면 하락추세에서 되돌림이 나올 수 있으므로 관망해야 합니다. 저는 PST6지표에서 주기 변화량을 녹색선으로 표시하고 추세 변화량을 빨간색선, 파란색선, 검정색선으로 표시해봤습니다. 그러면 이

4가지 선들이 하락추세 흐름에 따라 기준선 위 또는 아래에서 실시간으로 보입니다. 실전 거래에서는 반드시 마이너스 주기 변화량이 하락추세 변화량보다 먼저 20% 이상 보일 때만 거래를 해야 추세 기울기를 아크탄젠트 30도 이상~90도 미만까지 예상하면서 수익을 기대할 수 있습니다.

$$-\Delta P > -\Delta T(5) > -\Delta T(10) > -\Delta T(15) > 기준선$$
$$-\Delta P > -\Delta T(10) > -\Delta T(5) > -\Delta T(15) > 기준선$$
$$-\Delta P > -\Delta T(10) > -\Delta T(15) > -\Delta T(5) > 기준선$$

4가지 선이 만들 수 있는 경우의 수는 16가지가 나올 수 있습니다. 이 중에서 실전 거래에서는 마이너스 주기 변화량($-\Delta P$)이 가장 먼저 발생하고 $-\Delta T(5) >$ 기준선 조건을 만족하면 매도진입을 고려할 수 있습니다. PST6지표는 마이너스 주기 변화량과 하락추세 변화량의 상관관계를 이용해서 기울기를 찾아냈지만, 안타깝게도 하락 사이클의 시작과 끝을 알 수가 없습니다. 그래서 PST6지표는 반드시 하락 사이클의 시작과 끝을 알 수 있는 PST2지표와 병행해서 사용해야 합니다.

PST2지표를 단독으로 사용할 때의 매도진입 조건이 PST지표와 병행해서 사용할 때는 다음과 같이 완화됩니다.

$$L2 \geq 80, L4 \geq 60 \rightarrow L2, L4 \geq 60$$

PST6지표에서 기울기가 이미 아크탄젠트 30도 이상~90도 미만으로 설정이 되어 추세를 예상합니다. 매 순간 캔들의 의미를 해석한 PST2지표에서는 매도진입할 때 하락강화 구간 말고 하락보합 구간 정도만 조건을 충족해서 수익을 기대할 수 있습니다.

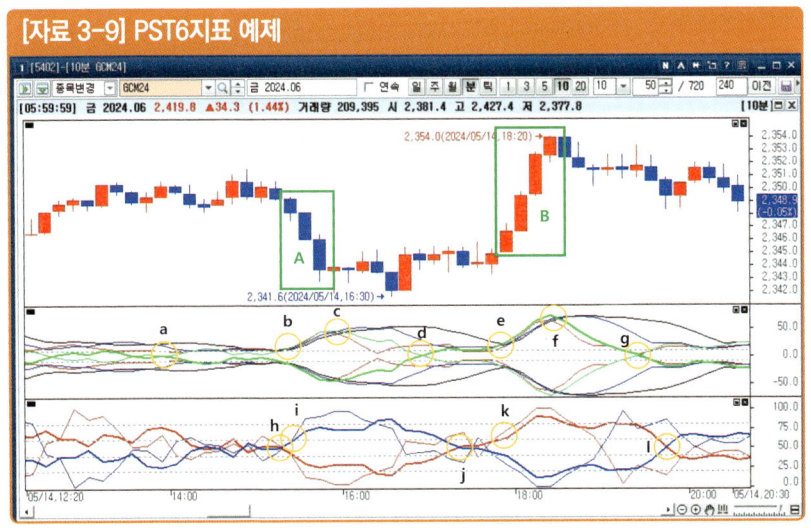

[자료 3-9]는 '금 2024년 6월물' 종목으로 2024년 5월 14일 12시 20분부터 20시 30분까지 10분봉차트입니다. 추세 아래에 PST6지표와 PST2지표를 불러봤습니다.

PST6지표는 현재 추세의 상태를 알 수가 없으므로 PST2지표를 같이 해서 활용해야 합니다. PST2지표를 보면 h지점부터 j지점까지는 굵은 파란색선이 굵은 빨간색선 위에 존재해서 하락 사이클의 시작과 끝을 알 수가 있습니다. j지점부터 l지점까지는 굵은 빨간색선이 굵은 파란색선 위에 존재해서 상승 사이클의 시작과 끝을 알 수가 있습니다. 또한 PST6지표를 보면 a지점부터 d지점까지는 가는 녹색선이 굵은 녹색선 위에 존재해서 마이너스(-) 주기임을 알 수가 있습니다. d지점부터 g지점까지는 굵은 녹색선이 가는 녹색선 위에 존재해서 플러스(+) 주기를 알 수가 있습니다. 추세는 주기와 힘의 합으로 정의를 했기 때문에 현재 추세의 상태가 상승추세와 하락추세와 관계없이 주기는 플러스 또는 마이너스로 계속 변환될 수 있습니다. b지점에서 가는 녹색선이 빨간색선, 파란색선, 검정색선 위에 존재하면서 빨간색선이 기준선 위에 있고 h지점에서 L2, L4 $\geq$ 60 조건을 만족해 매도진입을 한 후 c지점에서 가는 녹색선이 검정색선을 우하향으로 통과할 때 매도청산을 하면 녹색 박스인 A영역만큼 수익을 기대할 수 있습니다. 또한 e지점에서 굵은 녹색선이 빨간색선, 파란색선, 검정색선 위에 존재하면서 빨간색선이 기준선 위에 있고 k지점에서 L1, L3 $\geq$ 60 조건을 만족해 매수진입한 후 f지점에서 굵은 녹색선이 검정색선을 우하향으로 통과할 때 매수청산을 하면 녹색 박스인 B영역만큼 수익을 기대할 수 있습니다.

PST7지표 설명 및 이해
- P1구간, P4구간의 최고점, 최저점 예측

 여러분은 이제 PST이론을 어느 정도 이해하셨으리라 믿습니다. 실전 거래에서는 우선 사이클의 시작과 끝을 찾아내 현재 추세가 상승추세인지 또는 하락추세인지를 알아야 하고, 그다음에는 현재 추세의 위치가 P1구간인지 P4-1인지 구별해야 합니다. 그다음에는 추세의 기울기를 30도 이상~90도 미만으로 설정해서 진입하면 됩니다. 그러면 여기서 질문을 하나 하겠습니다.

 "위의 방법으로 P1구간 또는 P4-1구간에서 진입한 다음에 풀어야 할 문제가 무엇일까요?"

 P1구간 또는 P4-1구간에서 매수진입 또는 매도진입한 후 최고점 또는 최저점을 찾는 것이라고 저는 생각합니다.

 여러분은 진입 후 일정 수익이 나더라도 보유 중 손실로 전환되어 청산하면 손실 보는 경우가 많으실 것입니다. 왜 이런 현상이 나올까요? 여러 가지 이유가 있겠지만 제 생각에는 청산 시점을 모르기 때문에 여러분이 진입한 방향으로 추세가 계속 진행되어 많은 수익을 기대하는 욕심에서 비롯되었다고 생각합니다. 동의하시나요?

그러면 여러분은 왜 청산을 안 하고 계속 보유할까요? 여러분이 최고점 또는 최저점을 만드는 마켓 메이커가 아닌 추세를 그저 따라서 하는 마켓 팔로어일 뿐인데 최고점 또는 최저점을 맞출 수가 있을까요? 그러나 제가 만든 PST지표가 한 사이클 내에서 최고점 또는 최저점을 예측할 수 있습니다. 하나씩 공부해볼까요?

PST7지표는 만든 목적은 추세의 의미를 파악해서 'P1구간 또는 P4구간에서 최고점 또는 최저점을 예측'하는 것입니다.

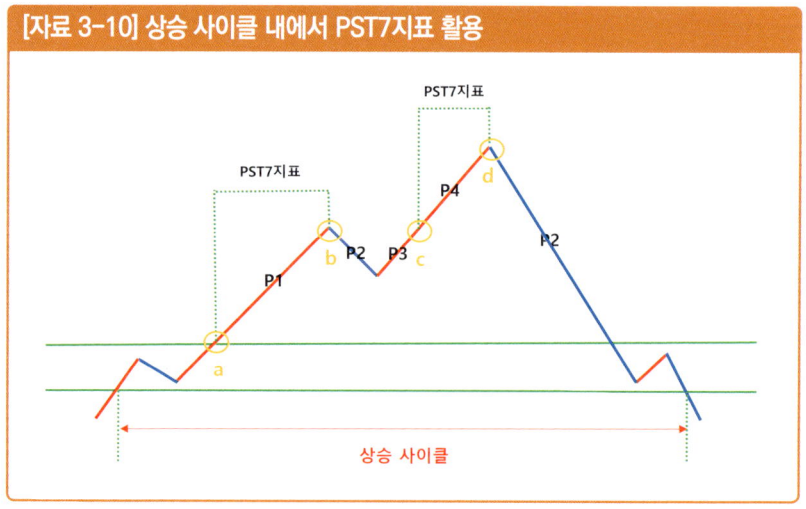

[자료 3-10]은 상승 사이클 내에서 추세 위치를 보여줍니다. 상승 사이클이 시작된 후 일정 구간은 상승보합을 보이다가 a지점부터 P1구간이 시작되어 b지점에서 P1구간이 끝이 납니다. 해외선물 거래에서는 기준차트를 10분차트로 생각하기 때문에 반드시 10분차트에서 먼저 타임 프레임상 P1구간이 나와야 합니다.

상승추세에서 P1구간은 캔들이 모두 양봉만 존재해야지 한 개라도 음봉이 나오면 음봉부터 P2구간으로 생각해야 합니다. PST7지표를 활용해서 P1구간에서 매수진입은 (L1 ≥ 80)∩(L3 ≥ 60)의 매수진입 조건을 맞추어야 하는데 L3 ≥ 60 조건이 먼저 맞고 L1 ≥ 80 조건이 나중에 맞는 것이 좋습니다. 재상승구간인 P4구간은 하락 다이버전스가 출현하지 않는 안전한 P4-1구간과 하락 다이버전스가 출현해서 위험한 P4-2구간으로 분류할 수 있습니다. 실전 거래에서는 P4-1구간에서 매수진입하는 것이 수익 내기가 쉽습니다. 재상승인 P4구간은 c지점에서 시작되어 d지점에서 끝이 나는데 c지점에서는 가격(환율)도 a지점보다 더 높은 가격(환율)을 보여야 합니다. PST7지표에서 L3끼리도 비교해서 c지점에서 L3가 b지점에서 L3보다 더 높은 위치에 있어야 하락 다이버전스가 발생하지 않는 P4-1구간으로 생각할 수 있습니다.

P1구간에서 매수진입 후 최고점에서 청산은 기준차트보다 한 단계 낮은 5분차트로 매수청산을 해야 하고 P4구간에서 매수진입 후 최고점에서 청산은 기준차트보다 두 단계 낮은 3분차트로 매수청산을 해야 합니다. 물론 거래 계약 수가 많은 분은 욕심내지 마시고 1분차트로 매수청산해도 좋은 전략입니다. 매수청산은 L1 ≤ L3 또는 L1 ≤ 80 또는 L3 ≤ 80 또는 L3 ≤ 60 중에서 먼저 매수청산 조건이 만족할 때 하면 됩니다.

여러분은 PST2지표를 활용해서 상승 사이클을 파악한 후 PST6지표를 활용해서 상승보합 구간에서 상승강화 구간으로 바뀌는 P1구간의 시작점인 a지점에서 매수진입을 타임 프레임에 맞추어서 하는 것을 알고 있습니다. 그런데 a지점에서 타임 프레임을 맞추었는데도 약간의 노이즈가 발생할 때도 있는데 왜 그럴까요?

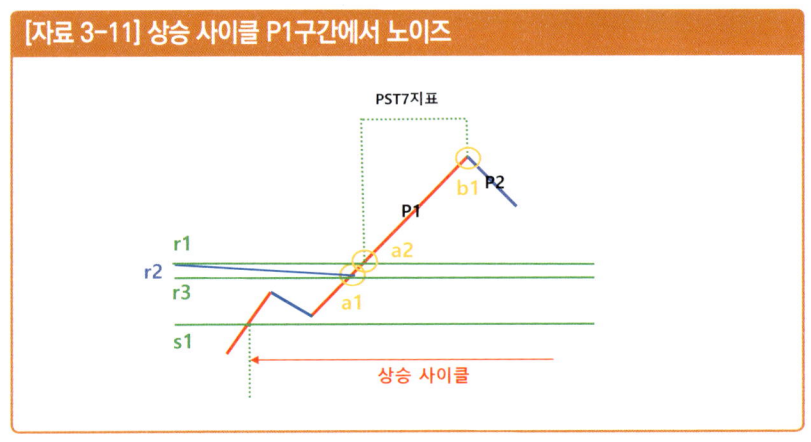

[자료 3-11] 상승 사이클 P1구간에서 노이즈

　[자료 3-11]처럼 PST이론상 일반적으로 상승 사이클 내에서 P1구간에서 매수진입 시 노이즈가 발생하지 않으려면 상승 사이클이 시작되어 a1지점까지인 상승보합 구간은 저항선 r3와 지지선인 s1과 편평해야 합니다. 그러나 실전 거래에서 여러분이 육안으로 보이는 r3는 약간의 기울기를 가진 r2라고 생각하면 매수진입을 하는 a1지점에서는 당연히 노이즈가 발생할 수 있습니다. 노이즈가 발생하지 않으려면 어떻게 해야 할까요? 저항선을 r1처럼 편평하게 생각하면 됩니다. r3 대신에 r1으로 저항선을 생각해서 상승보합 구간을 상승 사이클이 시작된점부터 a2지점까지 생각하면 매수진입 시점은 a1지점이 아니라 a2지점이 되는 것을 알 수 있습니다. 이러한 현상을 PST7지표에서는 '노이즈 필터링'이라 부르고, PST7지표를 활용해서 매수진입하면 노이즈가 필터링되어 편한 매수진입을 할 수 있습니다. 노이즈 필터링해서 매수진입하는 조건은 $(L1 \geq 80) \cap (L3 \geq 60)$입니다.

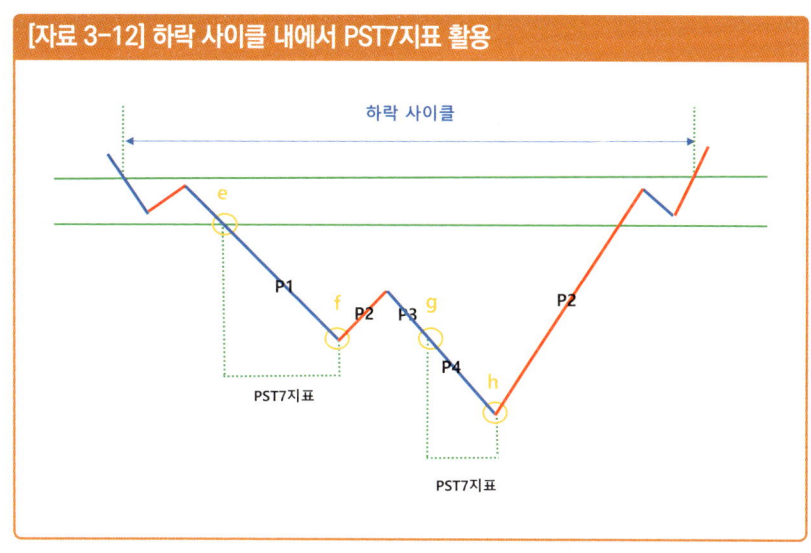

[자료 3-12]는 하락 사이클 내에서 추세 위치를 보여줍니다. 하락 사이클이 시작된 후 일정 구간은 하락보합을 보이다가 e지점부터 P1 구간이 시작되어 f지점에서 P1구간이 끝이 납니다. 해외선물 거래에서는 기준차트를 10분차트로 생각하기 때문에 반드시 10분차트에서 먼저 타임 프레임상 P1구간이 나와야 합니다. 하락추세에서 P1구간은 캔들이 모두 음봉만 존재해야지 한 개라도 양봉이 나오면 음봉부터 P2구간으로 생각해야 합니다. PST7지표를 활용해서 P1구간에서 매도진입은 (L2 ≥ 80)∩(L4 ≥ 60)의 매도진입 조건을 맞추어야 하는데 L4 ≥ 60 조건이 먼저 맞고 L2 ≥ 80 조건이 나중에 맞는 것이 좋습니다. 재하락 구간인 P4구간은 상승 다이버전스가 출현하지 않는 안전한 P4-1구간과 상승 다이버전스가 출현해서 위험한 P4-2구간으로 분류할 수 있습니다. 실전 거래에서는 P4-1구간에서 매도진입하는 것이 수익 내기가 쉽습니다. 재하락인 P4구간은 g지점에서 시작되어 h지점에서 끝이 납니다. g지점에서는 가격(환율)도 f지점보다 더 낮은 가격(환율)을 보

여야 합니다. PST7지표에서 L4끼리도 비교해서 g지점에서 L4가 f지점에서 L4보다 더 낮은 위치에 있어야 상승 다이버전스가 발생하지 않는 P4-1구간으로 생각할 수 있습니다.

P1구간에서 매도진입 후 최저점에서 청산은 기준차트보다 한 단계 낮은 5분차트로 매도청산해야 합니다. P4구간에서 매도진입 후 최저점에서 청산은 기준차트보다 두 단계 낮은 3분차트로 매도청산을 해야 합니다. 물론 거래 계약 수가 많은 분은 욕심내지 마시고 1분차트로 매도청산해도 좋은 전략입니다. 매도청산은 L2 ≤ L4 또는 L2 ≤ 80 또는 L4 ≤ 80 또는 L4 ≤ 60 중에서 먼저 매도청산조건이 만족할 때 하면 됩니다.

여러분은 PST2지표를 활용해서 하락 사이클을 파악한 후 PST6지표를 활용해서 하락보합 구간에서 하락강화 구간으로 바뀌는 P1구간의 시작점인 e지점에서 매도진입을 타임 프레임에 맞추어서 하는 것을 알고 있습니다. 그런데 e지점에서 타임 프레임을 맞추었는데도 약간의 노이즈가 발생할 때도 있는데 왜 그럴까요?

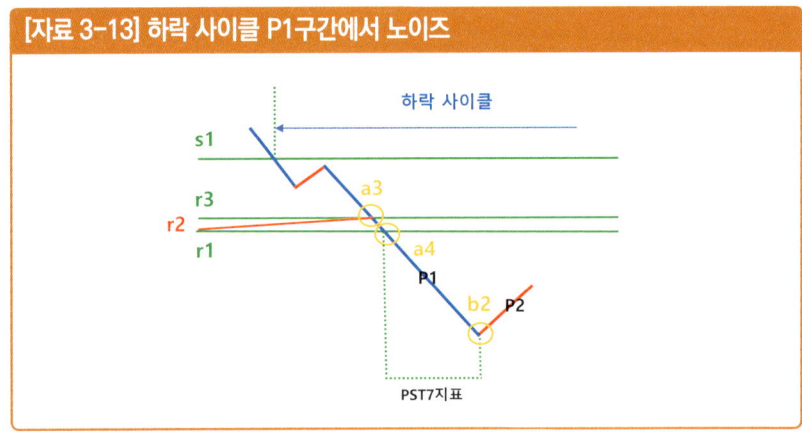

[자료 3-13] 하락 사이클 P1구간에서 노이즈

[자료 3-13]처럼 PST이론상 일반적으로 하락 사이클 내에서 P1구간에서 매도진입 시 노이즈가 발생하지 않으려면 하락 사이클이 시작되어 a3지점까지인 하락보합 구간은 저항선 r3와 지지선인 s1과 편평해야 합니다. 그러나 실전 거래에서 여러분이 육안으로 보이는 r3는 약간의 기울기를 가진 r2라고 생각하면 매도진입을 하는 a3지점에서는 당연히 노이즈가 발생할 수 있습니다. 노이즈가 발생하지 않으려면 어떻게 해야 할까요? 저항선을 r1처럼 편평하게 생각하면 됩니다. r3 대신에 r1으로 저항선을 생각해서 하락보합 구간을 하락 사이클이 시작된 점부터 a4지점까지 생각하면 매수진입 시점은 a3지점이 아니라 a4지점이 되는 것을 알 수 있습니다. 이러한 현상을 PST7지표에서는 '노이즈 필터링'이라 부르고, PST7지표를 활용해서 매도진입하면 노이즈가 필터링되어 편한 매도진입을 할 수 있습니다. 노이즈 필터링해서 매도진입하는 조건은 (L2 ≥ 80)∩(L4 ≥ 60)입니다.

이제 여러분은 PST2지표, PST6지표, PST7지표를 저와 같이 공부했습니다. 만약 이 3가지 PST지표를 모두 활용한다면 우선순위는 어떻게 될까요? 제가 만든 PST지표는 지표마다 만든 목적이 있기 때문에 목적에 맞게 활용하면 되지만, 몇 가지 PST지표를 동시에 활용할 때는 반드시 우선순위를 정해놓아야 합니다.

캔들의 의미 파악보다는 추세의 의미 파악이 큰 개념이므로 PST7지표를 1순위로 생각하고 PST6지표를 2순위, PST2지표를 3순위로 생각해서 실전 거래를 하시면 보다 효과적으로 거래할 수 있으니 참고하시길 바랍니다.

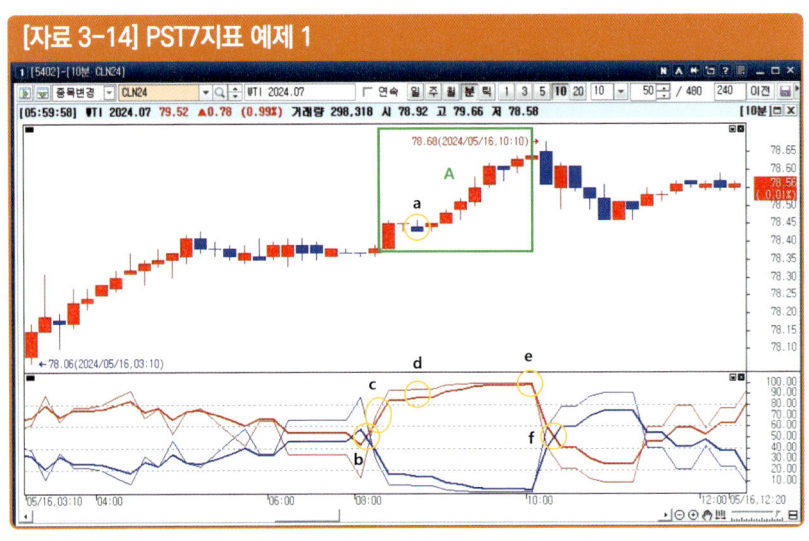

 [자료 3-14]는 'WTI 2024년 7월물' 종목으로 2024년 5월 16일 3시 10분부터 12시 20분까지 10분봉차트입니다. 추세 아래에 PST7지표를 불러봤습니다. PST7지표를 활용하면 사이클의 시작과 끝을 쉽게 알 수 있습니다. PST7지표를 구성하는 선 중에서 굵은 빨간색선과 굵은 파란색선이 교차해서 다시 교차할 때가 사이클의 시작과 끝을 알려줍니다. b지점부터 f지점까지는 굵은 빨간색선이 굵은 파란색선 위에 위치하기 때문에 상승 사이클의 시작점과 끝점으로 생각하면 됩니다.

 만약 여러분이 PST7지표를 PST6지표와 PST2지표와 병행해서 활용한다 해도 사이클의 시작과 끝은 PST2지표가 아닌 PST7지표로 결정해야 합니다. PST6지표는 사이클의 시작과 끝을 구별하지 못하고 PST2지표는 '캔들의 의미 파악' 개념으로 작은 개념의 추세 시작과 끝을 찾기 때문에 PST7지표로 큰 개념의 추세의 끝을 찾는 것이 맞습니다. 매수진입은 굵은 빨간색선(L3)이 상승보합 구간인 60보다 크고 가는 빨간색선(L1)이 상승강화 구간인 80보다 크기 때문에 c지점에서 기준차트인 10분차트가 맞는 상태에서 하위차트인 5분, 3분, 1분차트에서도 동일한 매수진입 조건이 나오면 합니다. 매수청산은 일반적인 청산방법으로 L3가 상승강화 구간까지 올라왔기 때문에 L1이 L3을 우하향으로 교차는 e지점에서 하면 녹색 박스인 A영역만큼 수익을 기대할 수 있습니다. 여기서 중요한 것은 매수진입 후 보유하다 a지점에서 음봉이 나왔다 하더라도 d지점을 보니 L1>L3 조건을 계속 유지하기 때문에 손실보지 않은 상태이면 계속 보유가 맞는 전략입니다. 그리고 매수청산은 원래 한 단계 낮은 5분차트로 해야 하지만 30분차트에서도 매수진입 조건이 나오면 한 단계 낮은 10분차트로 매수청산도 맞으니 한 번 더 생각해보고 청산을 고려하시길 바랍니다.

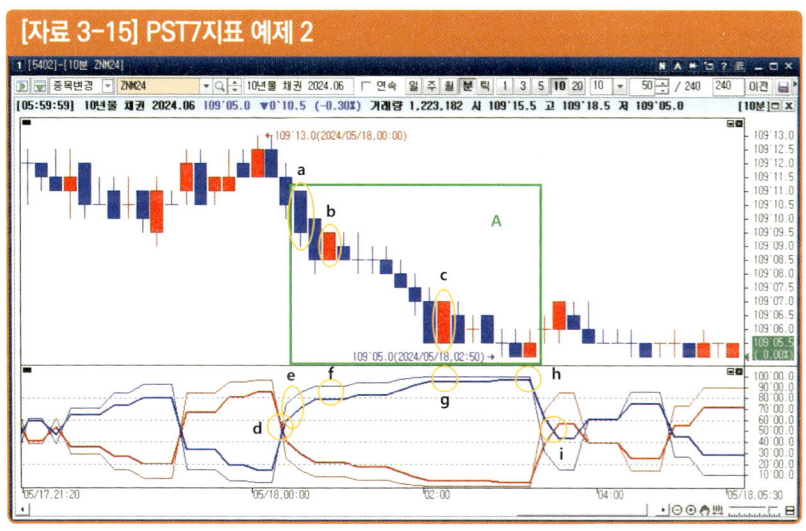

[자료 3-15]는 '10년물 채권 2024년 6월물' 종목으로 2024년 5월 17일 21시 20분부터 5월 18일 5시 30분까지 10분봉차트입니다. 추세 아래에 PST7지표를 불러봤습니다.

만약 여러분이 b지점 또는 c지점에서 매수진입을 했으면 계속 손실을 봤을 것입니다. 물론 여러분은 PST7지표를 활용해서 현재 추세가 하락 사이클 중이기 때문에 P2구간인 양봉으로 나오는 b지점과 c지점에서 매수진입을 하지는 않으시리라 믿습니다. 그런데 왜 손실보는 많은 트레이더들은 하락 사이클에서 매수진입을 할까요?

여러 가지 이유가 있겠지만 제 생각에는 b지점과 c지점이 하락추세라고 생각하지 않고 상승추세로 전환된다고 본인 스스로만 생각하기 때문입니다. 저와 여러분은 그저 추세를 따라가는 마켓 팔로어이기 때문에 절대로 추세를 본인 생각으로 그리시면서 실전 거래를 하시면 안됩니다.

굵은 파란색선이 굵은 빨간색선을 우상향으로 교차하는 d지점이 하락 사이클 시작이고 굵은 파란색선이 굵은 빨간색선을 우하향으로 교차하는 i지점이 하락 사이클 끝이라고 PST7지표에서 알려줍니다. 하락 사이클에서는 하락보합 구간(P2, P3), 하락강화 구간(P1, P4)으로 오직 하락에 관련된 구간만 보이지 절대로 상승과 관련된 구간은 나오질 않습니다. a지점에 매도진입 시 캔들의 형태를 보면 위꼬리 없이 시작가격이 최고가격으로 내려오는 것을 알수 있습니다. 이는 타임 프레임이 1분, 3분, 5분, 10분차트에서 모두 맞은 경우라고 생각할 수 있습니다. 매도진입 후 f지점과 g지점을 보고 계속 보유 후 h지점에서 매도청산을 하면 녹색 박스인 A영역만큼 수익을 기대할 수 있습니다.

PST13지표 설명 및 이해
- 추세의 기울기 45도 ≤ θ < 90도 설정

매번 새로운 높은 버전의 PST지표를 공개할 때마다 많은 교육을 받은 수강생들은 놀라워하셨고 원하는 목표수익을 달성하셨습니다. 저도 더 이상의 다른 PST지표를 만들기가 쉽지 않았지만, 손실 보는 트레이더들을 만나서 그분들의 원하는 것을 해결하기 위해서 노력을 했습니다. 실제 거래에서 트레이더들한테 "어떤 문제점이 있냐?"고 질문을 했더니 다음과 같은 문제점이 공통으로 발견되었습니다.

1. 진입 시 반대 방향으로 밀리지 않은 진입 시점을 알고 싶다.
2. 진입 후 추세 속도가 빨리 진행되면 좋겠다.
3. 진입 후 다음 출현하는 캔들의 색깔이 추세와 같으면 좋겠다.
4. 진입 후 최고점 또는 최저점 전에서 청산하면 좋겠다.
5. 재상승 또는 재하락할 때도 진입해서 수익이 나면 좋겠다.

여러분은 어떠세요? 위의 5가지 문제점은 여러분뿐만 아니라 모든 트레이더가 원하는 바가 아닌가요? 현재 거래방법에 관한 여러 이론과 공개된 일반적인 보조지표를 가지고는 위의 5가지 문제점을 모두 해결하지 못합니다. 동의하시나요?

그러나 만약 PST지표가 모두 위의 5가지 문제점을 해결했다면 믿으시겠나요?

그 지표가 PST13지표입니다. 솔직히 말씀드리면 저도 PST13지표를 완성한 후에 저 자신도 너무 놀라워서 PST13지표는 세상에 오픈 안 하고 저 혼자만 사용하려고 했습니다. 그러나 이러한 마음은 많은 분께 행복을 드리는 싶은 저의 마음을 불편하게 만들어 결국 수강생들에게 교육을 통해 오픈했습니다. 많은 수강생이 이 PST13지표를 활용해서 실전 거래를 통해 너무 만족스러워하셨고, "PST13지표는 노벨상감이다"라고 극찬을 아끼지 않았습니다. PST13지표는 국내외 주식, 국내외 선물, 옵션, FX마진, 가상화폐 등 모든 상품에서 실시간으로 사용할 수 있습니다.

자, 이제 하나씩 PST13지표에 관해 공부해보겠습니다.

상승추세에서 실전 거래할 때와 안 할 때를 어떻게 구별한다고 제가 말씀드렸나요? PST6지표를 공부할 때 상승보합일 경우에는 거래하지 않고 관망하고, 상승보합 구간에서 상승강화 구간으로 바뀔 때 주기 변화량과 추세 변화량이 20% 이상 변화가 일어날 때 매수진입을 고려한다고 말씀드렸습니다. PST이론상 PST6지표를 활용하면 매수진입 시 상승추세의 기울기를 탄젠트 30도 이상~90도 미만으로 설정할 수 있었습니다. 그러면 더욱 짧은 시간 동안 더욱 많은 수익을 내는 방법이 무엇일까요?

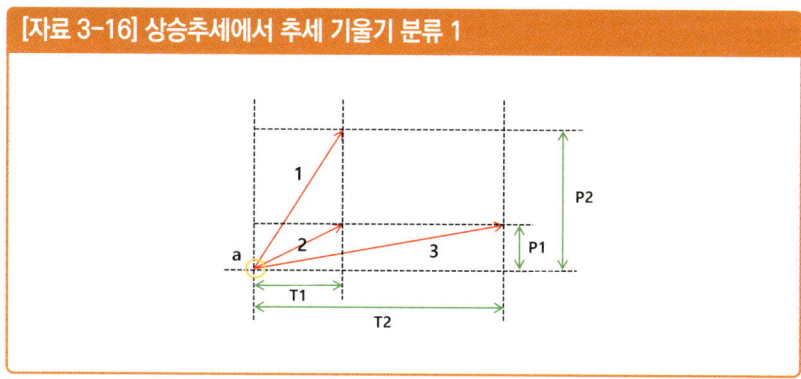

[자료 3-16]처럼 시간을 X축으로 T1, T2로 생각하고 수익을 Y축으로 P1, P2로 생각해보겠습니다. 상승추세에서 시간이 지나감에 따라 추세가 1번, 2번, 3번으로 나왔을 때 어느 경우가 가장 효과적인가요? T2 시간 동안의 P1 수익보다는 T1 시간 동안의 P1 수익이 낫고, T1 시간 동안의 P1 수익보다는 T1 시간 동안의 P2 수익이 낫기 때문에 동일 거래라도 3번보다는 2번이 낫고, 2번 보다는 1번이 가장 시간 대비 수익이 많이 나서 효과적인 거래라고 생각할 수 있습니다. 동의하시나요? 그러면 상승보합 구간에서 상승강화 구간으로 시작하는 a지점에서 첫 양봉 캔들이 나와서 매수진입을 했을 때 이후 출현하는 추세가 1번, 2번, 3번 중에서 어느 경우인지 알 수가 있을까요? 당연히 일반적인 생각할 때는 어렵겠지만 PST이론으로는 알 수가 있습니다. 만약 여러분도 a지점 이후 상승추세의 흐름을 알 수가 있다면 당연히 1번 경우를 택하실 것입니다.

[자료 3-17] 상승추세에서 추세 기울기 분류 2

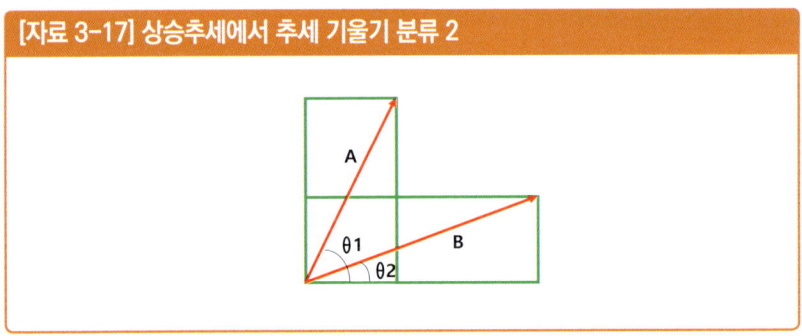

[자료 3-17]은 상승추세에서 추세 기울기에 따라 θ1, θ2를 보여줍니다. 상승보합 구간에서 마지막 양봉 캔들을 (X1, Y1)로 생각하고 상승강화 구간에서 첫 번째 양봉 캔들을 (X2, Y2)라고 생각하면 상승추세 기울기는 다음과 같이 구할 수 있습니다.

$$\text{상승추세 기울기}(\theta) = \frac{\Delta Y}{\Delta X} = \frac{(Y2 - Y1)}{(X2 - X1)} \propto \frac{\Delta 이익}{\Delta 시간}$$

육안으로 봐도 두 개의 기울기 중 θ1이 θ2보다 커 보입니다. 그리고 당연히 θ2의 수익보다도 θ1의 수익이 더 많음을 알 수가 있습니다. 상승추세에서 효과적인 거래방법은 분모인 시간의 변동이 작고 분자인 이익이 많음과 비례한다고 생각할 수 있겠지요? 그러면 상승추세에서 탄젠트 기울기는 몇 도로 하면 좋을까요? PST6지표를 활용해서 매수진입을 할 때 탄젠트 30도 이상~90도 미만으로 설정을 할 수 있었습니다. PST13지표를 활용해서 매수진입을 할 때는 더욱 기울기를 높여서 탄젠트 45도 이상~90도 미만으로 설정할 방법을 찾아내 더욱 효과적인 거래를 기대할 수 있게 되었습니다. 상승추세에서 기울기를 탄젠트 45도 이상으로 추세가 움직인다는 것은 탄젠트 30도 이상으로 추세가 움직이는 것보다 훨씬 빠르게 진행됩니다. 그러므로 첫 매수진입을 너무 늦게 진입하면 안 됩니다. 매수진입이 늦어 P2구간이 바로 발생하면 노이즈가 발생해 심리적 저항에 부딪혀 손실을 보고 매수청산할 수도 있습니다. PST13지표를 활용하면 매수진입 시 밀리지 않는 시점을 알려주고 상승추세의 기울기가 탄젠트 45도 이상으로 움직이는 것을 선택적으로 골라서 거래하게 도와줍니다.

그다음에 트레이더가 가장 풀고 싶었던 문제 중 하나가 "매수진입 후 다음 출현하는 캔들의 색깔이 모두 빨간색으로 나오는 양봉이 계속 출현하면 얼마나 좋을까?"입니다. 이 문제 또한 PST13지표를 가지고 해결해 매수진입, 매수보유, 매수청산의 거래의 3단계 중 매수보유 부분에서 편안한 보유를 여러분은 미리 정할 수 있게 되었습니다. 편안한 매수보유 후 다음 단계는 매수청산입니다. 매수청산은 1차 매수청산부터 마지막인 N차 매수청산을 할 수 있다고 가정했을 때 PST13지표는 마지막인 N차 매수청산을 예측할 수 있지만 욕심내지 않고 1차 매수청산과 2차 매수청산에서 모두 청산을 알려줄 때 여러분은 청산하시길 바랍니다. PST13지표를 활용하면 상승 사이클 내에서 P1구간 뿐만 아니라 재상승하는 P4구간에서도 매수진입해서 수익을 기대할 수도 있습니다. 여기서 중요한 것은 P4구간에 매수진입을 할 때 하락 다이버전스가 나오지 않는 안전한 P4-1구간 또는 하락 다이버전스가 나와서 위험한 P4-2구간이 나올 수 있는데 PST13지표는 P4-1구간과 P4-2구간에 관계없이 모두 매수진입이 가능합니다. 그리고 추후 배우시겠지만 PST31지표를 활용하면 하락 사이클 구간인 P2-1구간에서도 PST13지표를 활용해서 매수진입해서 수익을 기대할 수 있습니다.

하락추세에서 실전 거래할 때와 안 할 때를 어떻게 구별한다고 제가 말씀드렸나요? PST6지표를 공부할 때 하락보합일 경우에는 거래하지 않고 관망하고, 하락보합 구간에서 하락강화 구간으로 바뀔 때 주기 변화량과 추세 변화량이 20% 이상 변화가 일어날 때 매도진입을 고려한다고 말씀드렸습니다. PST이론상 PST6지표를 활용하면 매도진입 시 하락추세의 기울기를 아크탄젠트 30도 이상~90도 미만으로 설정할 수 있었습니다. 그러면 더욱 짧은 시간 동안 더욱 많은 수익을 내는 방법이 무엇일까요?

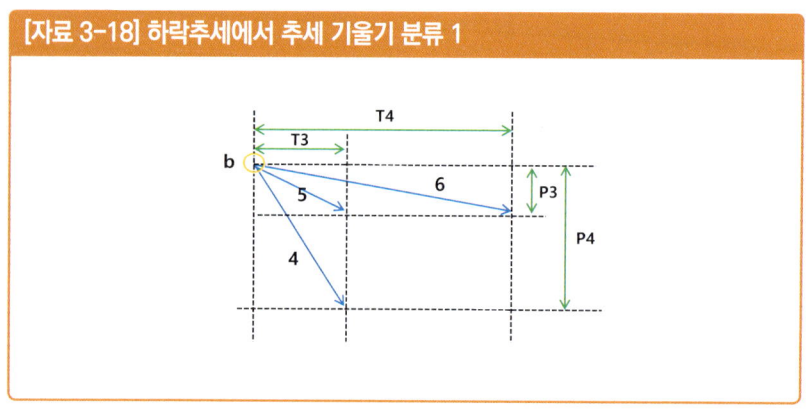

[자료 3-18] 하락추세에서 추세 기울기 분류 1

[자료 3-18]처럼 시간을 X축으로 T3, T4로 생각하고 수익을 Y축으로 P3, P4로 생각해보겠습니다. 하락추세에서 시간이 지나감에 따라 추세가 4번, 5번, 6번으로 나왔을 때 어느 경우가 가장 효과적인가요? T4 시간 동안의 P3 수익보다는 T3 시간 동안의 P3 수익이 낫고, T3 시간 동안의 P3 수익보다는 T3 시간 동안의 P4 수익이 낫기 때문에 동일 거래라도 6번보다는 5번이 낫고, 5번보다는 4번이 가장 시간 대비 수익이 많이 나서 효과적인 거래라고 생각할 수 있습니다. 동의하시나요? 그러면 하락보합 구간에서 하락강화 구간으로 시작하는 b지점에서 첫 음봉 캔들이 나와서 매도진입을 했을 때 이후 출현하는 추세가 4

번, 5번, 6번 중에서 어느 경우인지 알 수가 있을까요? 당연히 일반적인 생각할 때는 어렵겠지만 PST이론으로는 알 수가 있습니다. 만약 여러분도 b지점 이후 하락추세의 흐름을 알 수가 있다면 당연히 4번 경우를 택하실 것입니다.

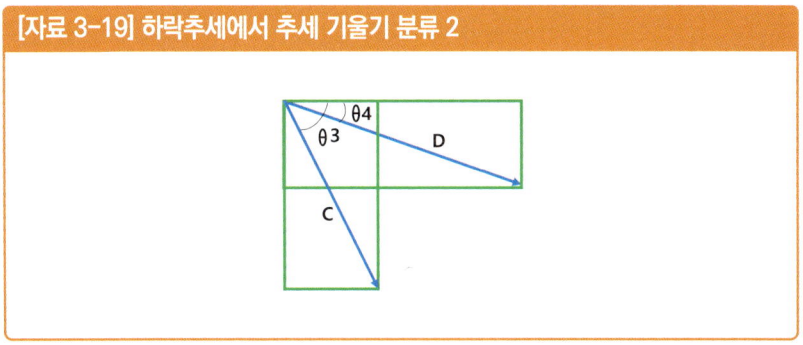

[자료 3-19] 하락추세에서 추세 기울기 분류 2

[자료 3-19]는 하락추세에서 추세 기울기에 따라 $\theta 3, \theta 4$를 보여줍니다. 하락보합 구간에서 마지막 음봉 캔들을 (X3, Y3)으로 생각하고 하락강화 구간에서 첫 번째 음봉 캔들을 (X4, Y4)라고 생각하면 하락추세 기울기는 다음과 같이 구할 수 있습니다.

$$\text{하락추세 기울기}(\theta) = \frac{\Delta Y}{\Delta X} = \frac{(Y4 - Y3)}{(X4 - X3)} \propto \frac{\Delta \text{이익}}{\Delta \text{시간}}$$

육안상으로 봐도 두 개의 기울기 중 $\theta 3$이 $\theta 4$보다 커 보입니다. 그리고 당연히 $\theta 4$의 수익보다도 $\theta 3$의 수익이 더 많음을 알 수가 있습니다. 하락추세에서 효과적인 거래방법은 분모인 시간의 변동이 작고 분자인 이익이 많음과 비례한다고 생각할 수 있겠지요? 그러면 하락추세에서 아크탄젠트 기울기는 몇 도로 하면 좋을까요? PST6지표를 활용해서 매도진입을 할 때 아크탄젠트 30도 이상~90도 미만으로 설정을 할 수 있었습니다. PST13지표를 활용해서 매도진입을 할 때는 더욱 기울기를 높여서 아크탄젠트 45도 이상~90도 미만으로 설정할 방법을 찾아내 더욱 효과적인 거래를 기대할 수 있게 되었습니다. 하락추세에서 기울기를 아크탄젠트 45도 이상으로 추세가 움직인다는 것은 아크탄젠트 30도 이상으로 추세가 움직이는 것보다 훨씬 빠르게 진행됩니다. 그러므로 첫 매도진입을 너무 늦게 하면 안 됩니다. 매도진입이 늦어 P2구간이 바로 발생하면 노이즈가 발생해 심리적 저항에 부딪혀 손실을 보고 매도청산을 할 수도 있습니다. PST13지표를 활용하면 매도진입 시 밀리지 않는 시점을 알려주고 하락추세의 기울기가 아크탄젠트 45도 이상으로 움직이는 것을 선택적으로 골라서 거래하게 도와줍니다.

그다음에 트레이더가 가장 풀고 싶었던 문제 중 하나가 "매도진입 후 다음 출현하는 캔들의 색깔이 모두 파란색으로 나오는 음봉이 계속 출현하면 얼마나 좋을까?"입니다. 이 문제 또한 PST13지표를 가지고 해결해 매도진입, 매도보유, 매도청산의 거래의 3단계 중 매도보유 부분에서 편안한 보유를 여러분은 미리 정할 수 있게 되었습니다. 편안한 매도보유 후 다음 단계는 매도청산입니다. 매도청산은 1차 매도청산부터 마지막인 N차 매도청산을 할 수 있다고 가정했을 때 PST13지표는 마지막인 N차 매도청산을 예측할 수 있지만 욕심내지 않고 1차 매도청산과 2차 매도청산에서 모두 청산을 알려줄 때 여러분은 청산하시길 바랍니다. PST13지표를 활용하면 하락 사이클 내에서 P1구간 뿐만 아니라 재하락하는 P4구간에서도 매도진입해서 수익을 기대할 수도 있습니다. 여기서 중요한 것은 P4구간에 매도진입할 때 상승 다이버전스가 나오지 않는 안전한 P4-1구간 또는 상승 다이버전스가 나와서 위험한 P4-2구간이 나올 수 있는데 PST13지표는 P4-1구간과 P4-2구간에 관계없이 모두 매도진입이 가능합니다. 그리고 추후 배우시겠지만 PST31지표를 활용하면 상승 사이클 구간인 P2-1구간에서도 PST13지표를 활용해서 매도진입해서 수익을 기대할 수 있습니다.

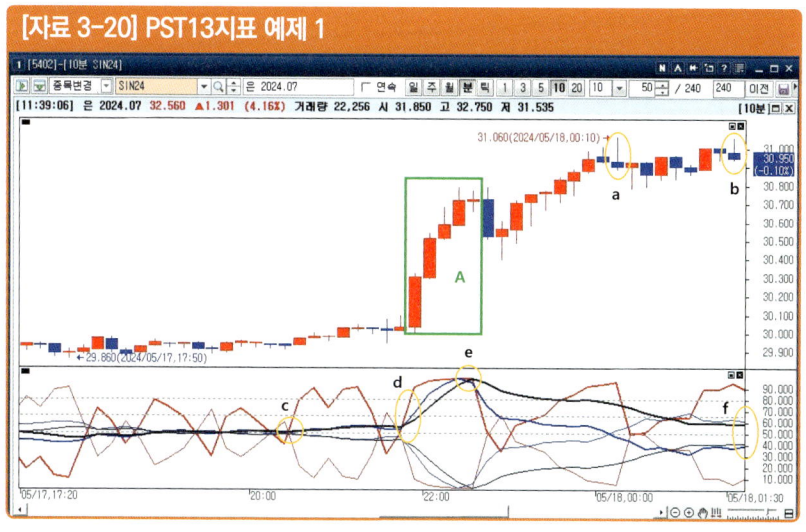

[자료 3-20]은 '은 2024년 7월물' 종목으로 2024년 5월 17일 17시 20분부터 5월 18일 1시 30분까지 10분봉차트입니다. 추세 아래에 PST13지표를 불러봤습니다.

PST13지표는 빨간색선과 파란색과 검정색선으로 굵기1과 굵기2로 표현이 됩니다. 빨간색선은 예비신호를 의미하고 기준선 80 이상이면 조건을 만족합니다. 파란색선은 추세 기울기를 의미하고 기준선 65 이상이면 조건을 만족합니다. 여기서 기울기는 상승추세일 때는 탄젠트 45도 이상~90도 미만을 의미하고 하락추세일 때는 아크탄젠트 45도 이상~90도 미만을 의미합니다. 검정색선은 사이클의 상태를 의미하고 기준선 50이상이면 조건을 만족합니다. 굵은 색선이 가는 색선 위에 존재하면 상승을 의미하고 가는 색선이 굵은 색선 위에 존재하면 하락을 의미합니다.

그러면 여러분이 실전 거래할 때 PST13지표를 활용해서 가장 먼저 확인해야 할 것은 무엇인가요? 검정색선으로 여러분이 진입하고자 하는 부분에서 추세의 상태 즉 상승 사이클인지 또는 하락 사이클인지를 가장 먼저 확인해야 합니다.

c지점부터 f지점까지는 굵은 검정색선이 가는 검정색선 위에 존재하므로 상승 사이클 해석한 후 d지점에서 굵은 빨간색선이 80 이상이고, 굵은 파란색선이 65 이상이며 굵은 검정색이 50 이상이므로 매수진입을 하위 타임 프레임과 맞추어서 매수진입을 합니다. 그러면 굵은 파란색선이 굵은 검정색선을 우하향으로 교차하는 e지점에서 1차 매수청산을 하면 양봉이 탄젠트 45도 이상~90도 미만으로 출현한 것을 알 수 있습니다. 2차 매수청산은 굵은 빨간색선이 굵은 검정색선 우하향으로 교차하는 e지점에서 하면 녹색 박스인 A영역만큼 수익을 기대할 수 있습니다. a지점은 P4-2구간이고 b지점은 P2구간이므로 관망해야 옳은 전략입니다.

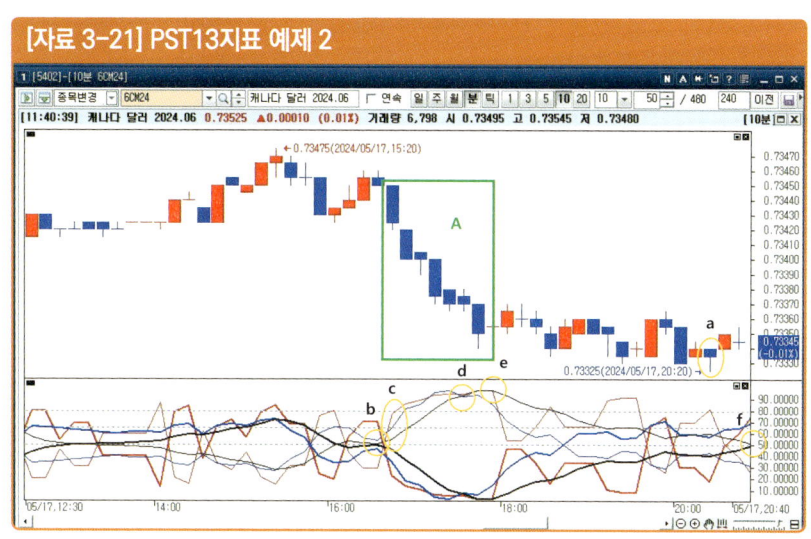

[자료 3-21]은 '캐나다 달러 2024년 6월물' 종목으로 2024년 5월 17일 12시 30분부터 20시 40분까지 10분봉차트입니다. 추세 아래에 PST13지표를 불러봤습니다.

가는 검정색선이 굵은 검정색선을 b지점에서 교차해서 우상향하니 b지점이 하락 사이클의 시작이고 가는 검정색선이 굵은 검정색을 f지점에서 교차해서 우하향하니 f지점이 하락 사이클의 끝임을 PST7지표로 쉽게 확인할 수 있습니다.

이번에는 검정색을 공부해보겠습니다. 검정색은 사이클을 의미합니다. X축으로 시간이 흘러감에 따라 검정색선이 우상향한다는 것은 0~100 사이에서 값이 증가한다는 것을 의미하고, 값이 증가한다는 것은 '확장'의 의미가 있으며 대부분 P1구간과 P4-1구간으로 보여줍니다. 반대로 검정색선이 우하향한다는 것은 0~100 사이에서 값이 줄어드는 것을 의미하고 값이 줄어드는 것은 '축소'의 의미가 있으며 대부분 P2구간과 P4-2구간을 보여줍니다. 가는 검정색선이 b지점부터 e

지점까지는 우상향해 값이 증가하고 e지점부터 f지점까지는 우하향해 값이 줄어드는 것을 볼 수 있습니다. 다르게 해석하면 검정색선이 우상향할 때 진입을 고려해야 하고 우하향할 때는 진입하지 말고 관망해야 합니다. a지점을 보면 가는 검정색선이 우하향으로 내려가고 있네요. P4-2구간으로 매도진입을 하지 말고 관망해야겠습니다. b지점에서 가는 빨간색선, 가는 파란색선, 가는 검정색선 순서대로 각각의 매도진입 조건이 맞아 매도진입을 한 후 d지점에서 1차 매도청산을 하고 e지점에서 2차 매도청산을 하면 녹색 박스인 A영역만큼 수익을 기대할 수 있습니다. 매도진입 후 1차 매도청산 때까지 음봉만 연속으로 출현해서 매도보유가 편함을 예상할 수 있습니다.

PST31지표 설명 및 이해
- 추세의 위치 파악(2차원)

제가 PST31지표를 만든 목적은 '추세의 위치(Position) 파악'입니다. PST이론상 실전 거래에서 P1구간 또는 P4-1구간에서 기준차트 중심으로 하위차트 타임 프레임만 조건을 충족할 때만 거래하면 수익을 기대할 수 있다는 것은 PST교육을 받은 수강생들은 다 알지만, 본인이 거래하는 시점이 P1구간인지 P4-1구간인지를 정확히 모르기에 손실을 볼 수 있습니다.

트레이더가 본인 스스로 현재 진입구간이 타임 프레임상 어떤 구상인지를 정확히 모르면 진입, 보유, 청산이 순조롭게 진행되지 못합니다. 그러나 PST31지표를 실전 거래에서 활용한다면 여러분이 진입하고자 하는 시점이 타임 프레임상 P1, P2-1, P2-2, P3, P4-1, P4-2구간으로 실시간으로 한 번에 알 수가 있습니다.

PST교육을 많은 분들이 배우러 오셨는데 그중 고수 몇 분이 저에게 다음과 같은 질문을 하셨습니다.

"추세의 방향은 상승인지 하락인지는 나름대로 알겠는데 추세의 변동성 유무는 모르겠습니다. 혹시 PST이론과 PST지표가 이 문제를 해결해줄 수가 있나요?"

저도 처음에는 안 될 것 같다는 생각이 먼저 들었습니다. 이유는 양자역학에서 모든 에너지는 불확정성으로 움직여서 위치와 운동량처럼 양자의 특성 중 어떤 조합들이 동시에 정확하게 정의될 수 없다고 이미 발표했기 때문입니다. 저도 과거에는 배운 이론이 모두 맞다고 생각했지만, 지금은 기존 이론들이 현실 세계에서 맞지 않으면 모두 틀렸다고 생각하지 않고 생각의 관점을 바꾸어 다르게 생각해봤습니다. 물리학에서 말하는 위치와 운동량을 차트에서 위치를 가격이나 환율로 생각하고 운동량을 추세의 방향, 속도, 변동성이라고 생각해서 다음과 같은 PST이론을 정립했습니다. 추세를 기존 이론으로는 상승, 보합, 하락 3가지로 분류했지만 PST이론으로 추세는 상승강화, 상승보합, 횡보보합, 하락보합, 하락강화 5가지로 분류했습니다. 과거 이론대로 추세를 3가지로만 분류하면 양자역학 이론이 맞을 수 있지만 PST이론대로 추세를 5가지로 분류하면 양자역학 이론이 꼭 맞는다고 할 수는 없습니다.

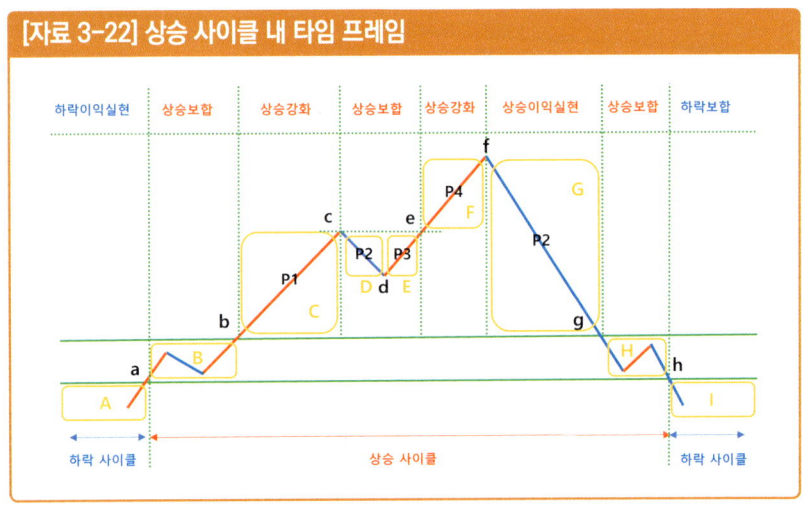

[자료 3-22] 상승 사이클 내 타임 프레임

[자료 3-22]는 상승 사이클 내에서 타임 프레임을 보여줍니다. a지점부터 상승 사이클은 시작해 h지점에서 끝이 나는 것을 알 수 있습니다. PST이론상 상승 사이클 시작 전에는 A영역처럼 하락 사이클이 존재하고 상승 사이클이 끝이 나면 I영역처럼 하락 사이클은 시작한다고 생각합니다. 상승 사이클이 시작한 후 B영역처럼 일정 구간 상승보합이 존재하고 저항선을 양봉으로 우상향 통과하는 b지점부터 상승강화 구간인 P1구간이 C영역처럼 시작되어 c지점까지 유지됩니다. P1구간 이후 연속된 양봉 캔들에서 한 개라도 음봉 캔들이 출현하면 PST이론상 c지점부터 d지점까지인 D영역을 P2구간이라 생각하고 다시 c지점의 전고점까지인 E영역은 d지점부터 e지점까지 유효합니다. E영역은 c지점보다 낮은 상태이면 P2구간으로 생각해야 하고 c지점보다 높은 위치인 e지점부터 f지점까지인 재상승 구간인 P4구간이 F영역처럼 보이면 E영역은 P2구간에서 P3구간으로 변경됩니다. PST이론상 P2구간과 P3구간은 둘 다 상승보합 구간으로 일종의 노이즈처럼 발생하기 때문에 매수진입을 하지 않고 관망을 해야 합니다. 상승 사이클 내에서 가장 높은 위치인 f지점부터 g지점까지의 G영역은 상승이익실현 구간으로 일종의 P2구간으로 생각합니다. 상승 사이클 내 P2구간은 D영역처럼 재상승을 위한 P2구간도 존재하고 G영역처럼 사이클의 전환을 위한 P2구간도 존재합니다. 상승 사이클 내 P2구간에서 매도진입 전략은 추후 상위버전 PST지표에서는 가능합니다. 그러나 현재 배우는 PST지표에서는 매도진입하지 않고 관망해야 합니다. 그리고 H영역도 하락 사이클 시작하는 h지점까지는 상승보합 구간으로 역시 관망해야 합니다.

양자역학에서 말하는 위치와 운동량을 동시에 측정할 수 없다는 이론은 상승 사이클 내에서 P2구간과 P3구간에서는 저도 동의를 하겠습니다. 하지만 상승강화 구간인 P1구간과 재상승강화 구간인 P4구간에서는 위치(가격, 환율, 주가)와 운동량(방향, 속도, 변동성)을 정확하게 PST지표로 측정할 수 있기 때문에 동의할 수 없습니다. 상승 사이클 내에서 타임 프레임을 정확하게 분석하면 변동성의 유무도 다음과 같이 쉽게 파악할 수 있습니다.

> P1구간 : 변동성이 없는 안전한 매수진입 구간(상승강화 구간)
> P2, P3구간 : 변동성이 있는 위험한 구간이므로 관망 구간(상승보합 구간)
> P4-1구간 : 변동성이 없는 안전한 매수진입 구간(상승강화 구간)
> P4-2구간 : 변동성이 있는 위험한 구간이므로 관망 구간(상승강화 구간)

여러분은 상승 사이클 내에서 변동성이 있는 구간에서 되돌림을 종종 만나서 손실을 보셨을 것입니다. 레버리지가 큰 상품인 해외선물 거래에서는 변동성이 있는 구간은 피해서 거래하시는 것이 손실을 줄이는 방법입니다. 그래서 변동성이 없는 P1구간과 P4-1구간에만 매수진입을 해야 매수진입 후 편안하게 보유해서 수익을 기대할 수 있습니다. 상승보합 구간인 P2구간과 P3구간 그리고 상승이익실현 구간인 P2구간과 하락 사이클 내에서 상승하는 P2구간에서는 절대로 매수진입을 고려하지 말고 관망하시길 바랍니다.

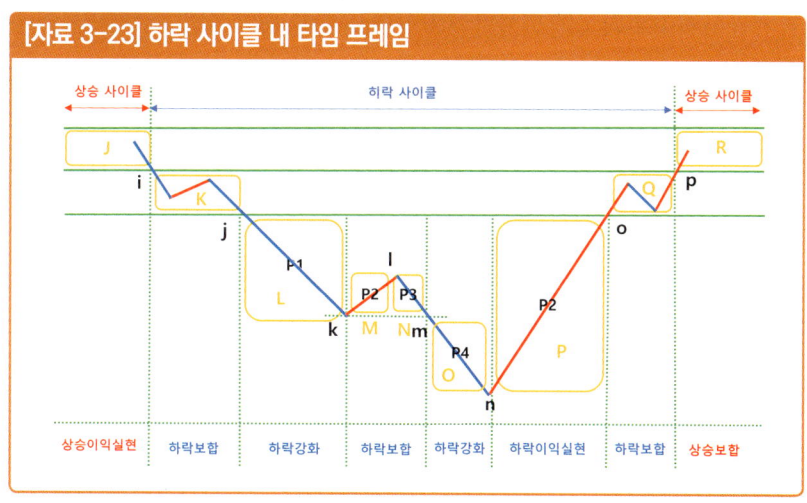

　[자료 3-23]은 하락 사이클 내에서 타임 프레임을 보여줍니다. i지점부터 하락 사이클은 시작해 p지점에서 끝이 나는 것을 알 수 있습니다. PST이론상 하락 사이클 시작전에는 J영역처럼 상승 사이클이 존재하고 하락 사이클이 끝이 나면 R영역처럼 상승 사이클은 시작한다고 생각합니다. 하락 사이클이 시작한 후 K영역처럼 일정 구간 하락보합이 존재하고, 저항선을 음봉으로 우하향 통과하는 j지점부터 하락강화 구간인 P1구간이 L영역처럼 시작되어 k지점까지 유지됩니다. P1구간 이후 연속된 음봉 캔들에서 한 개라도 양봉 캔들이 출현하면 PST이론상 k지점부터 l지점까지인 M영역을 P2구간이라 생각하고, 다시 k지점의 전저점까지인 N영역은 l지점부터 m지점까지 유효합니다. N영역이 k지점보다 높은 상태이면 P2구간으로 생각해야 하고 k지점보다 낮은 위치인 m지점부터 n지점까지인 재하락 구간인 P4구간이 O영역처럼 보이면 N영역은 P2구간에서 P3구간으로 변경됩니다. PST이론상 P2구간과 P3구간은 둘 다 하락보합 구간으로 일종의 노이즈처럼 발생하기 때문에 매도진입을 하지 않고 관망을 해야 합니다. 하락 사이클 내에서 가장 낮은

위치인 n지점부터 o지점까지의 P영역은 하락이익실현 구간으로 일종의 P2구간으로 생각합니다. 하락 사이클 내 P2구간은 M영역처럼 재하락을 위한 P2구간도 존재하고 P영역처럼 사이클의 전환을 위한 P2구간도 존재합니다. 하락 사이클 내에서 P2구간 매수진입 전략은 추후 상위버전 PST지표에서는 가능하나 현재 배우는 PST지표에서는 매수진입을 하지 않고 관망해야 합니다. 그리고 Q영역도 상승 사이클 시작하는 p지점까지는 하락보합 구간으로 역시 관망해야 합니다.

　양자역학에서 말하는 위치와 운동량을 동시에 측정할 수 없다는 이론은 하락 사이클 내에서 P2구간과 P3구간에서는 저도 동의를 하겠습니다. 하지만 하락강화 구간인 P1구간과 재하락강화 구간인 P4구간에서는 위치(가격, 환율, 주가)와 운동량(방향, 속도, 변동성)을 정확하게 PST지표로 측정할 수 있기 때문에 동의할 수 없습니다. 하락 사이클 내에서 타임 프레임을 정확하게 분석하면 변동성의 유무도 다음과 같이 쉽게 파악할 수 있습니다.

P1구간 : 변동성이 없는 안전한 매도진입 구간(하락강화 구간)

P2, P3구간 : 변동성이 있는 위험한 구간이므로 관망 구간(하락보합 구간)

P4-1구간 : 변동성이 없는 안전한 매도진입 구간(하락강화 구간)

P4-2구간 : 변동성이 있는 위험한 구간이므로 관망 구간(하락강화 구간)

　여러분은 하락 사이클 내에서 변동성이 있는 구간에서 되돌림을 종종 만나서 손실을 보셨을 것입니다. 레버리지가 큰 상품인 해외선물 거래에서는 변동성이 있는 구간은 피해서 거래하시는 것이 손실을 줄이는 방법입니다. 그래서 변동성이 없는 P1구간과 P4-1구간에만 매도진입을 해야 매도진입 후 편안하게 보유해서 수익을 기대할 수 있습니다.

하락보합 구간인 P2구간과 P3구간 그리고 하락이익실현 구간인 P2구간과 상승 사이클 내에서 하락하는 P2구간에서는 절대로 매도진입을 고려하지 말고 관망하시길 바랍니다.

제가 PST이론으로 먼저 생각하고 PST지표로 만들 때마다 만든 목적이 각각 있습니다. PST31지표는 추세의 위치를 분석해 변동성의 유무를 판단하기에 너무나 중요한 지표이므로 또 한 번 강조해도 지나침이 없습니다. 그러면 이제 PST31지표를 가지고 추세의 위치를 공부해 보겠습니다.

PST31지표에서 구성하는 선 중에서 가는 빨간색선과 가는 파란색선을 T3, 굵은 빨간색선과 굵은 파란색선을 T4로 생각합니다. 실전 거래에서 제일 먼저 확인해야 할 것이 무엇이라고 제가 말씀드렸나요? 맞습니다. 사이클의 시작과 끝을 찾아야 현재 추세가 상승추세인지 하락추세인지를 알 수가 있습니다. PST31지표에서 사이클의 시작과 끝은 T4인 굵은 빨간색과 굵은 파란색으로 알 수가 있습니다.

[자료 3-24] 상승 사이클 시작

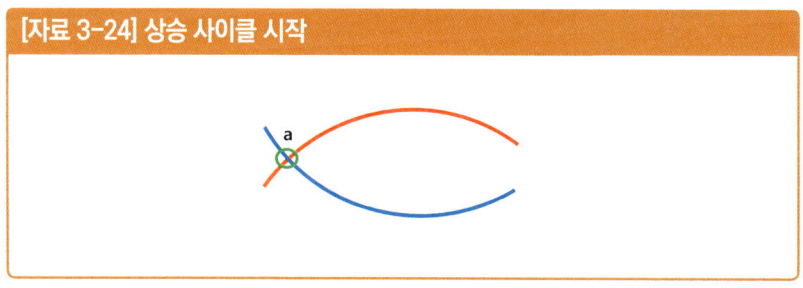

[자료 3-24]는 PST31지표의 굵은 빨간색선이 a지점에서 굵은 파란색선 위에 존재하므로 상승 사이클 시작임을 알 수 있습니다. 이후 굵은 빨간색선이 굵은 파란색선 아래로 교차해서 존재하면 교차점을 상승 사이클 끝으로 생각하면 됩니다.

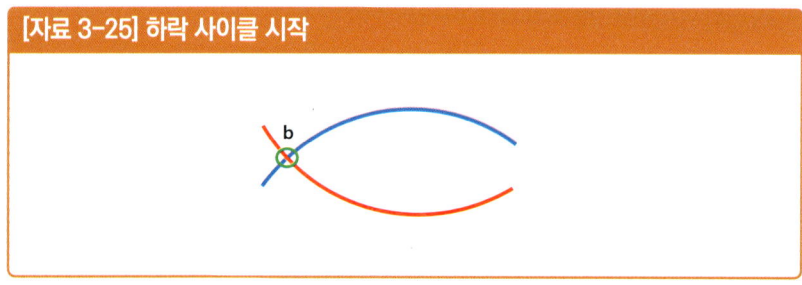

[자료 3-25] 하락 사이클 시작

[자료 3-25]는 PST31지표의 굵은 파란색선이 b지점에서 굵은 빨간 색선 위에 존재하므로 하락 사이클 시작임을 알 수 있습니다. 이후 굵은 파란색선이 굵은 빨간색선 아래로 교차해서 존재하면 교차점을 하락 사이클 끝으로 생각하면 됩니다.

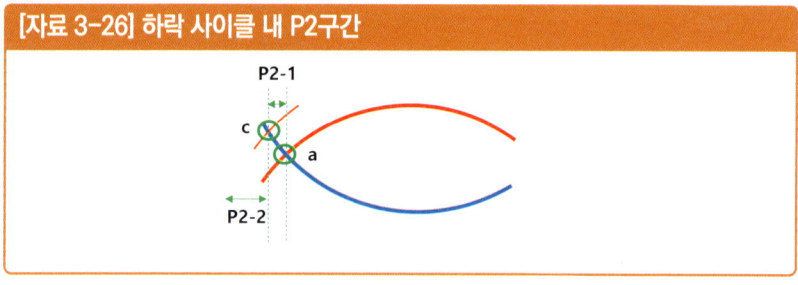

[자료 3-26] 하락 사이클 내 P2구간

[자료 3-26]은 하락 사이클 내 P2구간을 보여줍니다. a지점 우측은 상승 사이클이 시작되기 때문에 a지점 좌측은 하락 사이클 구간으로 생각해야 합니다. 하락 사이클 내에서 매수진입을 한다는 것은 P2구간에서 매수진입을 하는 것입니다. P2구간은 P2-1구간과 P2-2구간으로 분류되는데 P2-1구간은 T3 중 가는 빨간색선이 우상향으로 굵은 파란색선을 교차하는 c지점부터 상승 사이클이 시작하는 a지점까지 입니다. 만약 P2-1구간에서 매수진입으로 수익을 내기 위해서는 최소한 PST13지표 이상 PST지표를 활용해서 추세 기울기가 최소 탄젠트 30

도 이상~90도 미만으로 설정해서 거래해야 수익을 기대할 수 있습니다. P2-2구간은 c지점 좌측구간을 의미하고 만약 P2-2구간에서 매수 진입으로 수익이 나기 위해서는 최소한 PST46지표 이상 PST지표를 활용해야 수익을 기대할 수 있습니다.

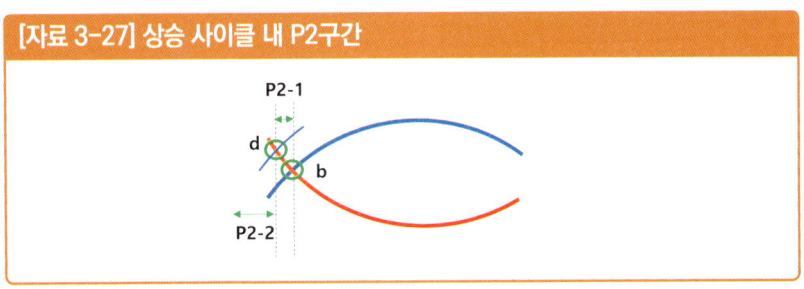

[자료 3-27]은 상승 사이클 내 P2구간을 보여줍니다. b지점 우측은 하락 사이클이 시작되기 때문에 b지점 좌측은 상승 사이클 구간으로 생각해야 합니다. 상승 사이클 내에서 매도진입을 한다는 것은 P2구간에서 매도진입을 하는 것입니다. P2구간은 P2-1구간과 P2-2구간으로 분류되는데 P2-1구간은 T3 중 가는 파란색선이 우상향으로 굵은 빨간색선을 교차하는 d지점부터 하락 사이클이 시작하는 b지점까지입니다. 만약 P2-1구간에서 매도진입으로 수익이 나기 위해서는 최소한 PST13지표 이상 PST지표를 활용해서 추세 기울기가 최소 아크탄젠트 30도 이상~90도 미만으로 설정해서 거래해야 수익을 기대할 수 있습니다. P2-2구간은 d지점 좌측 구간을 의미하고 만약 P2-2구간에서 매도진입으로 수익이 나기 위해서는 최소한 PST46지표 이상 PST지표를 활용해야 수익을 기대할 수 있습니다.

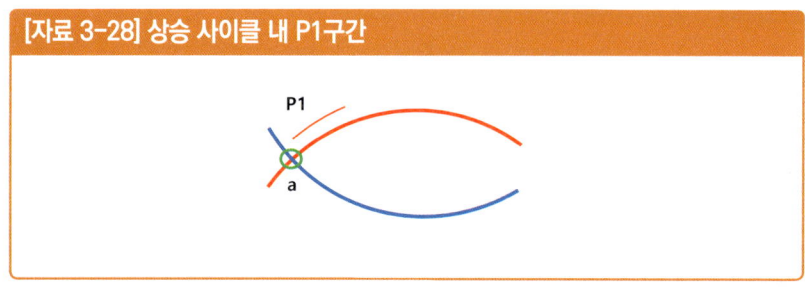

[자료 3-28]은 상승 사이클 내에서 P1구간을 보여줍니다. 상승 사이클이 시작되는 a지점 이후 T3 중 가는 빨간색선이 굵은 빨간색선 위에 우상향으로 존재해야 하고 이 구간은 변동성이 없는 구간으로 매수진입 후 보유가 편안합니다. P1구간에서 매수진입은 수익을 기대할 수 있지만, 효과적인 거래를 하기 위해서는 탄젠트 기울기를 설정할 수 있는 PST지표를 병행해서 활용하면 좋습니다.

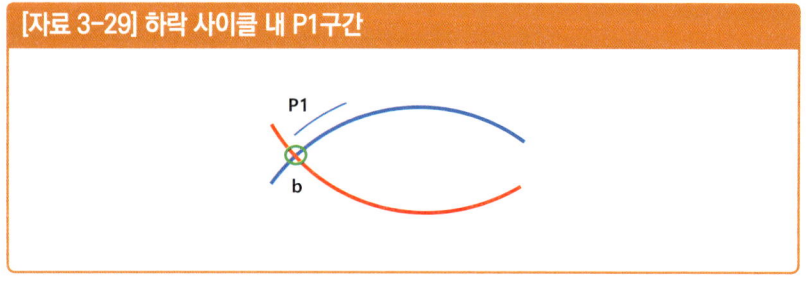

[자료 3-29]는 하락 사이클 내에서 P1구간을 보여줍니다. 하락 사이클이 시작되는 b지점 이후 T3 중 가는 파란색선이 굵은 파란색선 위에 우상향으로 존재하고 이 구간은 변동성이 없는 구간으로 매도진입 후 보유가 편안합니다. P1구간에서 매도진입은 수익을 기대할 수 있지만, 효과적인 거래를 하기 위해서는 아크탄젠트 기울기를 설정할 수 있는 PST지표를 병행해서 활용하면 좋습니다.

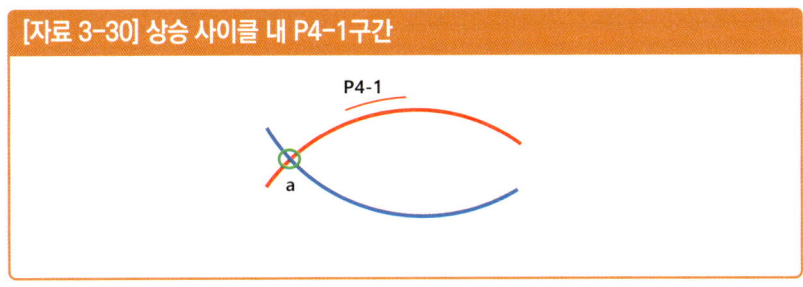

[자료 3-30] 상승 사이클 내 P4-1구간

[자료 3-30]은 상승 사이클 내에서 P4-1구간을 보여줍니다. P4-1 구간은 반드시 상승 사이클이 시작되는 a지점 이후 P1구간이 나온 후 반드시 P2구간과 P3구간이 존재해야 하고 P1구간에서 전고점을 돌파하는 재상승 구간이 나와야 합니다. P4-1구간에서는 T3 중 가는 빨간색선이 굵은 빨간색선 위에 우상향으로 존재해야 하고 이 구간은 변동성이 없는 구간으로 매수진입 후 보유가 편안합니다.

P4-1구간에서 매수진입은 수익을 기대할 수 있지만, 효과적인 거래를 하기 위해서는 탄젠트 기울기를 설정할 수 있는 PST지표를 병행해서 활용하면 좋습니다.

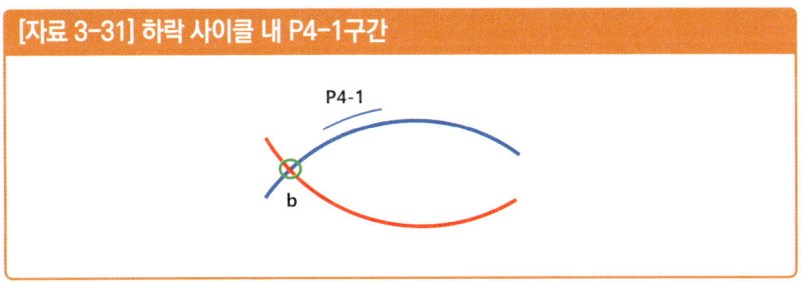

[자료 3-31] 하락 사이클 내 P4-1구간

[자료 3-31]은 하락 사이클 내에서 P4-1구간을 보여줍니다. P4-1 구간은 반드시 하락 사이클이 시작되는 b지점 이후 P1구간이 나온 후 반드시 P2구간과 P3구간이 존재해야 하고 P1구간에서 전저점을 돌파

하는 재하락 구간이 나와야 합니다. P4-1구간에서는 T3 중 가는 파란색선이 굵은 파란색선 위에 우상향으로 존재해야 하고 이 구간은 변동성이 없는 구간으로 매도진입 후 보유가 편안합니다.

P4-1구간에서 매도진입은 수익을 기대할 수 있지만, 효과적인 거래를 하기 위해서는 아크탄젠트 기울기를 설정할 수 있는 PST지표를 병행해서 활용하면 좋습니다.

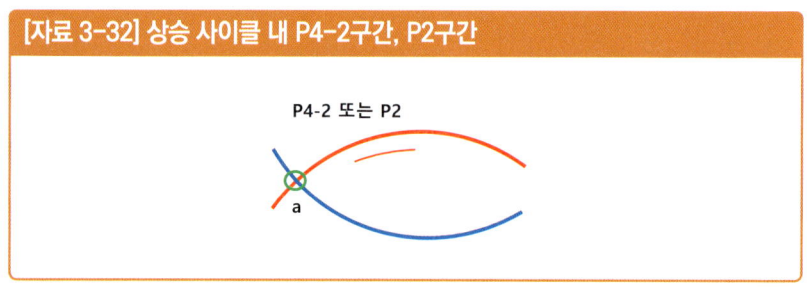

[자료 3-32] 상승 사이클 내 P4-2구간, P2구간

[자료 3-32]는 상승 사이클 내에서 P4-2구간과 P2구간을 보여줍니다. P4-2구간은 반드시 상승 사이클이 시작되는 a지점 이후 P1구간이 나온 후 반드시 P2구간과 P3구간이 존재해야 하고 P1구간보다 전고점을 돌파하는 재상승 구간이 나와야 합니다. P4-2구간과 P4-1구간에서 추세는 비슷하게 보일 수 있지만 PST31지표에서는 다르게 표현됩니다. P4-2구간에서는 T3 중 가는 빨간색선이 굵은 빨간색선 아래에서 우상향으로 존재해야 하고 이 구간은 변동성이 있는 구간으로 매수진입 후 보유가 불편해 매수진입하지 않고 관망하는 것도 좋은 전략입니다.

상승 사이클에서 P1구간 이후 추세가 전고점을 돌파하지 못하면 추세 위치는 계속 P2구간이고 이때 PST31지표에서는 가는 빨간색선이 굵은 빨간색선 아래에 우상향으로 존재하고 있습니다. P2구간 역시 변동성이 있는 구간이라 매수진입하지 않고 관망을 택하는 것이 좋습니다.

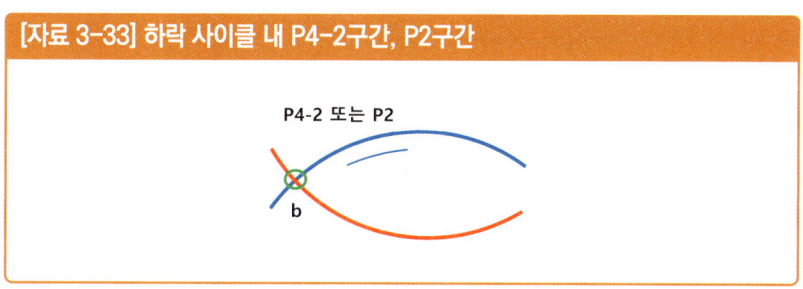

[자료 3-33] 하락 사이클 내 P4-2구간, P2구간

[자료 3-33]은 하락 사이클 내에서 P4-2구간과 P2구간을 보여줍니다. P4-2구간은 반드시 하락 사이클이 시작되는 b지점 이후 P1구간이 나온 후 반드시 P2구간과 P3구간이 존재해야 하고 P1구간보다 전저점을 돌파하는 재하락 구간이 나와야 합니다. P4-2구간과 P4-1구간에서 추세는 비슷하게 보일 수 있지마는 PST31지표에서는 다르게 표현됩니다. P4-2구간에서는 T3 중 가는 파란색선이 굵은 파란색선 아래에서 우상향으로 존재해야 하고 이 구간은 변동성이 있는 구간으로 매도진입 후 보유가 불편해 매도진입하지 않고 관망하는 것도 좋은 전략입니다.

하락 사이클에서 P1구간 이후 추세가 전저점을 돌파하지 못하면 추세 위치는 계속 P2구간이고 이때 PST31지표에서는 가는 파란색선이 굵은 파란색선 아래에 우상향으로 존재하고 있습니다. P2구간 역시 변동성이 있는 구간이라 매도진입하지 않고 관망을 택하는 것이 좋습니다.

실전 거래에서 첫 번째로 확인해야 할 것은 사이클의 시작과 끝을 파악해서 현재 추세의 상태를 파악하는 것이고 두 번째로 확인해야 할 것은 추세의 위치입니다.

　추세의 위치에 따라 변동성이 없는 안전한 구간과 변동성이 있는 위험한 구간으로 분류해 진입을 결정할 수 있습니다. 저와 여러분은 추세를 만드는 마켓 메이커가 아니므로 여러분의 잘못된 주관적인 판단으로 추세를 결정하시면 안 됩니다. 또한 변동성이 있는 구간에서 진입 후 보유는 레버리지가 큰 해외선물 거래에서는 쉽지 않습니다. 결국은 레버리지가 큰 파생상품을 거래할 때는 변동성이 없는 구간인 P1구간 또는 P4-1구간에서만 타임 프레임을 맞추어서 거래하면 손실을 줄이면서 수익을 기대할 수가 있습니다.

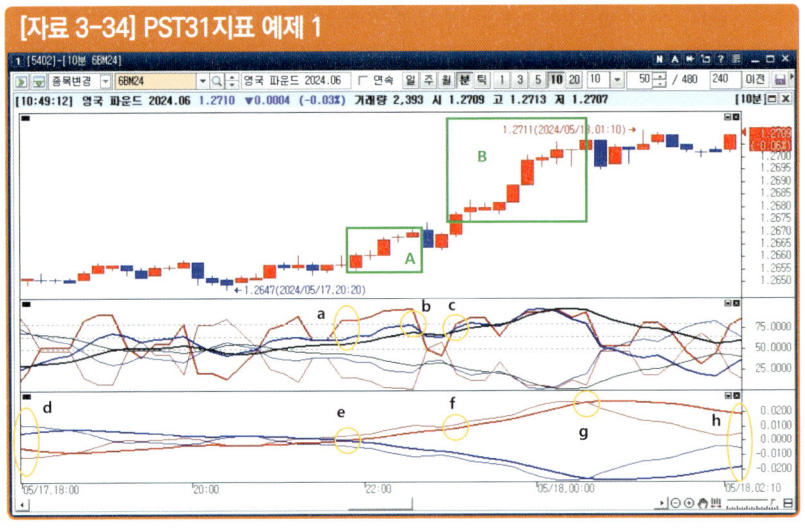

　[자료 3-34]는 '영국 파운드 2024년 6월물' 종목으로 2024년 5월 17일 18시부터 5월 18일 2시 10분까지 10분봉차트입니다. 추세 아래에 PST13지표와 PST31지표를 불러봤습니다.

　여러분이 진입하고자 하는 시점에서 추세가 상승추세인지 하락추세인지를 먼저 파악해야 합니다. PST13지표를 배울 때에는 사이클의 시작과 끝을 검정색선의 교차를 기준으로 한다고 말씀드렸습니다. 그러나 PST31지표와 병행해서 활용할 때는 사이클의 시작과 끝을 PST13지표가 아닌 PST31지표로 파악해야 합니다. PST31지표를 보면 d지점부터 e지점까지는 T4 중 굵은 파란색선 굵은 빨간색선 위에 존재하므로 하락 사이클 구간임을 알 수 있고 e지점부터 h지점까지는 T3 중 굵은 빨간색선이 굵은 파란색선 위에 존재하므로 상승 사이클 구간임을 알 수 있습니다.

　e지점에서 상승 사이클로 전환되고 T3 중 가는 빨간색선이 굵은 빨간색선 위에 존재하므로 P1구간임을 알 수 있는데 P1구간에 매수진입을 무조건하면 수익이 날까요? 타임 프레임을 맞추면 수익이 나긴 나는데 추세 기울기가 작으면 비효율적인 거래입니다. a지점에서 PST13지표를 보니 매수진입하면 추세 기울기가 탄젠트 45도 이상~90도 미만을 예측할 수 있어서 효과적인 거래할 수 있습니다.

　매수청산은 b지점에서 굵은 파란색선이 굵은 검정색선을 우하향으로 내려올 때 청산을 하면 녹색 박스인 A영역만큼 수익을 기대할 수 있습니다. 또한, c지점에서 매수진입하면 타임 프레임상 어느 위치일까요? f지점을 보니 c지점은 P4-1구간임을 알 수 있습니다. 매수청산은 변동성이 시작하는 g지점에서 하면 녹색 박스인 B영역만큼 수익을 기대할 수 있습니다.

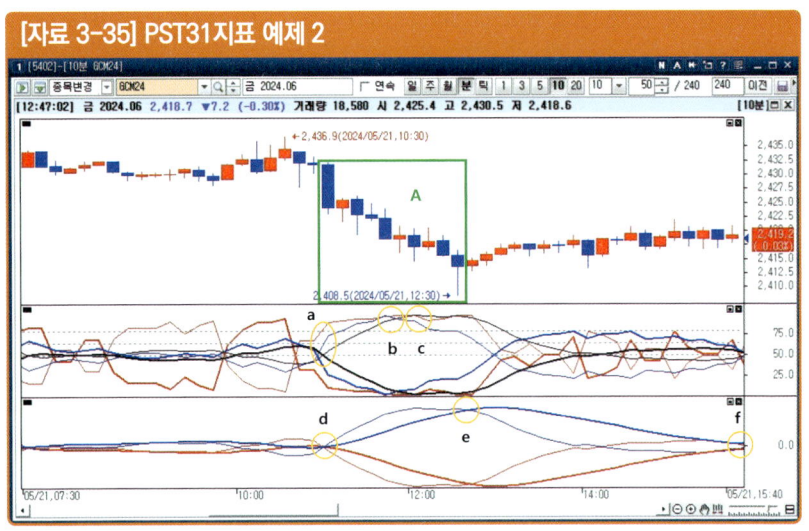

[자료 3-35]는 '금 2024년 6월물' 종목으로 2024년 5월 21일 7시 30분부터 15시 40분까지 10분봉차트입니다. 추세 아래에 PST13지표와 PST31지표를 불러봤습니다.

PST31지표에서 d지점부터는 하락 사이클의 시작해서 f지점까지 계속 하락 사이클 중임을 알수 있습니다. 그러면 d지점 이전에는 무슨 사이클인가요? 사이클은 상승 사이클과 하락 사이클이 계속 반복됩니다. 그러면 d지점에서 만약 매도진입하면 무슨 구간에서 매도진입을 하는 건가요? 맞습니다. P1구간입니다.

PST31지표는 현재 여러분이 매도진입 시점에서 추세의 위치만 알려주기에 PST31지표만 보고 진입을 할 수가 없습니다. P1구간에 매도진입을 할 때 추세의 기울기가 작으면 보유시간 대비 수익이 적을 수가 있기 때문입니다. 다행히 PST13지표가 매도진입 시 아크탄젠트 30도 이상~90도 미만으로 설정을 할 수 있어서 a지점에서 매도진입을 할 수 있습니다. 물론 기준차트인 10분차트에서 매도진입 조건을 만족한 다음 하위차트인 5분, 3분, 1분차트 순서대로 타임 프레임이 맞아야 합니다. 만약 여러분이 매도진입을 했는데도 실전 거래에서 캔들이 흔들면서 노이즈가 발생했다면 그 이유는 타임 프레임을 모두 맞추지 않고 진입을 했기 때문입니다.

   매도청산은 PST13지표에서 가는 파란색이 가는 검정색을 우하향으로 통과하는 b지점에서 1차 매도청산을 하고 가는 빨간색선이 가는 검정색을 우하향으로 통과하는 c지점에서 2차 매도청산을 하면 됩니다. 질문을 하나 하겠습니다. 1차 매도청산과 2차 매도청산까지 보유가 편안했을까요? PST31지표에서 d지점에서 e지점까지는 변동성이 없는 구간이니 보유가 둘 다 편안함을 알 수가 있습니다.

PST35지표 설명 및 이해
- 추세의 기울기 0도 ≤ θ ≤ 90도 설정

많은 트레이더들이 경제지표 발표 때 거래를 해서 한 번에 큰 이익을 보기 원합니다. 추세를 만드는 마켓 메이커가 주로 경제지표 발표 때 거래해서 대부분 큰 변동성이 발생합니다. 예를 들면 GDP, 금리, Non-Farm 등의 발표가 이에 속합니다. 문제는 경제지표 발표 때 여러분들이 실전 거래를 했다면, 이때 추세의 방향이 진입 방향과 같으면 좋겠지만 추세의 방향이 진입 방향과 반대로 나오면 큰 손실을 볼 수 있습니다. 이런 이유로 PST 수업 때 경제지표 발표 때는 실전 거래를 하지 말고 관망하라고 가르쳤습니다. 저는 '경제지표 발표 때 실전 거래해서 수익이 나는 방법이 없을까?'라고 고민하다가 드디어 PST이론을 완성하고 PST35지표를 활용해서 해답을 찾았습니다.

PST35지표를 만든 목적은 '추세의 기울기 0도 이상~90도 이하 설정'입니다. 기하학적으로 기울기가 0이라는 것이 기울기 자체가 아예 없는 것을 뜻하고 기울기가 90이라는 것은 추세가 수직으로 급상승 또는 급하락을 뜻합니다.

"여러분은 이렇게 급격하게 움직이는 추세에서 경제지표 발표 때 그 시각에서 동일 캔들에서 진입하면 원하는 가격에 체결될 것으로 생각하세요?"

PST이론상 추세가 급상승 또는 급하락으로 움직이는 그 시각에서는 진입이 늦습니다. 동일 캔들에서 매수진입하면 급상승의 마지막 부분 또는 매도진입하면 급하락의 마지막 부분에서 체결될 확률이 높습니다. 경제지표 발표 때 수익을 기대하기 위해서는 발표 때 진입하는 것이 아니라 발표 전 추세가 급격하게 변화하기 전에 진입하고 기다리는 전략을 PST35지표에서 택했습니다. 이전에 배운 PST지표 중에서 기울기를 계산한 지표와 PST35지표를 정리해보면 다음과 같습니다.

> PST6지표 : 30도 ≤ 기울기 ＜ 90도
> PST13지표 : 45도 ≤ 기울기 ＜ 90도
> PST35지표 : 0도 ≤ 기울기 ≤ 90도

여기서 기울기는 추세가 상승일 경우에는 탄젠트 기울기를 뜻하고, 추세가 하락일 경우에는 아크탄젠트 기울기를 뜻합니다. PST6지표와 PST13지표는 진입할 때 기울기를 30도 이상과 45도 이상으로 설정했지만, 최대로 90도 미만으로 90도는 포함되어 있지 않습니다. 그러나 PST35지표는 기울기가 0도부터 시작해서 90도까지 포함되어 있다는 것이 다릅니다. 기울기가 0도라는 것은 무엇을 의미할까요? 기울기가 0도라는 것은 X축으로 시간이 지나감에도 불구하고 Y축으로 추세의 변화가 없이 동일하다는 것을 뜻합니다. 다른 각도에서 생각하면 추세가 아직 보합구간(상승보합, 횡보보합, 하락보합 중)이라는 것을 의미합니다. 그러면 PST이론상 추세가 저항선을 되돌림 없이 통과하는 진입 시점이 아닌 보합 구간이기에 관망해야 합니다.

또한, 기울기가 90도라는 것은 급상승 또는 급하락으로 추세가 급격하게 움직이는데 여기에서 진입하면 여러분이 원하는 가격에서 체결되지 않고 한참을 지난 시점에서 체결되어 실전 거래에서는 수익보다는 손실을 볼 수 있습니다.

PST35지표의 진입 원리는 추세가 급상승 또는 급하락할 것을 예상해서 먼저 진입해서 기다리는 것입니다. 어떠세요? 놀랍지 않으세요? 그런데 여기에는 하나의 전제조건(Precondition)이 있습니다. 경제지표 발표전 추세가 변동성이 없는 P1 또는 P4-1구간이면 상관이 없지만, 만약 P1 또는 P4-1이 아닌 추세의 위치에서 선진입하면 경제지표 발표 때 추세가 반대로 급격하게 진행될 수 있습니다. 그러므로 진입 시 반드시 PST31지표와 PST35지표를 같이 활용해 현재 추세의 상태를 가중치(Weight Value)를 먼저 계산을 해야 합니다.

> PST31지표 : 상승추세이면 +2점, 하락추세이면 -2점
> PST35지표 : 상승주기이면 +1점, 하락주기이면 -1점
> 가중치 합계 : 매수진입 고려 +3점, 매도진입 고려 -3점

PST31지표에서 상승추세와 하락추세는 T3선인 가는 빨간색선과 가는 파란색선을 보고 결정을 합니다. 가는 빨간색선이 가는 파란색선 위에 존재하면 +2점으로 계산하고 반대로 가는 파란색선이 가는 빨간색선 위에 존재하면 -2점으로 계산을 합니다. PST35지표에서 상승주기와 하락주기는 빨간색선과 파란색을 보고 결정을 합니다. 빨간색선이 파란색선 위에 존재하면 +1점으로 계산하고 반대로 파란색선이 빨간색선 위에 존재하면 -1점으로 계산을 합니다. 이런 방법으로 가중

치 합계를 구하면 +3점, -3점, +1점, -1점으로 4가지 경우가 발생합니다. PST35지표에서 진입 전제조건은 가중치 합계가 매수진입일 경우는 +3점과 매도진입일 경우는 –3점일 때만 합니다. 이유는 가중치 합계가 +1점일 경우는 추세가 상승보합 구간이고 가중치 합계가 –1점일 경우는 추세가 하락보합 구간이기 때문입니다. 자, 이제 진입 전 전제조건을 공부했으므로 진입하는 방법을 공부해볼까요?

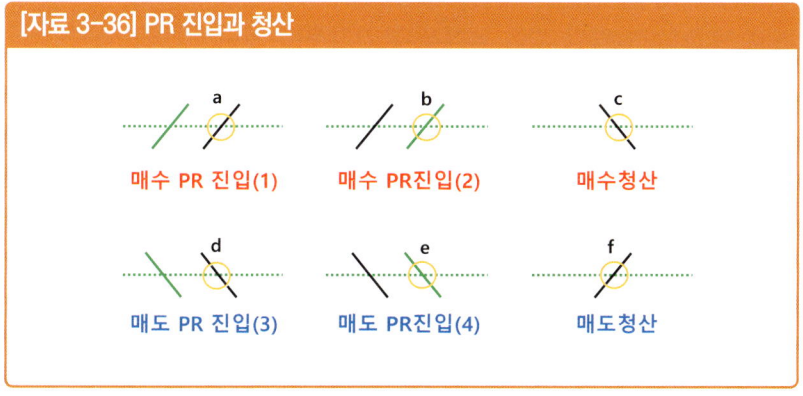

[자료 3-36]은 PST35지표에서 L1(녹색선)과 L2(검정색선)로 PR을 보는 법을 설명합니다. PR은 PST이론을 정립하면서 제가 만든 용어로 'Profit Range'의 약자로 약간의 되돌림(노이즈)은 발생할 수 있지만 손절(Stop) 5틱에 걸리지 않고 급상승 또는 급하락을 예상해서 수익을 기대할 수 있는 구간을 뜻합니다. 약간의 되돌림이 발생하는 이유는 진입한 부분이 추세 기울기를 가지면서 저항선을 통과한 시점이 아니라 그 전에 보합 구간에서 진입(기울기 0도)했기 때문입니다. 여기서 재미있는 현상은 PR에 진입하면 손절 5틱이 걸리지 않는다는 것입니다. 물론 예외인 경우도 있겠지만 PST35지표를 만들어 교육을 현재까지 해도 손절에 걸렸다는 수강생은 단 한 명도 없었습니다. PR에 진입해도 손절에 안 걸

리는 이유가 이전에 설명한 진입 전제조건을 맞추었기 때문입니다. 그렇기 때문에 PR을 먼저 찾기 전에 진입 전제조건인 가중치를 꼭 확인해야 합니다. 가중치가 안 맞으면 PR처럼 보여서 진입을 해도 오류가 생길 수가 있으니 절대로 거래하지 마시고 관망을 하셔야 합니다.

녹색점선인 기준선은 2개가 있는데 위에 있는 기준선1은 매수진입일 때 사용하고 기준선2는 매도진입일 때 사용을 합니다. 그래서 매수 PR진입일 때는 녹색선과 검정색이 기준선1 위를 우상향으로 통과해야 하고, 매도 PR진입일 때는 녹색선과 검정색이 기준선2 아래를 우하향으로 통과해야 합니다.

매수 PR진입은 (1)번과 (2)번으로 2가지 경우가 있습니다. (1)번은 기준선1을 녹색선이 먼저 우상향 통과 후 검정색이 나중에 우상향으로 통과한 경우로 a지점에서 매수 PR진입을 하고 (2)번은 기준선1을 검정색이 먼저 우상향 통과 후 녹색선이 나중에 우상향으로 통과한 경우로 b지점에서 매수 PR진입을 할 수 있습니다. 차이점은 (1)번이 상승추세가 천천히 진행하고 (2)번은 상승추세가 급격히 진행합니다. 물론 매수 PR진입은 경제지표 발표 바로 전에 해야지, 발표하기 한참 전에 매수진입하면 안 되고 발표 후에 매수진입을 해도 안 됩니다. 매수청산은 검정색이 기준선1을 우하향하는 c지점에서 하면 추세가 상승하는 PR구간에서 수익을 기대할 수 있습니다. c지점에서 매수청산을 하기 위해서는 반드시 c지점까지 보유할 때 가중치 합계가 +3점을 유지해야 합니다. 만약 가중치 합계가 +3점에서 +1점으로 전환되면 상승강화 구간에서 상승보합 구간으로 바뀌어서 P2구간의 노이즈가 생길 수 있으므로 가중치 합계가 +1점으로 전환되는 시점에서 매수청산을 해야 합니다.

매도 PR진입은 (3)번과 (4)번으로 2가지 경우가 있습니다. (3)번은 기준선2을 녹색선이 먼저 우하향 통과 후 검정색이 나중에 우하향으로 통과한 경우로 d지점에서 매도 PR진입을 하고 (4)번은 기준선2을 검정색이 먼저 우하향 통과 후 녹색선이 나중에 우하향으로 통과한 경우로 e지점에서 매도 PR진입을 할 수 있습니다. 차이점은 (3)번이 하락추세가 천천히 진행하고 (4)번은 하락추세가 급격히 진행합니다. 물론 매도 PR진입은 경제지표 발표 바로 전에 해야지, 발표하기 한참 전에 매도진입하면 안 되고 발표 후에 매도진입을 해도 안 됩니다. 매도청산은 검정색이 기준선2를 우상향하는 f지점에서 하면 추세가 하락하는 PR구간에서 수익을 기대할 수 있습니다. f지점에서 매도청산을 하기 위해서는 반드시 f지점까지 보유할 때 가중치 합계가 -3점을 유지해야 합니다. 만약 가중치 합계가 -3점에서 -1점으로 전환되면 하락강화 구간에서 하락보합 구간으로 바뀌어서 P2구간의 노이즈가 생길 수 있으므로 가중치 합계가 -1점으로 전환되는 시점에서 매도청산해야 합니다.

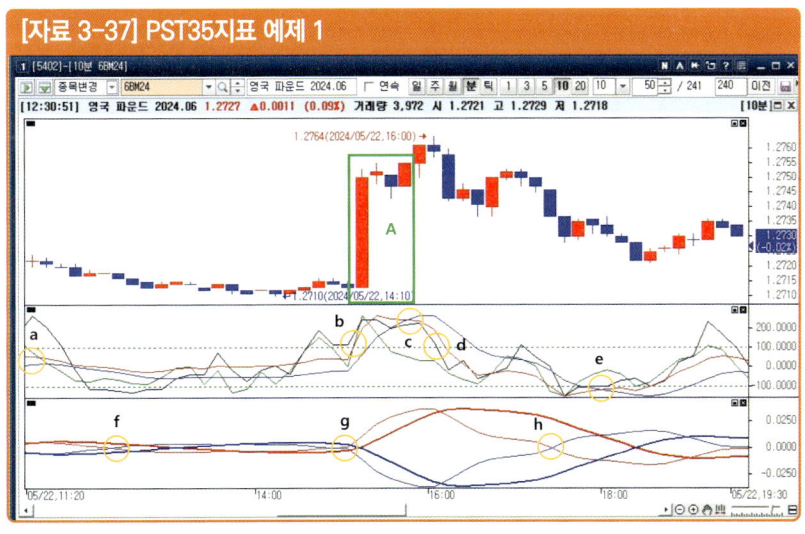

[자료 3-37] PST35지표 예제 1

[자료 3-37]은 '영국 파운드 2024년 6월물' 종목으로 2024년 5월 22일 11시 20분부터 19시 30분까지 10분봉차트입니다. 추세 아래에 PST35지표와 PST31지표를 불러봤습니다.

PST35지표로 PR구간을 찾을려면 PST31지표와 같이 활용해서 우선 가중치 합계를 구해야 합니다. 가중치의 합은 PST35지표에서는 빨간 색선과 파란색선의 위치에 따라 +1점과 −1점이 결정되고 PST31지표에서는 T4가 아닌 T3의 가는 빨간색과 파란색선의 위치에 따라 +2점과 −2점이 결정됩니다. 일반적으로 PST31지표에서 사이클의 상태를 확인하면 T4의 굵은 빨간색선과 굵은 파란색선의 위치를 보지만 오직 PST35지표에서만 T4가 아닌 T3를 사용하니 주의하시길 바랍니다.

PST35지표로 확인하니 a지점부터 c지점까지는 빨간색선이 파란색선 위에 존재하니 +1점이 되고 c지점부터 e지점까지는 파란색선이 빨간색선 위에 존재하니 −1점이 됩니다. 그리고 PST31지표로 확인하니 f지점부터 g지점까지 가는 파란색선이 가는 빨간색선 위에 존재하니 −2점이 됩니다. g지점부터 h지점까지 가는 빨간색선이 가는 파란색선 위에 존재하니 +2점이 됩니다. 그러면 매수 PR진입을 b지점에서 하려고 하는데 매수진입 전제조건이 가중치 합계가 +3점이 되나요? 맞습니다. 가중치 합계가 +3점이 되어 매수진입 전제조건을 충족해 b지점에서 매수진입하면 됩니다. 매수진입 시점은 장대양봉이 나오기 전이고 약간의 노이즈가 발생할 수가 있지만, 손절인 5틱은 일반적으로 걸리지 않습니다. 매수청산은 PR구간이 끝나는 d지점이지만 c지점에서 가중치 합계가 +3에서 +1로 전환되어 c지점에서 해야 맞습니다. 물론 욕심을 안 내면 음봉이 출현할 때 하셔도 좋습니다.

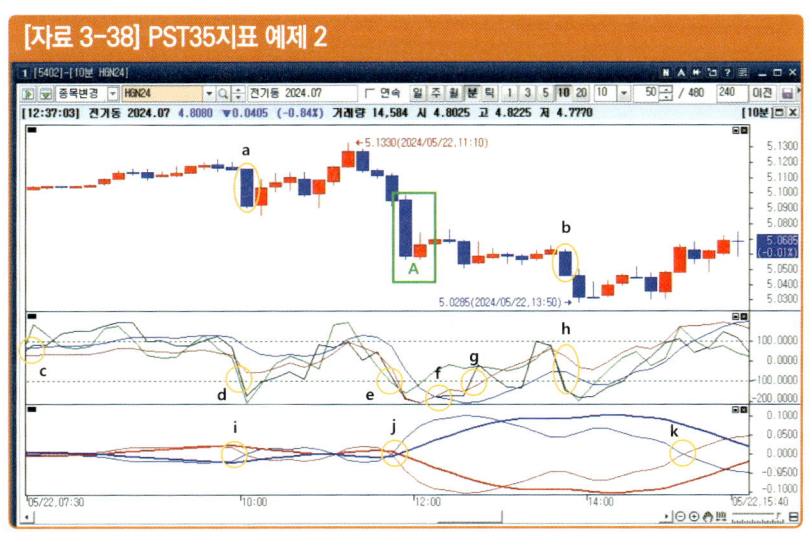

[자료 3-38]은 '전기동 2024년 7월물' 종목으로 2024년 5월 22일 7시 30분부터 15시 40분까지 10분봉차트입니다. 추세 아래에 PST35 지표와 PST31지표를 불러봤습니다.

PST35지표를 활용하면 a지점에서 장대음봉이 나왔는데 장대음봉이 나오기 전에 매도 PR진입이 가능할까요? 하나씩 확인해 보겠습니다. a 지점에 해당하는 지점이 PST35지표에서는 기준선2를 녹색선과 검정 색선이 우하향으로 통과하기 때문에 매도 PR진입 구간이 시작되는 것 은 맞습니다. 그러나 문제는 매도진입 전제조건이 -3점이 되질 않아 관망해야 합니다. d지점을 PST35지표로 확인하면 파란색선이 빨간색 선 위에 존재해서 -1점이 되지만 i지점을 PST31지표로 확인하면 빨 간색선이 아직 파란색선 위에 존재해서 +2점이 되어 가중치 합계는 +1 점이 되어 매도진입을 하지 말고 관망을 해야 합니다. 물론 군이 매도 진입 전제조건도 안 맞는데 매도진입으로 수익을 내기 위해서는 기준 차트인 10분을 보지 말고 기준차트를 5분으로 봅니다. 하위차트인 3

분과 1분에서 타임 프레임이 맞으면 가능합니다만 5분차트를 기준차트로 하면 수익이 기대보다 적을 수도 있으니 참고하세요. b지점에서도 추세는 재하락으로 장대음봉이 나왔는데 b지점을 PST35지표로 확인하면 매도 PR진입구간으로 생각해서 매도진입이 가능할까요? b지점 역시 매도 PR진입 구간은 되지만 매도진입 전제조건인 -3점이 되질 않기 때문에 관망해야 합니다. e지점과 j지점으로 가중치 합계를 구하니 -3점이 되고 e지점에서 매도 PR진입을 하고 g지점에서 매도청산이 나오지만, 그 전인 f지점에서 가중치 합계가 바뀌니 청산을 해야지 녹색 박스인 A영역만큼 수익을 기대할 수 있습니다.

PST46지표 설명 및 이해
- 가짜 저항선과 진짜 저항선 구별

　손실 보는 트레이더는 실전 거래 시 본인 생각으로 현재 추세에 저항선과 지지선을 그은 다음 1차 저항선을 통과할 때 매수진입하면 추세는 상승하다 다시 하락하거나 반대로 매도진입하면 추세는 하락하다 다시 상승하는 경우가 많습니다. 손실을 보면 청산을 한 다음 기다렸다가 조금 후 다시 2차 저항선을 통과할 때 이전과 똑같은 시행착오를 여러 번 N차까지 반복합니다. 여러분은 어떠시나요? 아마 여러분도 같은 경험을 하셨으리라 저는 생각합니다. 그러면 진입 시 무엇을 잘못했을까요?

　항상 말씀드린 추세는 마켓 팔로어인 여러분과 저는 절대로 만들지 못하고 오직 마켓 메이커만 만들 수 있습니다. 마켓 메이커도 아닌 여러분이 그은 저항선이 맞는다고 생각하는 자체가 모순입니다.

　TV를 보니 유명한 선생님이 저항선을 설명하시는데 추세가 상승일 때는 전고점을 그어서 1차 저항선으로 생각해서 저항선을 통과할 때 매수진입을 하라고 합니다. 혹시 저항선 통과 후 가격이 다시 내려와서 손실을 보면 매수청산을 하고 다시 전고점을 그어서 2차 저항선으로 생각하고 저항선을 다시 통과할 때 매수진입을 하라고 합니다. 혹시나 2차 매수진입 후에도 손실이 나면 매수청산을 하고, 다시 3차 저항선을 찾으라고 합니다. 손실을 여러 번 봐도 적게 보면 되고 수익을 손실보다 많이 보면 된다는 말도 안 되는 강의를 하신 것을 본 적이 있습니다. 물론 서점에 있는 트레이딩 관련 책을 사서 봐도 똑같은 내용으로 설명되어 있었습니다.

저는 저항선이 마켓 메이커가 매수진입 또는 매도진입해서 절대로 밀리지 않는 진짜 저항선과 손실 보는 트레이더가 생각하는 가짜 저항선이 있다고 생각하고 진짜 저항선과 가짜 저항선을 구별하는 방법을 연구한 결과 PST46지표를 만들게 되었습니다. PST46지표를 만든 목적은 '진짜 저항선과 가짜 저항선을 구별해서 진짜 저항선을 찾기'입니다. 물론 저도 '마켓 메이커도 아닌데 어떻게 진짜 저항선을 한꺼번에 찾을 수 있을까?'라고 의구심이 들기도 했습니다. 하지만 PST46지표를 활용해서 실전 거래에서 수익을 내시면 의구심은 해소되실 것입니다.

PST46지표를 만들면서 저는 PST이론상 진짜 저항선을 통과해서 매수진입이나 매도진입해서 수익이 날 수 있다면 그 진짜 저항선을 '돌파선'이란 용어를 만들었습니다. 보합에서 저항선을 통과해서 매수진입으로 수익이 날 수 있는 선을 '상향돌파선(BLU, Breakout Line Up)'이라고 정의하고 보합에서 저항선을 통과해서 매도진입으로 수익이 날 수 있는 선을 '하향돌파선(BLD, Breakout Line Down)'이라고 정의하겠습니다.

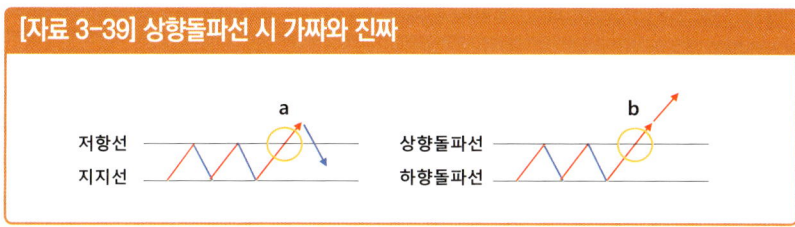

[자료 3-39]는 캔들이 보합에서 상향돌파선을 우상향으로 돌파할 때 가짜와 진짜를 보여줍니다. a지점에서 여러분이 생각한 저항선을 캔들이 우상향으로 통과할 때 매수진입하면 다시 캔들은 하락해서 손실을 볼 수 있어서 이때 저항선은 가짜라고 생각합니다. 그러나 b지점에서 상향돌파선(BLU)을 추세가 우상향으로 통과할 때 매수진입하면 캔들은 계속 상승해 이익을 볼 수 있어서 이때 저항선은 진짜라고 생각합니다.

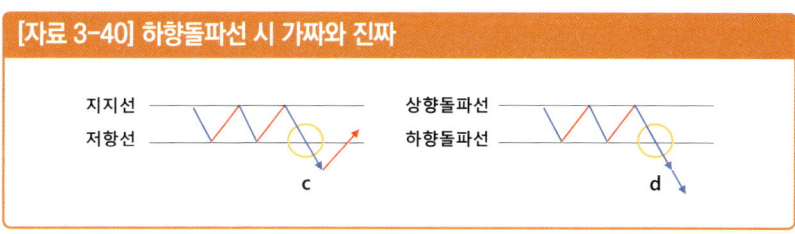

[자료 3-40]은 캔들이 보합에서 하향돌파선을 우하향으로 돌파할 때 가짜와 진짜를 보여줍니다. c지점에서 여러분이 생각한 저항선을 캔들이 우하향으로 통과할 때 매도진입하면 다시 캔들은 상승해서 손실을 볼 수 있어서 이때 저항선은 가짜라고 생각합니다. 그러나 d지점에서 하향돌파선(BLD)을 캔들이 우하향으로 통과할 때 매도진입하면 캔들은 계속 하락해 이익을 볼 수 있어서 이때 저항선은 진짜라고 생각합니다.

BLU와 BLD 사이에는 PST이론상 BL0(Breakout Line Zero)가 존재합니다. 현재 추세가 BLU 위에 존재하면 상승보합 또는 상승강화를 포함한 상승추세이고, BLD 아래에 존재하면 하락보합 또는 하락강화를 포함한 하락추세라고 생각합니다. 현재 추세가 BL0 근처에 있으면 횡보보합으로 생각하면 추세를 파악하는 데 도움이 됩니다.

수강생들이 실제 거래를 하실 때 또 하나의 문제점을 제기하셨습니다. 실전 거래를 하려고 컴퓨터를 켜고 차트를 보니 벌써 P1구간 또는 P4-1구간의 첫 캔들이 지나가서 진입을 못 한다는 것입니다. 제가 PST35지표를 만들 때까지는 실전 거래 시 반드시 진입조건이 만든 첫 캔들에 진입해야 맞지, 추세가 진행 중인 중간 캔들에서는 늦은 진입이기 때문에 진입하지 말고 관망하라고 했습니다. 이유는 추세가 진행 중에 중간에 진입한다고 해서 반드시 수익이 난다는 보장이 없기 때문이죠. 저도 이 문제를 처음에는 풀지 못하는 불가능한 문제라고 생각했지만 PST이론을 연구하다 보니 결국 이 문제를 PST46지표를 만들면서 놀랍게도 해결하게 되었습니다. 이 문제를 풀기 위해서는 어렵지만, 또 하나의 이론을 공부해야 합니다. 공부해볼까요?

제가 맨 처음에 추세는 무엇으로 구성되어 있었다고 말씀드렸나요? 추세(Trend)는 주기(Period)와 힘(Strength)의 합으로 이루어졌다고 말씀드렸습니다. 기억나시지요?

이 주기와 힘의 합산에다가 임팩트(Impact)를 추가로 계산한 것을 앞으로 'CS(Candle Shadow)'라고 용어로 정의하겠습니다. 그래서 모든 추세는 하나의 단위시간 동안 시가, 종가, 고가, 저가로 표현되는 캔들의 연속으로 표현된다고 생각할 수 있고, 이들 캔들 중 상향돌파선과 하향돌파선을 통과할 때 캔들의 임팩트를 계산한 CS까지 통과한다면 첫 캔들뿐만 아니라 추세가 진행 중인 중간 캔들에서 진입해도 수익이 난다는 것을 PST46지표를 가지고 실전 거래에서 증명했습니다. CS를 회색 바(Bar)로 표시하면 다음과 같이 나타낼 수 있습니다.

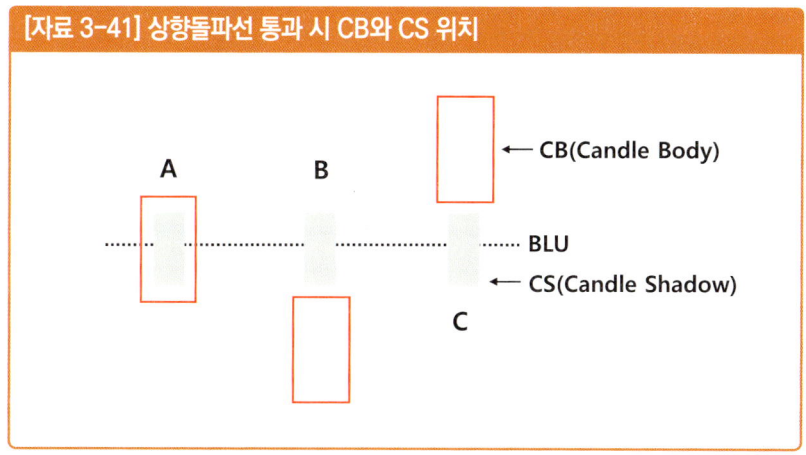

[자료 3-41]은 캔들이 상향돌파선을 통과 시 CB(Candle Body)와 CS(Candle Shadow)를 보여줍니다. A는 BLU를 CS와 CB가 동시에 우상향으로 통과하는 경우로 대부분 P1구간에서 발생을 합니다. B는 BLU를 CS가 우상향으로 통과할 때 CB는 BLU를 통과하지 못하고 BLU 아래에 있는 경우로 대부분 P2구간에서 발생합니다. C는 BLU를 CS가 우상향으로 통과할 때 CB는 이미 BLU 위에 위치하는 경우로 대부분 P4구간에서 발생합니다.

[자료 3-42]는 캔들이 하향돌파선을 통과 시 CB(Candle Body)와 CS(Candle Shadow)를 보여줍니다. D는 BLD를 CS와 CB가 동시에 우하향으로 통과하는 경우로 대부분 P1구간에서 발생을 합니다. E는 BLD를 CS가 우하향으로 통과할 때 CB는 BLD를 통과하지 못하고 BLD 위

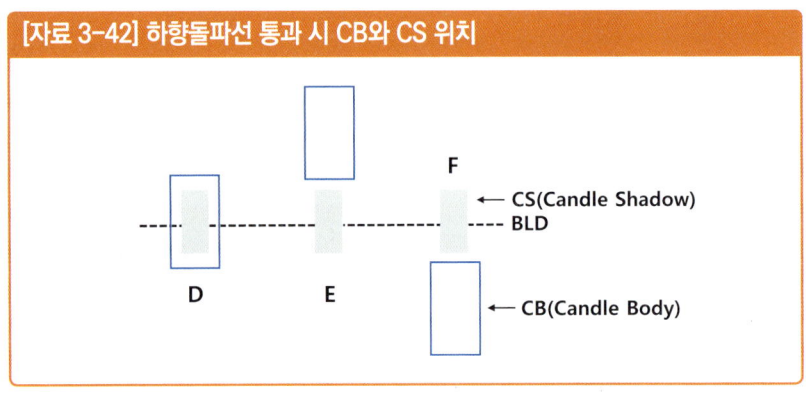

[자료 3-42] 하향돌파선 통과 시 CB와 CS 위치

에 있는 경우로 대부분 P2구간에서 발생합니다. F는 BLD를 CS가 우하향으로 통과할 때 CB는 이미 BLD 아래에 위치하는 경우로 대부분 P4구간에서 발생합니다.

　PST46지표는 추세 아래가 아닌 추세 위에 같이 표시됩니다. 그래서 PST46지표 활용하실 때는 캔들을 표시할 때 캔들의 속성에서 영역 채우기를 오프(Off)로 해서 투명하게 설정해야 CB로 생각할 수 있습니다.

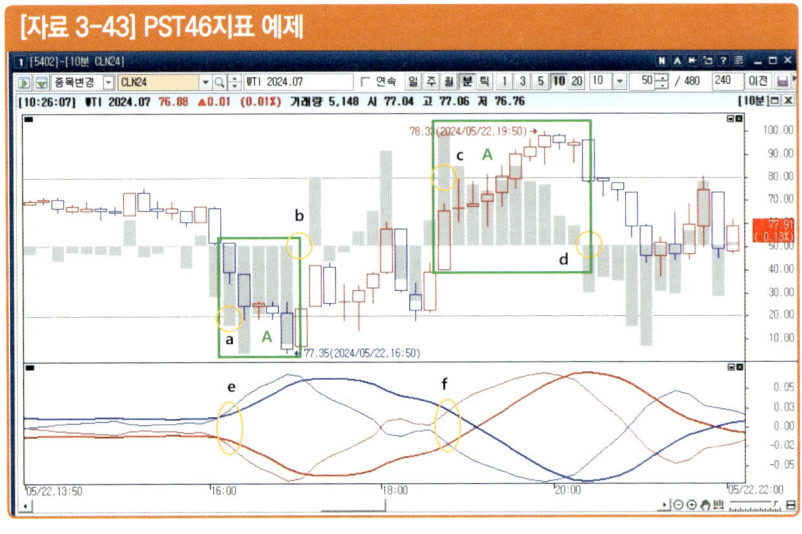

[자료 3-43] PST46지표 예제

[자료 3-43]은 'WTI 2024년 7월물' 종목으로 2024년 5월 22일 13시 50분부터 22시까지 10분봉차트입니다. 추세 위에 PST46지표와 추세 아래에 PST31지표를 불러봤습니다.

캔들은 캔들 몸통인 CB(Candle Body)와 캔들 그림자인 CS(Candle Shadow)로 추세 위에서 표현됩니다. 기준선은 2개로 위의 기준선이 상향돌파선(BLU)과 아래의 하향돌파선(BLD)이 실시간으로 추세의 변동에 따라서 계산되어 추세 위에서 표현됩니다. PST46지표에서는 CS와 CB 중 어느 것이 중요할까요? 정답은 CS입니다. CS가 BLU를 우상향 통과하거나 CS가 BLD를 우하향 통과할 때만 진입을 결정하시면 됩니다. PST13지표를 활용하면 타임 프레임상 P2-2구간을 제외한 전 구간에서 진입할 수 있습니다. PST46지표를 활용하면 타임 프레임상 P2-2구간을 포함한 전 구간에서 진입할 수 있습니다. PST46지표를 활용해서 a지점에서 CS가 BLD를 우하향할 때 매도진입을 할 때 PST31지표를 보면 하락 사이클에서 P4-1구간임을 알 수 있습니다. 하락 사이클 구간에서 순방향 진입이면 매도청산은 BL0에서 할 수 있습니다. b지점에서 CS가 BL0를 우상향으로 통과할 때 청산하면 녹색 박스인 A영역만큼 수익을 기대할 수 있습니다. 또한 PST46지표를 활용해서 c지점에서 CS가 BLU를 우상향할 때 매수진입을 할 때 PST31지표를 보면 하락 사이클에서 P2-1구간임을 알 수 있습니다. 하락 사이클 구간에서 역방향 진입이면 매수청산은 CS가 BLU를 우하향할 때인데 만약 보유 중에 추세가 순방향으로 전환되면 BL0에서 할 수 있습니다. d지점에서 CS가 BL0를 우하향으로 통과할 때 청산하면 녹색 박스인 B영역만큼 수익을 기대할 수 있습니다.

PST55지표 설명 및 이해
- 추세의 기울기 60도 ≤ θ < 90도 설정

PST이론상 진입을 할 때 진입 후 밀리지 않는 방법이 무엇일까요? 이미 여러 가지를 배우셔서 이제는 어느 정도 아시리라 믿습니다. 기준차트 10분으로 P1구간 또는 P4-1구간에서 하위차트에서도 타임 프레임상 동일 진입 조건이 발생해서 진입하면 밀리지 않습니다. 그러면 모든 구간에서 P1구간에서 진입하면 수익이 날까요? 네. 수익은 나지만 추세의 기울기를 모르기 때문에 얼마나 수익이 날지는 모릅니다. 진입 시 밀리지 않는 또 하나의 방법은 진입 시 추세의 기울기를 설정해서 하는 것입니다. 추세의 기울기를 설정하는 PST지표는 다음과 같습니다.

> PST6지표 : 30도 ≤ θ < 90도 설정, P1구간, P4-1구간 진입 가능
> PST13지표 : 45도 ≤ θ < 90도 설정, P1구간, P4-1구간, P2-1구간 진입 가능
> PST55지표 : 60도 ≤ θ < 90도 설정, 모든 구간 진입 가능

PST55지표는 추세 기울기를 매수진입할 때는 탄젠트 60도 이상~탄젠트 90도 미만으로 설정하고, 매도진입할 때에는 아크탄젠트 60도 이상~아크탄젠트 90도 미만으로 설정할 수 있으며, P2-2구간을 포함한 모든 구간에서 진입이 가능한 막강한 새로운 지표입니다. PST55지표를 배우신 다음 수강생 중에서 100연승이 나오기 시작할 만큼 한 차원 높은 지표라고 볼 수 있습니다.

PST55지표는 제가 PST이론을 연구하다 금융공학적으로 '적분(Integration)법' 개념으로 만들었습니다. 적분법을 이해하기 위해서는 우선 하나의 첫 번째 캔들이 단위시간 동안 만들어지고, 다음 단위시간 동안 두 번째 캔들이 나오며, 이러한 원리로 캔들이 최소 3개 이상 더해져서 최소단위의 추세라는 개념이 됩니다.

그리고 추세의 최소단위인 캔들을 더 작은 시간 개념의 차트로 보면 또 하나의 작은 추세가 된다는 것도 이해하실 것입니다. 그러면 작은 시간 개념의 차트로 쪼개서 본다는 것은 어떤 측면에서는 '미분(Differentiation)법'으로 생각한 것입니다. 그렇다면 '실전 거래에서 미분법 말고 적분법으로 수익 내는 방법이 없을까?'라는 생각을 했습니다. 그 결과 PST55지표를 완성한 후 실전 거래로 국내 주식, 해외주식, 국내선물, 해외선물, 국내옵션, 해외옵션 등 모든 거래에 실시간으로 적용해서 수익을 내는 결과를 수강생들이 교육을 받고 증명해주셨습니다.

[자료 3-44] 추세 적분

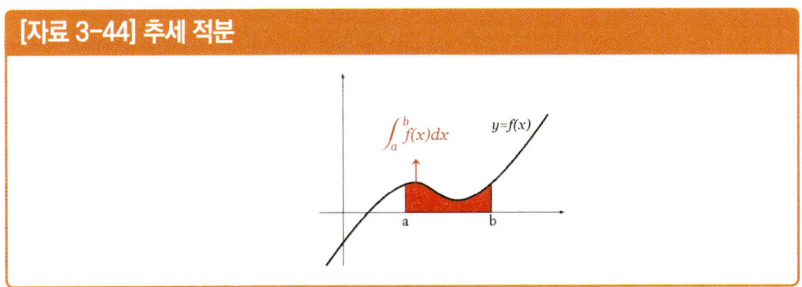

[자료 3-44]는 함수 y=f(x)를 구간 a지점부터 b지점까지 적분을 보여줍니다. PST이론상 함수를 추세라고 생각하고 a지점에 해당하는 y1값보다 b지점에 해당하는 y2값이 높다고 생각하면 추세는 상승하고 있기 때문에 빨간 영역 부분이 매수면적이라고 생각할 수 있습니다. 반대로 a지점에 해당하는 y1값보다 b지점에 해당하는 y2값이 낮다고 생각하면 추세는 하락하고 있기 때문에 빨간 영역 부분이 매도면적이라고 생각할 수 있습니다.

추세를 함수로 생각하고 거래를 하는 구간(TT, Trading Time)을 매수거래 가능 시간(매수TT)과 매도거래 가능 시간(매도TT)으로 분류하면 적분계산법이 가능합니다.

매수진입일 때는 매수TT에서 f(T)의 매수면적을 구하면 되고 매도진입일 때는 매도TT에서 f(T)의 매도면적을 구하면 됩니다. 이해가 되시나요?

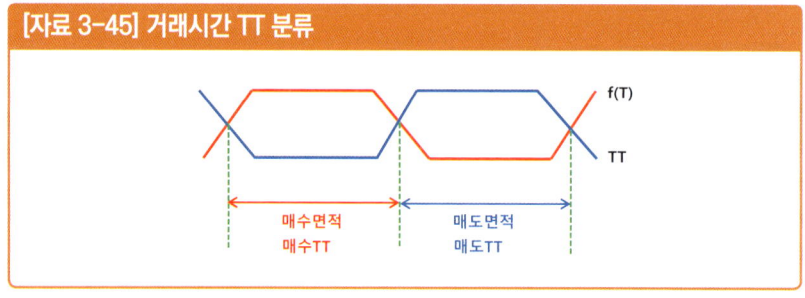

[자료 3-45] 거래시간 TT 분류

[자료 3-45]는 거래시간에 따른 매수TT와 매도TT를 보여줍니다. 추세선인 f(T)는 빨간색선으로 표시하고 TT는 파란색선으로 표시했습니다. 매수TT일 때는 캔들 아래에 매수TT가 보이고 매도TT일 때는 캔들 위에 매도TT가 위치해야 합니다. 만약 매수진입하려고 하는데 캔들 위에 매도TT가 위치하던가, 매도진입하려고 하는데 캔들 아래에 매수

TT가 위치하면 절대로 진입하지 말고 관망해야 합니다. 왜냐하면 매수진입을 하려고 하는데 캔들 위에 매도TT가 위치하면 그 적분 자체가 매도면적을 보여주고, 반대로 매도진입을 하려고 하는데 캔들 아래에 매수TT가 위치하면 그 적분 자체가 매수면적을 보여주고 있기 때문입니다.

추세선인 f(T)가 일정 시간이 지나면 반드시 TT와 교차합니다. 이 말은 f(T)가 매수TT 위에 있으면 매수면적이 그려지고 일정 시간이 지나면 f(T)가 매도TT 아래에 있으면 매도면적이 그려지면서 계속 반복되면서 현재 사이클 상태에 순응합니다.

PST31지표를 활용해서 현재 추세의 상태가 상승 사이클과 하락 사이클을 파악하고 PST55지표를 활용해서 현재 추세의 상태가 매수면적과 매도면적을 파악합니다. 상승 사이클 내에서도 매수면적과 매도면적이 존재하고 하락 사이클 내에서도 매수면적과 매도면적이 모두 존재합니다.

PST55지표를 활용하면 타임 프레임상 전 구간에서 거래가 가능합니다. 전 구간에서 진입을 가능하다는 말은 무슨 뜻인가요? 상승 사이클에서 매수면적일 때 매수진입해서 수익이 날 수도 있고 매도면적일 때 매도진입해서 수익이 날 수도 있습니다. 하락 사이클에서 매도면적일 때는 매도진입해서 수익이 날 수도 있고 매수면적일 때는 매수진입해서 수익이 날 수도 있습니다. 사이클과 같은 방향인 순방향으로 진입을 했을 때는 많은 수익을 기대할 수 있습니다. 하지만 사이클과 반대 방향인 역방향으로 진입을 했을 때는 적은 수익을 기대하셔야 합니다. PST이론상 사이클에 순응하지 않고 역방향으로 진입한다는 의미는 현재 사이클 상태에서 타임 프레임상 P2구간으로 진입하는 것으로 수익 구간이 적기 때문입니다. 그래서 저는 P2구간에 진입하는 경우는 욕심내지 말고 5틱 익절(Profit)을 걸라고 말씀드립니다. 물론 5틱보다 많을 수도 있고 적을 수도 있지만 P2구간에서 수익은 실전 거래에서 보너스 같은 개념입니다.

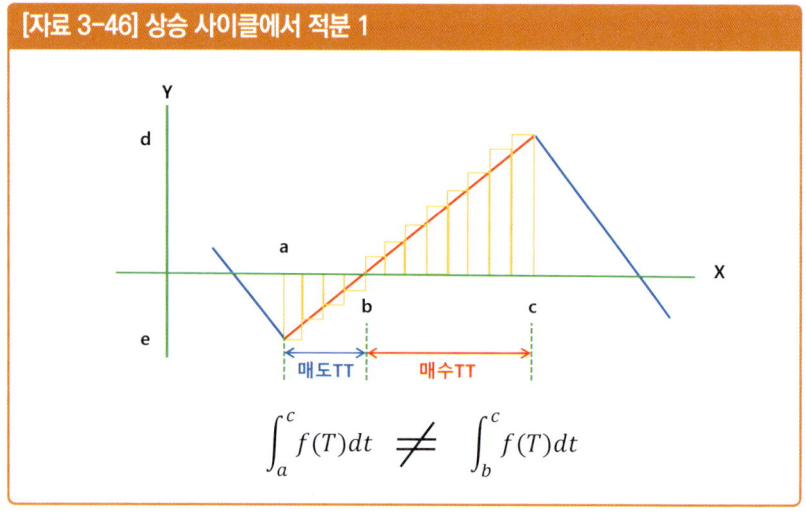

[자료 3-46] 상승 사이클에서 적분 1

[자료 3-46]은 추세가 상승 사이클에서 적분법을 보여줍니다. X축은 시간, Y축은 가격, 추세선을 f(T)라고 생각해보겠습니다. a지점부터 c지점까지는 추세가 우상향하니 이 기간에 적분하면 수익은 d-e를 기대할 수 있습니다. 그러나 PST이론상 a지점에서 b지점은 매도TT이기 때문에 매수면적이 그려질 수 없고 b지점부터 c지점은 매수TT이기 때문에 여기 구간만 매수면적이 그려질 수 있습니다. 그래서 올바른 적분은 b지점부터 c지점이고 수익은 d만큼 기대할 수 있습니다. PST이론을 연구하다 보니 매수TT구간에서 f(T)를 적분하면 무조건 수익이 나는데 하나의 문제가 발생합니다. b구간에서 매수진입을 할 때 추세의 기울기가 너무 적으면 매수TT 동안 많은 수익을 기대하지 못합니다. 그래서 이 문제를 풀기 위해 다음과 같이 하나 더 공부해야 합니다.

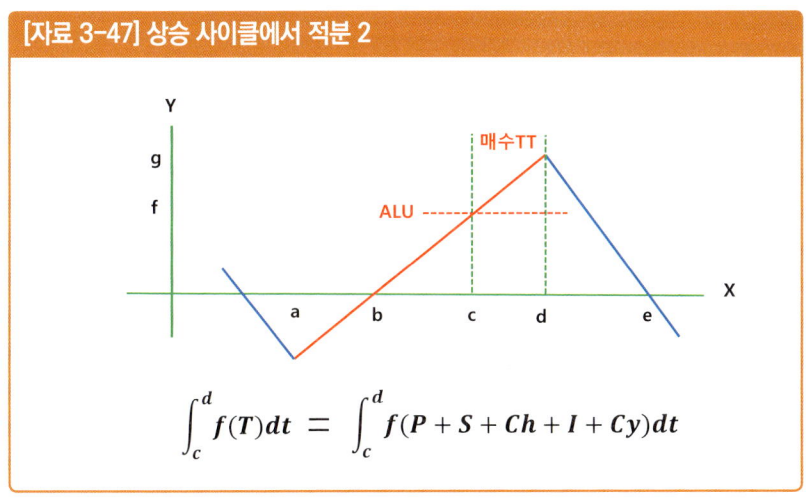

[자료 3-47] 상승 사이클에서 적분 2

[자료 3-47]은 [자료 3-46]에서 상향가속선(ALU, Acceleration Line Up)을 추가했습니다. PST55지표는 추세가 실시간으로 움직일 때도 ALU도 실시간으로 계산되어 여러분께 추세 위에서 보여줍니다. b지점부터 d지점까지 매수TT라고 가정하면 b지점부터 d지점까지 적분해서 수익을 기대할 수 있지만 b지점에서 매수진입을 했을 때 상승추세의 기울기인 탄젠트 값이 너무 적으면 보유시간 대비 많은 수익을 기대할 수 없습니다. 그러나 f(T)가 ALU를 우상향으로 통과할 때 매수진입하면 추세의 기울기가 탄젠트 60도 이상~90도 미만으로 출현함을 설정할 수 있습니다. 그래서 추세의 기울기가 낮게 출현하는 지점에서는 매수진입은 하지 않고 f(T)가 ALU를 우상향 통과하는 c지점에서 매수진입을 한 후 d지점에서 매수청산을 하면 짧은 보유시간 대비 많은 수익을 기대할 수 있습니다.

PST이론상 상승추세에서 적분법은 상승 주기, 상승 힘, 상승 변화량, 상승 임팩트, 상승 사이클을 적분한 것을 모두 더한 값으로도 구할 수 있습니다.

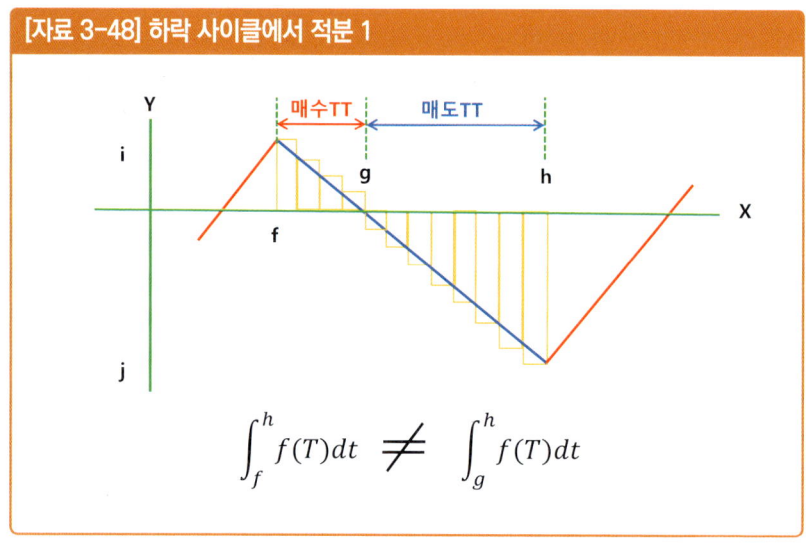

[자료 3-48]은 추세가 하락 사이클에서 적분법을 보여줍니다. X축은 시간, Y축은 가격, 추세선을 f(T)라고 생각해보겠습니다. f지점부터 h지점까지는 추세가 우하향하니 이 기간에 적분하면 수익은 j-i를 기대할 수 있습니다. 그러나 PST이론상 f지점에서 g지점은 매수TT이기 때문에 매도면적이 그려질 수 없고 g지점부터 h지점은 매도TT이기 때문에 여기 구간만 매도면적이 그려질 수 있습니다. 그래서 올바른 적분은 g지점부터 h지점이고 수익은 j만큼 기대할 수 있습니다. PST이론을 연구하다 보니 매도TT구간에서 f(T)를 적분하면 무조건 수익이 나는데 하나의 문제가 발생합니다. g구간에서 매도진입을 할 때 추세의 기울기가 너무 적으면 매도TT 동안 많은 수익을 기대하지 못합니다. 그래서 이문제를 풀기 위해서 다음과 같이 하나 더 공부해야 합니다.

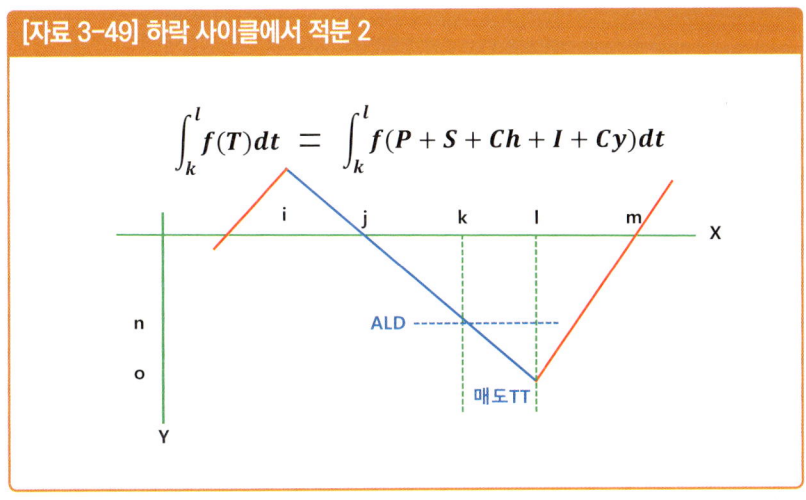

[자료 3-49]는 [자료 3-48]에서 하향가속선(ALD, Acceleration Line Down)을 추가했습니다. PST55지표는 추세가 실시간으로 움직일 때도 ALD도 실시간으로 계산되어 여러분께 추세 위에서 보여줍니다. j지점부터 l지점까지 매도TT라고 가정하면 j지점부터 l지점까지 적분해서 수익을 기대할 수 있습니다. 하지만 j지점에서 매도진입했을 때 하락추세의 기울기인 아크탄젠트 값이 너무 적으면 보유시간 대비 많은 수익을 기대할 수 없습니다. 그러나 f(T)가 ALD를 우하향으로 통과할 때 매도진입하면 추세의 기울기가 아크탄젠트 60도 이상~90도 미만으로 출현함을 설정할 수 있습니다. 그래서 추세의 기울기가 낮게 출현하는 지점에서는 매도진입은 하지 않고 f(T)가 ALD를 우하향 통과하는 k지점에서 매도진입을 한 후 l지점에서 매도청산을 하면 짧은 보유시간 대비 많은 수익을 기대할 수 있습니다.

PST이론상 하락추세에서 적분법은 하락 주기, 하락 힘, 하락 변화량, 하락 임팩트, 하락 사이클을 적분한 것을 모두 더한 값으로도 구할 수 있습니다.

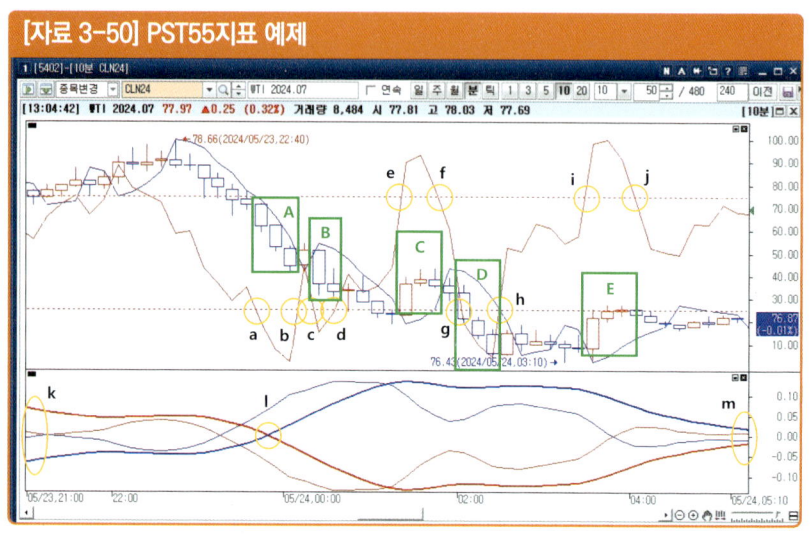

[자료 3-50]은 'WTI 2024년 7월물' 종목으로 2024년 5월 23일 21시부터 5월 24일 5시 10분까지 10분봉차트입니다. 추세 위에 PST55지표와 추세 아래에 PST31지표를 불러봤습니다.

PST55지표의 가장 큰 장점 중의 하나는 타임 프레임상 모든 구간에서 진입이 가능하다는 것입니다. PST55지표에서 빨간색인 f(T)가 파란색선을 만나서 매수면적과 매도면적이 계속 교차를 반복하면서 출현하는 것을 볼 수 있습니다. 그러면 하나씩 진입을 확인해볼까요?

f(T)가 a지점 이전에서도 매도면적이 출현하고 있지만 a지점에서 f(T)가 ALD를 우하향으로 통과하기에 여기서 매도진입합니다. 물론 10분차트를 기준으로 할 때는 10분보다 하위차트인 5분, 3분, 1분에서도 동일한 매도진입 조건이 발생해야 합니다. 이때 PST31지표로 확인하면 k지점부터 l지점까지는 상승 사이클 구간이므로 a지점에서 매도진입은 P2구간에서 진입했음을 알 수 있습니다. b지점에서 f(T)가 ALD를 우상향하므로 매도청산을 하면 녹색 박스인 A영역만큼 수익을 기대

할 수 있습니다. l지점과 m지점 사이는 하락 사이클 구간인데 e지점과 i지점에서 f(T)가 ALU를 우상향할 때 매수진입을 하고 f지점과 j지점에서 f(T)가 ALU를 우하향할 때 매수청산을 하면 각각 녹색 박스인 C영역과 녹색 박스인 E영역만큼 수익을 기대할 수 있고 모두 P2구간으로 진입한 것입니다. 반면 c지점과 g지점에서 매도진입을 한 후 d지점과 h지점에서 매도청산을 해서 각각 녹색 박스인 B영역과 D영역을 기대할 수 있습니다. 이 경우는 순방향으로 매도진입한 경우로 캔들이 매도 TT를 벗어나 매수TT로 전환될 때까지 보유하는 전략도 유효합니다.

PST68지표 설명 및 이해
– 한 사이클 내 최고점 또는 최저점 예측

여러분은 이제까지 배운 PST지표를 활용하면 타임 프레임상 P1구간과 P4구간에서 순방향으로 진입을 할 수도 있고 P2구간에서 역방향으로 진입을 할 수도 있습니다. PST이론을 계속 연구하다 보니 'P1구간에서 진입해서 P2구간과 P3구간을 보유하고 P4구간에서 최고점 또는 최저점에서 청산하는 방법이 없을까?'라는 의구심을 가졌습니다. 이 문제를 해결한 것이 PST68지표입니다. PST68지표를 만든 목적은 '한 사이클 내 최고점 또는 최저점을 예측하는 것'입니다.

여러분은 P1구간에서 진입한 후 P2구간을 만나면 추세가 진입 방향과 반대로 진행되어 청산을 고려할 것입니다. 이때 발생하는 P2구간은 재상승 또는 재하락을 위한 P2구간일 수 있고 추세가 끝나는 P2구간일 수도 있습니다. 만약 P2구간을 만났을 때 PST68지표를 활용해서 아직 P4구간의 최고점 또는 최저점이 안 나왔다고 알려주면 여러분은 어떻게 생각하세요? P1구간에서 진입 후 P2구간과 P3구간을 편안히 보유하고 P4구간이 P4-1구간이 나오든지 P4-2구간이 나오든지 관계없이 최고점 또는 최저점에서 청산할 수 있습니다. 이미 출간한 《NEW PST 주식 투자 비법》을 보시면 이 PST지표를 활용해서 하루의 최고점을 실시간으로 맞추는 것을 실시간 문자방송으로 수년째 매일 실전 거래를 통해서 보여드렸습니다. 그러면 한 사이클에서 P4구간의 최고점 또는 최저점을 어떻게 알 수가 있을까요?

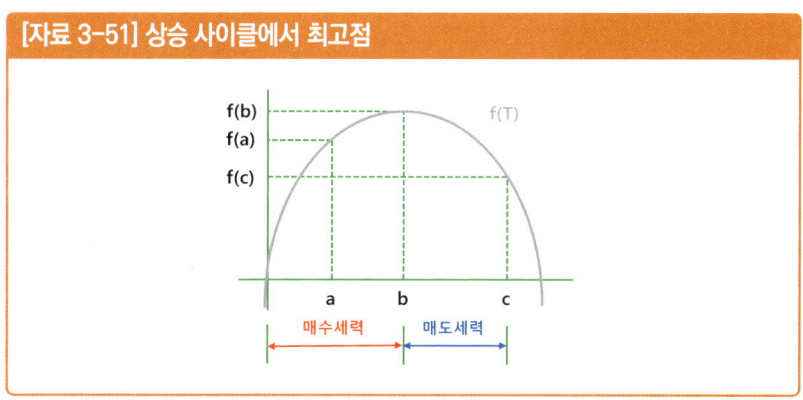

[자료 3-51] 상승 사이클에서 최고점

[자료 3-51]은 $f(T)=aX^2+bx+c$라는 이차함수로 생각할 수 있습니다. 상승 사이클 내에서 출현하는 추세선을 $f(T)$는 $a<0$ 조건에서 X축은 시간이고 Y축은 가격이 됩니다.

X축에서 어떤 시각개념인 a지점, b지점, c지점이 있다고 가정하면 언제가 가격이 가장 높을까요? a지점, b지점, c지점에서 $f(T)$를 대입하면 $f(a)$, $f(b)$, $f(c)$가 되고, $f(b)$가 가장 높은 가격이 되는 것을 알 수 있습니다. 그러면 추세선인 $f(T)$는 다음과 같이 표현할 수 있습니다.

$$f(T)=-(X-b)^2+m$$

상승추세선 함수인 f(T)는 X축에 어떤 특정 시각 b를 대입하면 Y축 최댓값이 m인 것을 알 수 있습니다. 그러면 최댓값을 알 수 있는 특정 시각 b를 어떻게 찾을 수 있을까요? 그것은 상승 사이클 내에서 '매수세력'과 '매도세력' 간의 상관관계를 찾으면 됩니다.

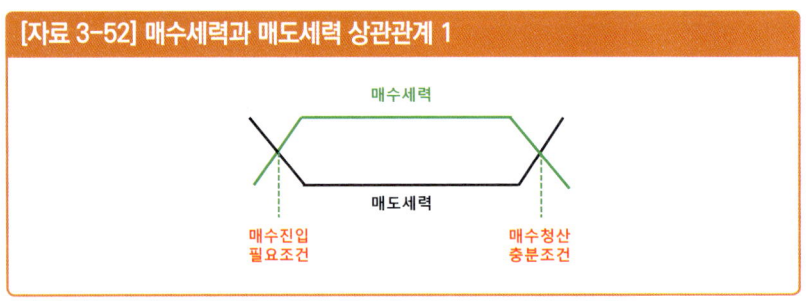

[자료 3-52] 매수세력과 매도세력 상관관계 1

[자료 3-52]는 상승 사이클 내에서 매수세력과 매도세력 간의 상관관계를 나타냅니다. 매수세력을 녹색선으로 표현하고, 매도세력을 검정색으로 표현하면 한 상승 사이클의 최고점에 해당하는 시각은 매수세력 > 매도세력에서 매도세력 > 매수세력으로 바뀌는 시점입니다. 상승 사이클에서 순방향으로 매수진입할 때는 이미 녹색선이 검정색선 위에 위치하고 있습니다. 만약 매수진입할 때 반대로 검정색선이 녹색선 위에 위치하면 매수진입하지 말고 관망해야 합니다. 그리고 매수진입 후 매수청산 시점은 매도세력이 매수세력 위에 위치가 바뀌는 시점이고 이때는 매수청산 충분조건이라고 생각할 수 있습니다.

상승 사이클에서 순방향으로 매수진입할 때는 매수진입 필요조건이 충족하기 때문에 매수청산 충분조건일 때 매수청산할 수 있습니다. 그러나 역방향으로 매도진입할 때는 매수진입 필요조건이 충족하지 않기 때문에 매수청산 충분조건일 때 매수청산을 할 수 없으니 주의하시길 바랍니다.

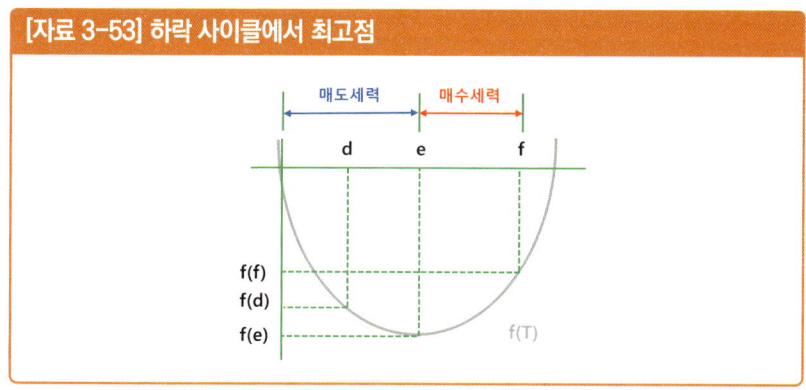

[자료 3-53]은 f(T)=aX^2+bx+c라는 이차함수로 생각할 수 있습니다. 하락 사이클 내에서 출현하는 추세선을 f(T)는 a > 0 조건에서 X축은 시간이고 Y축은 가격이 됩니다.

X축에서 어떤 시각개념인 d지점, e지점, f지점이 있다고 가정하면 언제가 가격이 가장 낮을까요? d지점, e지점, f지점에서 f(T)를 대입하면 f(d), f(e), f(f)가 되고, f(e)가 가장 낮은 가격이 되는 것을 알 수 있습니다. 그러면 추세선인 f(T)는 다음과 같이 표현할 수 있습니다.

$$f(T) = (X-e)^2 - n$$

하락추세선 함수인 f(T)는 X축에 어떤 특정 시각 e를 대입하면 Y축 최솟값이 -n인 것을 알 수 있습니다. 그러면 최솟값을 알 수 있는 특정 시각 e를 어떻게 찾을 수 있을까요? 그것은 하락 사이클 내에서 '매수세력'과 '매도세력' 간의 상관관계를 찾으면 됩니다.

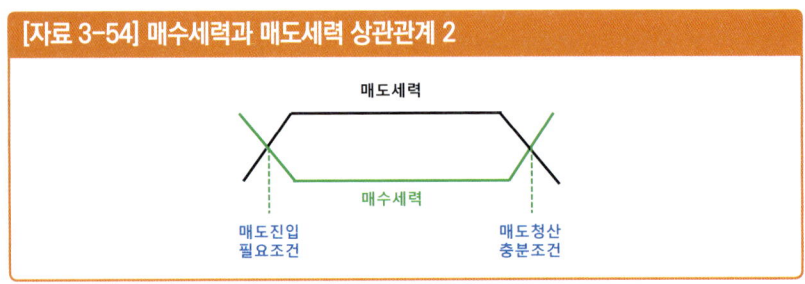

[자료 3-54] 매수세력과 매도세력 상관관계 2

[자료 3-54]는 하락 사이클 내에서 매수세력과 매도세력 간의 상관관계를 나타냅니다. 매수세력을 녹색선으로 표현하고, 매도세력을 검정색선으로 표현하면 한 하락 사이클의 최저점에 해당하는 시각은 매도세력 > 매수세력에서 매수세력 > 매도세력으로 바뀌는 시점입니다. 하락 사이클에서 순방향으로 매도진입할 때는 이미 검정색선이 녹색선 위에 위치하고 있습니다. 만약 매도진입할 때 반대로 녹색선이 검정색선 위에 위치하면 매도진입하지 말고 관망해야 합니다. 그리고 매도진입 후 매도청산 시점은 매수세력이 매도세력 위에 위치가 바뀌는 시점이고 이때는 매도청산 충분조건이라고 생각할 수 있습니다.

하락 사이클에서 순방향으로 매도진입할 때는 매도진입 필요조건이 충족하기 때문에 매도청산 충분조건일 때 매도청산할 수 있습니다. 그러나 역방향으로 매수진입을 할 때는 매도진입 필요조건이 충족하지 않기 때문에 매도청산 충분조건일 때 매도청산을 할 수 없으니 주의하시길 바랍니다.

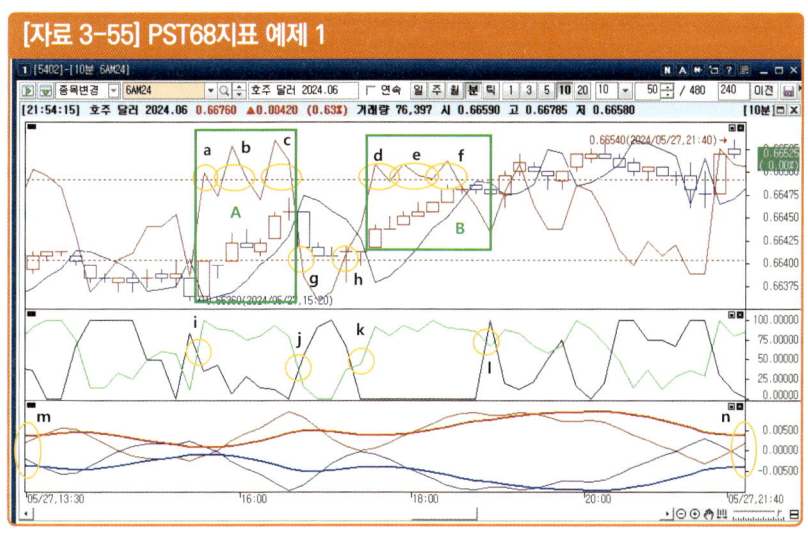

[자료 3-55]는 '호주 달러 2024년 6월물' 종목으로 2024년 5월 27일 13시 30분부터 21시 40분까지 10분봉차트입니다. 추세 위에 PST55지표와 추세 아래에 PST68지표와 PST31지표를 불러봤습니다.

만약 여러분이 PST55지표만 보고 녹색 박스인 A영역에서 매수진입을 했으면 f(T)가 ALU를 우상향으로 통과할 때 하고 매수청산을 f(T)가 ALU를 우하향으로 통과할 때 한다면 a지점, b지점, c지점에 각각 3번을 해야 합니다. 물론 3번을 매수진입과 매수청산을 반복해서 거래해도 수익은 나지만 이런 경우 PST68지표를 활용하면 매우 효과적인 거래할 수 있습니다. PST68지표를 활용할 때는 PST31지표를 보고 현재 여러분이 진입하는 방향이 순방향인지 역방향인지를 우선 확인해야 합니다. 순방향일 때는 PST68지표가 활용할 수 있지만 역방향일 때는 활용할 수가 없기 때문입니다.

PST31지표를 보니 m지점부터 n지점까지는 굵은 빨간색선이 굵은 파란색 위에 위치하므로 상승 사이클임을 알 수 있습니다. 상승 사이클 내 a지점에서 매수진입은 순방향이므로 a지점에서 매수진입 후 j지점에서 매수청산을 하면 녹색 박스인 A영역만큼 수익을 기대할 수 있습니다. a지점에서 매수진입 전에 i지점을 보면 이미 매수세력 > 매도세력임을 알 수 있습니다. g지점에서 매도진입을 한 후 h지점에서 매도청산을 할 때 PST68지표를 보고 k지점에서 매도청산하면 안 됩니다. 이유는 상승 사이클 내에서 매도진입은 역방향으로 진입하는 것으로 PST68지표가 동작하지 않기 때문입니다. 녹색 박스인 B영역에서도 3번 매수진입과 매수청산보다는 d지점에서 매수진입 후 l지점에서 매수청산하는 것이 효과적인 거래임을 PST68지표가 증명하고 있습니다.

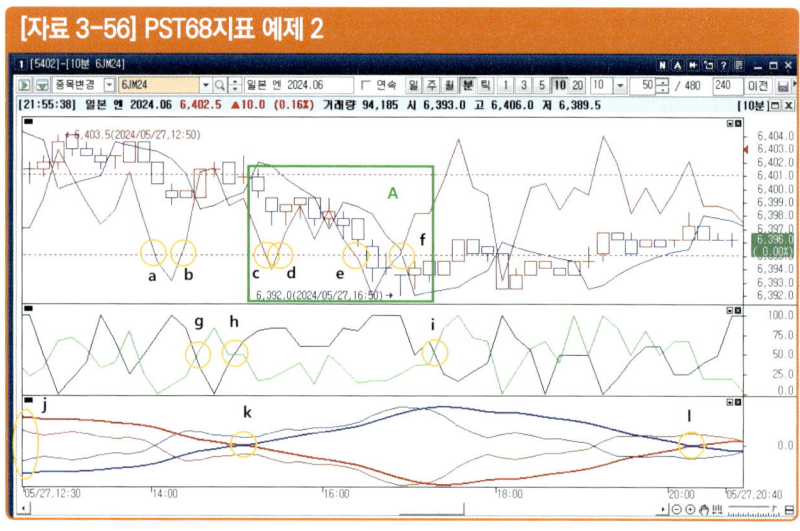

[자료 3-56]은 '일본 엔 2024년 6월물' 종목으로 2024년 5월 27일 12시 30분부터 20시 40분까지 10분봉차트입니다. 추세 위에 PST55지표와 추세 아래에 PST68지표와 PST31지표를 불러봤습니다.

PST55지표를 활용해서 a지점에서 f(T)가 ALD를 우하향으로 통과할 때 매도진입한 후 f(T)가 ALD를 우상향으로 통과할 때 매도청산을 할 수 있습니다. 여기 b지점에서 매도청산 대신에 PST68지표를 활용해서 g지점에서 매도청산을 할 수 있을까요? 정답은 할 수 없습니다. 이유는 a지점에서 매도진입할 때 사이클의 상태를 PST31지표로 확인하니 j지점부터 k지점까지는 상승 사이클이기 때문입니다.

  역방향 진입할 때는 PST68지표가 동작하지 않는다고 이미 말씀드렸습니다. c지점에서 매도진입하고 d지점에서 매도청산을 하고 다시 e지점에서 매도진입하고 f지점에서 매도청산을 하면 수익을 낼 수 있습니다. PST55지표의 장점은 사이클 상태와 관계없이 타임 프레임상 모든 구간에서 진입이 가능하다는 것입니다. 이 말은 P1구간과 P4구간에서 순방향으로 진입이 가능하고 P2구간에서 역방향으로 진입이 가능하다는 말입니다. 순방향은 진입 후 보유가 청산까지 길 수도 있는데 추세에서 조금이라도 P2구간이 발생하면 녹색 박스인 A영역처럼 매수청산 시점이 빨리 출현한다는 단점도 있습니다. 이런 PST55지표에서 사이클과 동일한 순방향 진입 후 청산의 단점을 극복한 것을 PST68지표라고 볼 수 있습니다. k지점에서 l지점까지 하락 사이클 중 c지점에서 매도진입하면 PST68지표가 동작하니까 i지점에서 매도청산을 하면 녹색 박스인 A영역만큼 수익을 효과적으로 기대할 수 있습니다.

PST75지표 설명 및 이해
- 수익이 나는 구간의 시작과 끝을 파악

실전 거래에서 수익이 나기 쉬운 구간은 어디일까요? PST이론상 당연히 P1구간과 P4-1구간입니다. P1구간과 P4-1구간은 마켓 메이커가 추세를 상승보합 구간에서 상승강화 구간으로 또는 하락보합 구간에서 하락강화 구간으로 전환을 만들기 때문에 마켓 팔로어인 저나 여러분이 매수진입이 또는 매도진입해서 수익을 기대할 수가 있습니다. 그러나 문제는 P2구간에서 구간에서도 여러분은 P1구간으로 변환할 줄 알고 진입을 한다는 것입니다. 추세를 여러분은 만들지 못하고 그저 추종하면서 거래하는데 P2구간에서 P1구간으로 바뀔지 아니면 다시 P2구간으로 이어갈지 알 수가 없습니다. 그런데 만약 P2구간에서 P1구간으로 추세를 만들 수 있는 마켓 메이커의 마음을 읽을 수 있다면 여러분은 어떻게 생각하시나요? 제가 2009년부터 숭실대학교 글로벌미래교육원에서 매달 무료 공개강좌를 하고 있는데 한 고수께서 오셔서 "하락 사이클에서 매수진입한 다음 상승 사이클에서 매수청산을 해서 수익을 내고 싶은데 방법이 없습니까?"라고 질문하셨습니다. 저는 "PST

이론은 진짜 저항선을 돌파할 때 진입하는 이론이기 때문에 그러한 방법은 없습니다"라고 대답을 했었습니다. 그러나 저는 '하락 사이클에서 매수진입을 한 다음 상승 사이클로 변환된 다음 매수청산하는 것과 반대로 상승 사이클에서 매도진입한 다음 하락 사이클로 변환된 다음 매도청산을 해서 수익 내는 방법은 없을까?'라고 생각하고 PST이론을 연구한 결과 PST75지표로 정답을 찾았습니다. 그리고 추세의 기울기를 60도 이상~90도 미만으로 설정할 수 있는 PST55지표를 활용해서 많은 수강생들이 실전 거래로 100연승 이상 결과를 보여주셨습니다.

그런데 수강생 중에서 저에게 "추세의 기울기가 너무 급하게 움직이기 때문에 늦게 진입을 하는데 해결방법이 없습니까?"라고 질문해서 방법을 고민하다가 PST75지표로 해결방법을 찾았습니다.

PST이론상 진입신호에는 일반신호, 예비신호, 잠재신호, 양자신호, 메타신호가 있는데 손실 보는 트레이더가 활용하는 오픈된 일반 보조지표(RSI, MACD, Bollinger Band, Moving Average 등)에서 알려주는 신호가 일반신호이고 일반신호보다 빠르게 알려주는 예비신호(PST2, PST6, PST7, PST13, PST46, PST55지표)는 PST75지표 미만 버전에서 알 수가 있습니다. PST55지표는 예비신호에 속하고 PST75지표부터 잠재신호에 속하기 때문에 PST55지표보다 PST75지표가 먼저 여러분께 진입 시점을 알려줍니다.

실전 거래할 때 필요충분조건을 PST이론으로 생각해보면 PST75지표가 가장 우선인 필요조건(Necessary Condition)이 되고 PST55지표가 충분조건(Sufficient Condition)이 됩니다. PST75지표는 현재 사이클 상태와 무관하게 수익을 낼 수 있는 구간의 시작과 끝을 알려줍니다. 이는 진입 시 순방향으로 진입할 수도 있고 역방향으로 진입을 할 수 있다는 의미지요. 또한, 진입 시 PST55지표를 사전에 진입을 인지해서 거래하면 보다 효과적인 거래를 기대할 수 있습니다.

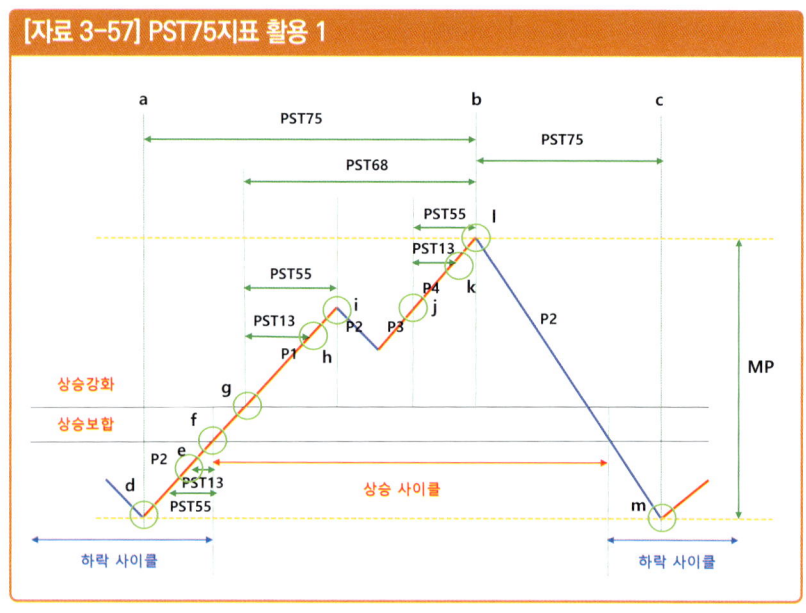

[자료 3-57] PST75지표 활용 1

기존 PST이론은 상승 사이클 내에서 상승보합 구간에서 상승강화 구간으로 바뀌는 P1구간이나 P4-1구간에서 진짜 저항선인 상향돌파선(BLU, Breakout Line Up)을 우상향 돌파할 때 매수진입을 했습니다. 그래서 타임 프레임상 현재 추세 위치를 PST31지표를 활용해서 상승 사이클임을 먼저 파악한 다음 P1구간과 P4-1구간을 확인해서 매수진입을 PST13지표나 PST55지표를 활용해서 하고 매수청산을 PST68지표를 활용해서 수익을 극대화했습니다. 그러나 실전 거래에서는 상승 사이클 중인 P1구간과 P4-1구간 외인 하락 사이클인 P2구간에서도 최저점부터 추세가 상승하는 경우를 종종 볼 수 있고 상승 사이클에서 P4구간이 끝나서 하락 사이클로 전환하기 전에도 추세가 강하게 하락하는 경우를 종종 볼 수가 있습니다.

그러면 하락 사이클에서 역방향으로 매수진입해서 상승 사이클로 전환되어 P4구간 최고점에서 매수청산을 하면 가장 많은 수익(MP, Maximum Profit)을 기대할 수 있습니다. 현재 하락 사이클에서 역방향으로 매수진입을 했다는 것은 P2진입을 했다는 의미입니다. 그러므로 상승 사이클에서 P4구간의 최고점을 찍고 추세가 하락할 때 PST75지표를 활용해서 매도진입해서 수익이 났다면 이때도 역시 역방향인 P2구간에서 진입을 한 것입니다. PST이론으로 P2구간은 되돌림이 많은 보합 구간인데 PST75지표를 활용하면 하락 사이클에서도 되돌림이 없는 P2구간을 찾아낼 수가 있습니다. 이해가 되시나요? [자료 3-57]을 보고 하나씩 정리해보겠습니다.

PST13지표 : 기울기 탄젠트 45도 이상~90도 미만
        P2-1구간(e지점~f지점)
        P1구간(g지점~h지점)
        P4-1구간(j지점~k지점)
PST55지표 : 기울기 탄젠트 60도 이상~90도 미만
        P2-2구간(d지점~f지점), P2-1구간(e지점~f지점)
        P1구간(g지점~i지점)
        P4-1구간(j지점~l지점), P4-2구간(j지점~l지점)
PST68지표 : P1구간+P2구간+P3구간+P4구간(g지점~l지점)
PST75지표 : P2구간+P1구간+P2구간+P3구간+P4구간(d지점~l지점)

PST68지표와 PST75지표는 매수진입 시 추세의 기울기 설정을 할 수 없으므로 단독으로 활용하지 말고 반드시 추세의 기울기 설정을 할

수 있는 PST지표(PST13지표, PST55지표 등)와 같이 활용해야 효과적으로 거래할 수 있습니다. PST68지표는 매수진입 시 상승 사이클 상태와 같은 방향인 순방향으로 해야 동작이 되지만, 역방향으로 매도진입할 때는 동작이 되지 않습니다. 그러나 PST75지표를 활용하면 상승 사이클 상태에서 순방향인 매수진입을 할 수가 있고 역방향인 매도진입을 할 수도 있습니다.

PST13지표를 활용해서 매수진입 시 추세의 기울기를 탄젠트 45도 이상~90도 미만으로 설정을 할 수 있고, PST55지표를 활용해서 매수진입 시 추세의 기울기를 탄젠트 60도 이상~90도 미만으로 설정할 수 있습니다. 그러면 여러분은 어느 PST지표를 활용하시겠어요? 당연히 PST55지표입니다. PST13지표는 하락 사이클인 P2구간 중 P2-1구간에서는 매수진입이 가능하지만, P2-2구간에서는 매수진입이 불가능합니다. 그러나 PST55지표는 하락 사이클인 P2구간 중 P2-1구간, P2-2구간에서 모두 매수진입이 가능합니다.

하락 사이클에서 PST75지표를 활용해서 P2-2구간인 d지점에서 수익 날 수 있는 구간의 시작임을 알고 PST55지표를 활용해서 매수진입을 한 다음 보유 중 사이클이 하락 사이클에서 상승 사이클로 전환해 P1구간, P2구간, P3구간, P4구간의 최고점인 l지점에서 매수청산을 하면 최대수익(MP)을 구할 수 있습니다. 실전 거래에서는 PST55지표의 매수진입 시점보다 PST75지표의 수익이 나는 구간의 시작점을 먼저 여러분께 알려주니 매우 효과적인 매수진입과 매수청산을 하실 수 있습니다.

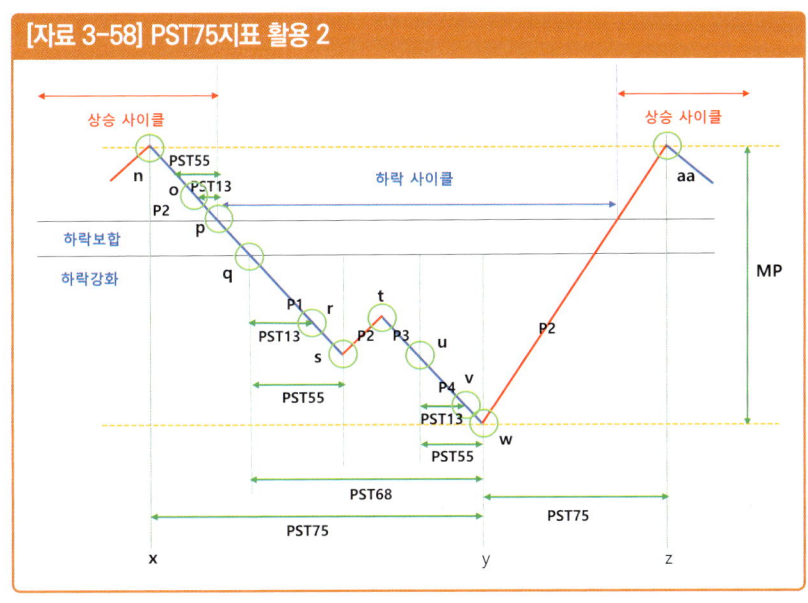

[자료 3-58] PST75지표 활용 2

　기존 PST이론은 하락 사이클 내에서 하락보합 구간에서 하락강화 구간으로 바뀌는 P1구간이나 P4-1구간에서 진짜 저항선인 하향돌파선(BLD, Breakout Line Down)을 우하향 돌파할 때 매도진입을 했습니다. 그래서 타임 프레임상 현재 추세 위치를 PST31지표를 활용해서 하락 사이클임을 먼저 파악한 다음 P1구간과 P4-1구간을 확인해서 매도진입을 PST13지표나 PST55지표를 활용해서 하고 매도청산을 PST68지표를 활용해서 수익을 극대화했습니다. 그러나 실전 거래에서는 하락 사이클 중인 P1구간과 P4-1구간 외인 상승 사이클인 P2구간에서도 최고점부터 추세가 하락하는 경우를 종종 볼 수 있고 하락 사이클에서 P4구간이 끝나서 상승 사이클로 전환하기 전에도 추세가 강하게 상승하는 경우를 종종 볼 수가 있습니다.

　그러면 상승 사이클에서 역방향으로 매도진입해서 하락 사이클로 전환되어 P4구간 최저점에서 매도청산을 하면 가장 많은 수익(MP,

Maximum Profit)을 기대할 수 있습니다. 현재 상승 사이클에서 역방향으로 매도진입했다는 것은 P2진입을 했다는 의미입니다. 그러므로 하락 사이클에서 P4구간의 최저점을 찍고 추세가 상승할 때 PST75지표를 활용해서 매수진입해서 수익이 났다면 이때도 역시 역방향인 P2구간에서 진입을 한 것입니다. PST이론으로 P2구간은 되돌림이 많은 보합 구간인데 PST75지표를 활용하면 상승 사이클에서도 되돌림이 없는 P2구간을 찾아낼 수가 있습니다. 이해가 되시나요? [자료 3-58]을 보고 하나씩 정리해보겠습니다.

PST13지표 : 기울기 아크탄젠트 45도 이상~90도 미만

        P2-1구간(o지점~p지점)

        P1구간(q지점~r지점)

        P4-1구간(u지점~v지점)

PST55지표 : 기울기 아크탄젠트 60도 이상~90도 미만

        P2-2구간(n지점~p지점), P2-1구간(o지점~p지점)

        P1구간(q지점~s지점)

        P4-1구간(u지점~w지점), P4-2구간(u지점~w지점)

PST68지표 : P1구간+P2구간+P3구간+P4구간(q지점~w지점)

PST75지표 : P2구간+P1구간+P2구간+P3구간+P4구간(n지점~w지점)

PST68지표와 PST75지표는 매도진입 시 추세의 기울기 설정을 할 수 없으므로 단독으로 활용하지 말고 반드시 추세의 기울기 설정을 할 수 있는 PST지표(PST13지표, PST55지표 등)과 같이 활용해야 효과적으로 거래할 수 있습니다. PST68지표는 매도진입 시 하락 사이클 상태와 같은 방향인 순방향으로 해야 동작이 되지만, 역방향으로 매수진입할 때

는 동작이 되지 않습니다. 그러나 PST75지표를 활용하면 하락 사이클 상태에서 순방향인 매도진입을 할 수가 있고 역방향인 매수진입을 할 수도 있습니다.

　PST13지표를 활용해서 매도진입 시 추세의 기울기를 아크탄젠트 45도 이상~90도 미만으로 설정을 할 수 있고, PST55지표를 활용해서 매도진입 시 추세의 기울기를 아크탄젠트 60도 이상~90도 미만으로 설정할 수 있습니다. 그러면 여러분은 어느 PST지표를 활용하시겠어요? 당연히 PST55지표입니다. PST13지표는 상승 사이클인 P2구간 중 P2-1구간에서는 매도진입이 가능하지만, P2-2구간에서는 매도진입이 불가능합니다. 그러나 PST55지표는 상승 사이클인 P2구간 중 P2-1구간, P2-2구간에서 모두 매도진입이 가능합니다.

　상승 사이클에서 PST75지표를 활용해서 P2-2구간인 n지점에서 수익날 수 있는 구간의 시작임을 알고 PST55지표를 활용해서 매도진입을 한 다음 보유 중 사이클이 상승 사이클에서 하락 사이클로 전환해 P1구간, P2구간, P3구간, P4구간의 최저점인 w지점에서 매도청산을 하면 최대수익(MP)을 구할 수 있습니다. 실전 거래에서는 PST55지표의 매도진입 시점보다 PST75지표의 수익이 나는 구간의 시작점을 먼저 여러분께 알려주니 매우 효과적인 매도진입과 매도청산을 하실 수 있습니다.

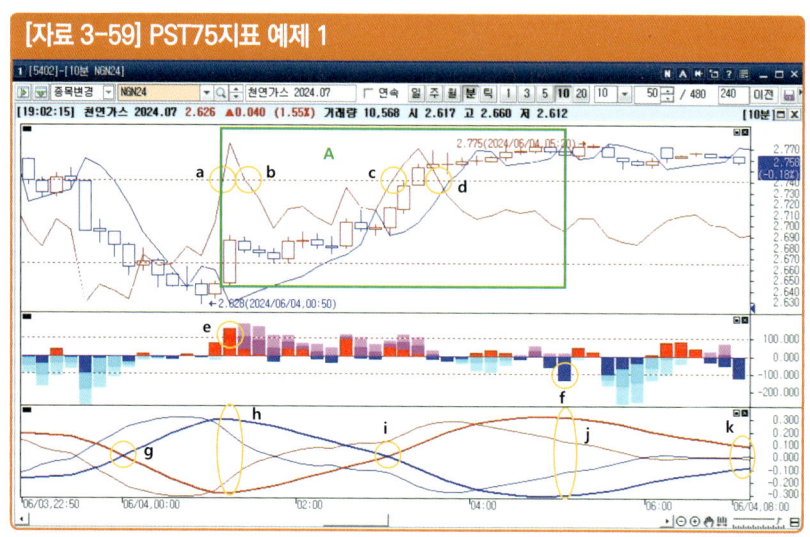

[자료 3-59] PST75지표 예제 1

[자료 3-59]는 '천연가스 2024년 7월물' 종목으로 2024년 6월 3일 22시 50분부터 6월 4일 8시까지 10분봉차트입니다. 추세 위에 PST55지표와 추세 아래에 PST75지표와 PST31지표를 불러봤습니다.

우선 그전에 배운 PST55지표와 PST31지표만 활용해서 거래를 해보면 g지점부터 i지점까지 하락 사이클 중 a지점에서 f(T)선이 ALU를 우상향으로 통과할 때 매수진입을 한 후 b지점에서 매수청산할 수 있습니다. 이때는 P2-2구간에서 역방향으로 매수진입을 한 것입니다. 그리고 i지점부터 k지점까지 상승 사이클 중 c지점에서 PST55지표를 활용해서 매수진입을 한 후 d지점에서 매수청산을 할 수 있습니다. 이때는 P1구간에서 순방향으로 매수진입한 것입니다. 이렇게 PST31지표를 활용해 추세의 위치를 파악한 다음 PST55지표를 활용해서 진입과 청산을 역방향과 순방향에서 각각 할 수 있습니다.

이번에는 PST75지표와 PST55지표, PST31지표를 활용해서 거래해 볼까요?

PST75지표에서 빨강색 오실레이터가 e지점에서 윗 기준선을 우상향할 때가 매수진입으로 수익이 날 수 있는 시작임을 알 수 있고, 이때 PST31지표로 동일지점인 h를 확인하니 하락 사이클이 줄어드는 P2-2 구간임을 알 수 있습니다. PST이론상 하락 사이클(T4)이 줄어드는 시점은 추세가 최저점 부근에서 상승으로 전환함을 뜻합니다. e지점을 확인한 후 a지점에서 매수진입하고 매수청산은 언제 하면 좋을까요? 매수청산을 PST75지표로 다르게 해석하면 매도진입과 같습니다. 매도진입은 파란색 오실레이터가 f지점에서 아래 기준선을 우하향할 때이고, MP는 녹색 박스인 A영역만큼 수익을 기대할 수가 있습니다.

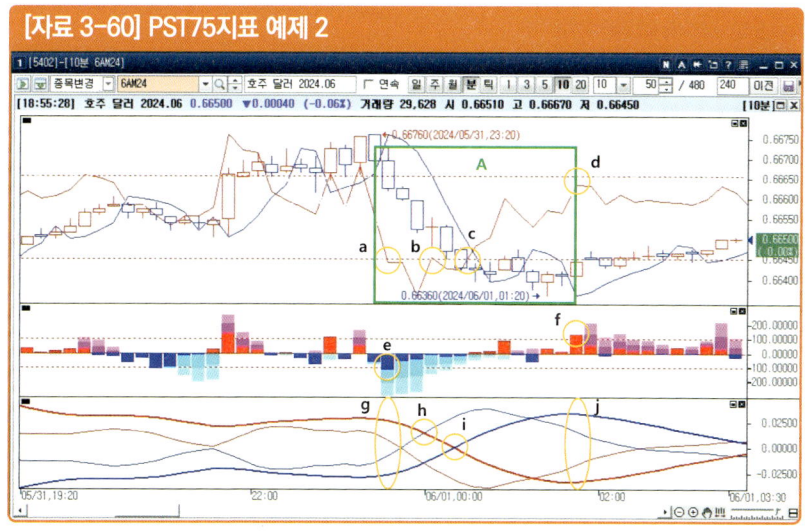

[자료 3-60]은 '호주 달러 2024년 6월물' 종목으로 2024년 5월 31일 19시 20분부터 6월 1일 3시 30분까지 10분봉차트입니다. 추세 위에 PST55지표와 추세 아래에 PST75지표와 PST31지표를 불러봤습니다.

PST55지표를 활용하면 상승 사이클 중 a지점에서 f(T)가 ALD를 우하향으로 통과할 때 매도진입을 한 후 b지점에서 다시 우상향으로 통과할 때 매도청산을 하면 수익을 기대할 수 있습니다. 이때 PST31지표를 활용하면 g지점은 상승 사이클 중이고 상승 사이클에서 역방향으로 매도진입으로 했기 때문에 P2-2구간입니다. 이해되시나요?

수업시간에 많은 수강생이 P2-1구간과 P2-2구간을 어려워하시는데 P2구간 중 h지점처럼 가는 파란색선이 굵은 빨간색선을 우상향으로 교차하는 시점부터 i지점처럼 굵은 파란색이 굵은 빨간색선을 우상향을 교차하는 시점까지가 P2-1구간이고 P2구간 중 P2-1구간을 뺀 나머지 구간이 P2-2구간입니다. 그리고 PST55지표를 활용해서 b지점에서 다시 매도진입을 한 후 c지점에서 다시 매도청산을 하면 수익을 기대할 수가 있습니다.

이번에는 PST75지표를 활용해볼까요? e지점에서 파란색 오실레이터가 아래 기준선을 우하향으로 통과할 때가 매도진입으로 수익이 시작이라는 것을 알 수 있습니다. 이후 PST55지표를 활용해서 a지점에서 매도진입한 후 매도청산은 PST55지표를 하지 않고 PST75지표를 활용하면 최대수익인 MP를 녹색 박스인 A영역만큼 기대할 수 있습니다. 그러면 어디가 매도청산 지점일까요? 매도청산은 PST이론상 매수진입이 시작점을 뜻하므로 PST75지표에서 빨간색 오실레이터가 위 기준선을 우상향으로 통과하는 f지점입니다. 물론 욕심을 안 내면 P4구간의 최저점 전에서 매도청산을 해도 좋은 전략입니다.

PST84지표 설명 및 이해
- 잠재신호로 진입과 청산 예측

　PST75지표를 만들고 PST교육을 통해 많은 수강생들이 만족할만한 실전 거래 결과를 보여주셨습니다. 저는 PST이론을 연구하다가 'PST75지표를 활용해서 수익이 나는 구간의 시작점과 끝점을 아는 필요조건이 된 다음, PST55지표를 활용해서 진입하는 충분조건이 되면 진입을 하고, 청산은 PST75지표를 보고 수익이 나는 끝점에서 하면 수익이 나는 이론보다 더 높은 수준으로 발전시킨 PST지표가 없을까?'를 고민했습니다.

　[자료 3-61]은 진입신호에 따른 신호 분류를 보여줍니다. PST이론상 신호에는 여러분이 오픈된 일반지표를 보고 거래하는 일반신호가 있고 일반신호보다 빠른 예비신호, 잠재신호, 양자신호, 메타신호가 있습니다. 신호가 발생하는 순서는 일반신호 ≤ 예비신호 ≤ 잠재신호 ≤ 양자신호 ≤ 메타신호 순입니다.

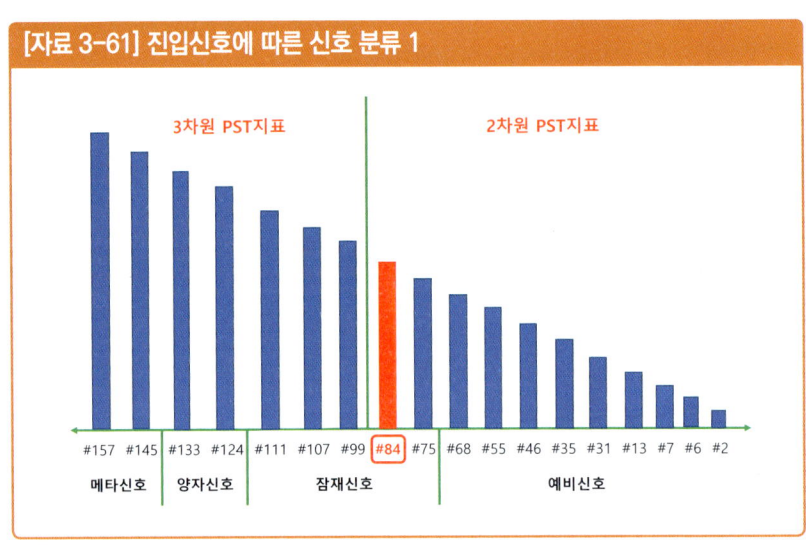

[자료 3-61] 진입신호에 따른 신호 분류 1

　　PST84지표는 2차원 PST지표 중 최상 버전 지표이고 PST75지표보다 같거나 빠르게 보여주는 잠재신호를 가지고 있습니다. 추세는 마켓 메이커가 만들고 마켓 팔로어는 추세를 추종한다고 말씀드렸습니다. 마켓 팔로어가 진입할 때는 진행하는 추세에서 진입신호가 안 나오지만, 마켓 메이커가 진입할 때는 진행하는 추세에서 진입신호가 나오는데 놀랍게도 PST지표가 예비신호, 잠재신호, 양자신호, 메타신호 이름으로 찾아냈습니다. PST75지표에도 잠재신호가 존재하지만 PST75지표는 추세의 위치와 관계없이 수익이 나는 구간의 시작과 끝을 알 수만 있는 지표이기 때문에 반드시 추세의 기울기를 설정할 수 있는 PST55지표와 같이 활용을 해야 하는 단점이 있습니다. 그리고 PST55지표를 활용하면 추세의 기울기가 매수진입일 때는 탄젠트 30도 이상~90도 미만이고 매도진입일 때는 아크탄젠트 30도 이상~90도 미만이기 때문에 충분한 연습을 하지 않으면 PST75지표가 있어도 늦은 진입을 할 수 있습니다. 그래서 저는 '추세의 기울기를 설정하는 PST지표를 사용하지 않고 PST75지표보다 더 빨리 진입신호를 보여주고 더 좋은 지표가 없을까?'라고 의문을 갖고 연구를 거듭하다가 마침내 PST84지표를 만들게 되었습니다. PST84지표의 진입신호는 PST75지표보다 같거나 먼저 여러분께 보여줍니다. PST84지표를 활용하면 추세의 기울기를 몰라도 손실을 보는 경우가 없습니다. 그리고 진입 후 청산을 1차 청산 시점과 2차 청산 시점을 여러분께 제공해 청산 기회가 2번이나 있습니다. 물론 욕심을 안 내면 1차 청산 시점에서 해도 좋은 전략입니다.

[자료 3-62] 진입 구간 분류

	1분	3분	5분	10분
A	○	○	○	○
B	○	○	○	△
C	○	○	○	×

[자료 3-62]는 시간별 타임 프레임에 따라 진입 구간을 분류를 보여줍니다. A 경우는 1분, 3분, 5분, 10분 모두 타임 프레임이 P1구간 또는 P4-1구간인 경우이고 B 경우는 1분, 3분, 5분에서 타임 프레임은 P1구간 또는 P4-1구간이고 10분에서는 타임 프레임이 P4-2구간인 경우입니다. C 경우는 1분, 3분, 5분에서 타임 프레임은 P1구간 또는 P4-1구간이고 10분에서는 타임 프레임이 P2구간인 경우입니다.

여러분은 어느 경우에 거래하시겠어요? 당연히 A 경우가 가장 안전하게 수익을 낼 수가 있고 B 경우는 욕심을 내지 말고 조심해야 하고 C 경우는 거래하지 않고 관망하는 것이 제일 좋습니다. 그러나 실전 거래에서는 A 경우가 잘 나오지 않고 대부분 B 경우와 C 경우입니다. B경우은 상승 사이클 중 재상승을 보이지만 P4-2구간이라 매수진입은 조심해야 합니다. 또는 하락 사이클 중 재하락을 보이지만 P4-2구간이라 매도진입은 조심해야 합니다. 물론 연습을 많이 하고 욕심을 내지 않으면 작은 수익을 낼 수 있지만 무리한 욕심을 내면 손실을 볼 수 있으니 조심해야 합니다. C 경우는 상승 사이클 중 매도진입하는 경우와 하락 사이클 중 매수진입하는 경우로 거래를 하지 않고 관망하는 것도 좋은 전략입니다.

물론 추후에 배울 추세를 3차원적으로 해석한 다음 발생하는 양자신호, 메타신호를 활용하면 A, B, C 경우를 모두 진입이 가능하지만, 추세를 2차원적으로 해석한 PST75지표 이하 PST지표에서는 A, B 경우만 거래하라고 PST 수업시간에 말씀드렸습니다. 그러나 추세를 2차원적으로 해석한 PST84지표에서도 A, B, C 모든 경우에 매수진입과 매도진입을 가능하게 만들었습니다.

[자료 3-62]를 보면 A, B, C 경우 모두 기준차트를 10분으로 설정하고 있습니다. 기준차트를 10분으로 보고 타임 프레임에 따라서 A, B, C 경우로 분류를 할 수 있습니다. 여기서 질문을 하나 드리겠습니다. "기준차트를 10분으로 설정한다는 의미는 10분보다 상위차트인 30분차트를 볼까요? 안 볼까요?" 정답은 보지 않습니다.

예를 들어 A 경우는 30분차트에서 타임 프레임상 P2구간이래도 1분, 3분, 5분, 10분만 모두 P1구간 또는 P4-1구간 조건만 만족하면 거래를 한다는 의미입니다.

이해가 되시나요? 그러면 이와 같은 생각으로 만약 기준차트를 10분으로 설정하지 않고 5분으로 설정하면 어떻게 생각하세요? 5분보다 상위차트인 10분차트의 타임 프레임을 고려하지 않고 5분차트를 포함한 하위차트인 1분, 3분, 5분에서 모두 P1구간과 P4-1구간만 나오면 진입할 수 있지 않을까요? 이와 같은 논리로 PST84지표에서는 기준차트를 10분이 아닌 5분으로 설정해 만들었습니다.

  PST이론상 기준차트의 추세 방향은 상위차트의 추세 방향에 따라서 순방향으로 움직입니다. 물론 마켓 메이커의 마음에 따라 상위차트의 추세 방향과 관계없이 역방향으로 추세가 전환될 수도 있습니다. 이런 이유로 PST84지표를 활용할 때도 1분, 3분, 5분 3가지 차트만 열지 마시고 10분차트까지 열어서 같이 보고 거래하는 것이 효과적입니다. 또한 거래량이 없는 종목이나 시간대에서는 거래하지 마시길 바랍니다. 이유는 거래량이 없는 종목이나 시간대에서는 마켓 메이커가 일반적으로 진입하지 않기 때문에 PST84지표에서 매수 진입신호나 매도 진입신호가 나오질 않기 때문입니다.

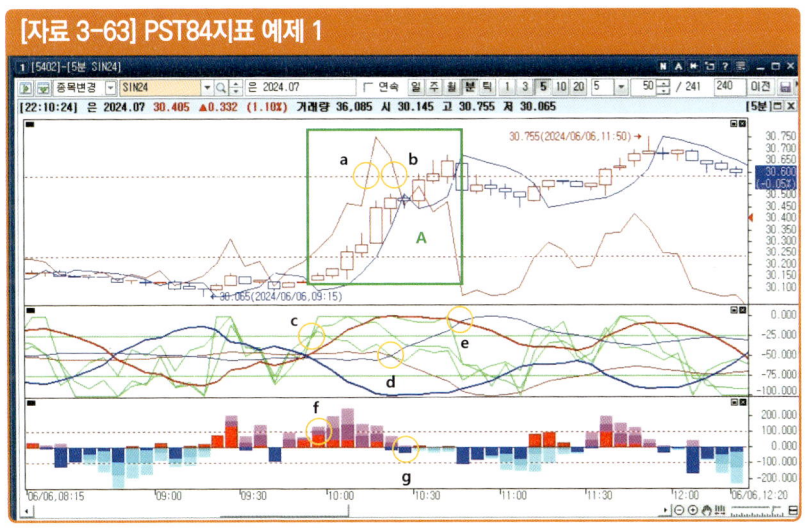

  [자료 3-63]은 '은 2024년 7월물' 종목으로 2024년 6월 6일 8시 15분부터 12시 20분까지 5분봉차트입니다. 추세 위에 PST55지표와 추세 아래에 PST84지표와 PST75지표를 불러봤습니다.

이번 자료에서는 PST31지표를 안 보고 거래해봤습니다. PST31지표를 안 본다는 것은 현재 추세를 타임 프레임으로 분석하지 않아도 거래할 수 있다는 것입니다. 이는 모든 구간에서 진입할 수 있다는 의미로 해석할 수 있습니다. 이해가 되시나요?

우선 PST55지표를 활용하면 a지점에서 f(T)가 ALU를 우상향으로 통과할 때 매수진입하고 b지점에서 다시 f(T)가 ALU를 우하향으로 통과할 때 매수청산하면 수익이 날 수 있음을 알 수 있습니다. 그런데 PST75지표를 활용하면 PST55지표보다 빠른 진입 시점을 알 수가 있습니다. f지점에서 빨간색 오실레이터가 윗 기준선을 우상향으로 통과할 때부터 매수진입으로 수익이 나기 시작하는 시점이기 때문입니다.

문제는 PST75지표는 매수진입으로 수익이 나기 시작하고 매수청산으로 수익이 끝나는 것만 알지 매수진입 시점을 추세의 기울기를 설정할 수 있는 PST55지표가 반드시 필요하다는 것이죠. 그래서 PST75지표를 활용해도 결국은 PST55지표도 같이 활용해서 매수진입 시점은 a지점입니다. 그리고 매수진입 후 보유하다가 g지점에서 빨간색 오실레이터 크기보다 파란색 오실레이터 크기가 크면 매수청산을 고려해야 합니다.

이번에는 PST84지표를 활용해보겠습니다. f지점보다 빠른 c지점에서 잠재신호인 녹색선 3개가 모두 위 기준선을 동일 상승 사이클 조건에서 우상향 통과할 때 매수진입을 하고 d지점에서 1차 매수청산을 하고 e지점에서 2차 매수청산을 하면 녹색 박스인 A영역만큼 수익을 기대할 수 있습니다.

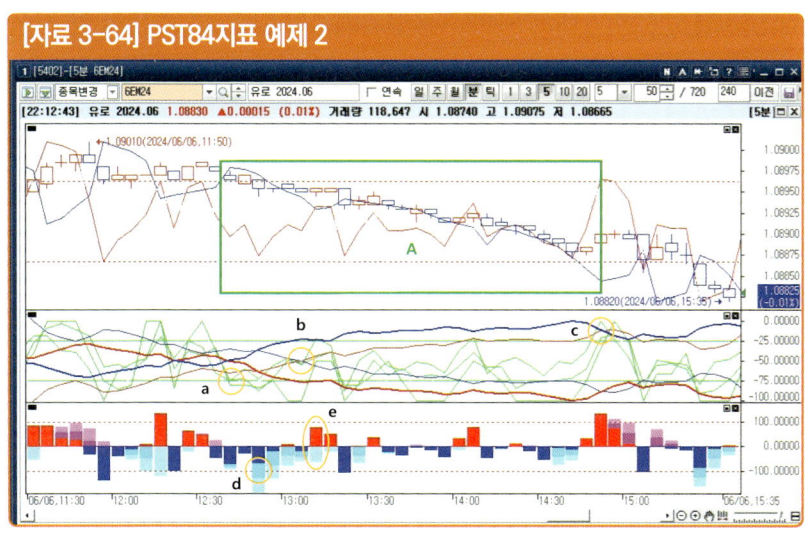

[자료 3-64]는 '유로 2024년 6월물' 종목으로 2024년 6월 6일 11시 30분부터 15시 35분까지 5분봉차트입니다. 추세 위에 PST55지표와 추세 아래에 PST84지표와 PST75지표를 불러봤습니다.

PST84지표는 잠재신호를 3개 사용해서 만들었습니다. 이전에 설명해드린 대로 일반신호보다 예비신호가 빠르고 예비신호보다 잠재신호가 더 빠르게 진입을 도와드립니다. 추세의 기울기를 설정할 수 있으면 진입 시 절대로 밀리지 않겠지만, 잠재신호는 추세의 기울기를 설정할 수 없으므로 진입 시 약간의 되돌림(P2구간)은 발생할 수 있지만 1분, 3분, 5분차트에서 모두 PST84지표로 진입조건을 만족하면 PST이론상 절대로 손절 5틱에 걸리지는 않으니 안심하셔도 좋습니다.

초창기 PST84지표에는 잠재신호가 두 개였지만 현재는 잠재신호를 한 개 더 추가해서 보다 안전하게 만들었습니다. 3개 잠재신호가 모두 위 기준선을 우상향으로 통과할 때만 매수진입을 할 수 있고, 모두 아래 기준선을 우하향으로 통과할 때만 매도진입을 할 수 있습니다. 그러나 이전에 반드시 2개의 사이클 동일하게 상승 사이클 또는 하락 사이클로 구성되어야 합니다. d지점보다 빠른 a지점에서 잠재신호 녹색선 3개가 아래 기준선을 모두 우하향으로 통과하기 때문에 매도진입을 합니다. 이때 반드시 5분차트보다 하위차트인 3분차트와 1분차트에서도 PST84지표를 활용해서 동일한 매도진입 조건이 나와야 합니다. 가는 파란색선과 가는 빨간색선이 교차하는 b지점에서 1차 매도청산을 할 수 있고 굵은 파란색선과 가는 빨간색선이 교차하는 c지점에서 2차 매도청산을 할 수 있습니다. 이는 e지점에서 매도청산보다 녹색 박스인 A영역만큼 더 많은 수익을 기대할 수 있습니다.

PST99지표 설명 및 이해
– PST55지표 업그레이드한 3차원 지표

여러분은 지금까지 PST2지표부터 PST84지표까지 배우셨습니다. 상위버전 지표가 하위버전 지표의 이론을 모두 포함하지만, 실전 거래에서 수익이 잘 안 나신다면 각 PST지표를 제가 만든 목적을 잘 이해하시면서 모의 거래로 충분히 최소한 30연승이 나온 후 실전 거래를 하시길 바랍니다.

거래의 3단계가 무엇일까요? 저는 진입, 보유, 청산이라고 수업시간에 말씀을 드립니다. 진입은 밀리지 않는 진입을 뜻하고, 보유는 편안한 보유를 뜻하며 청산은 베스트 청산을 뜻합니다.

밀리지 않는 진입은 진입 시 추세의 기울기를 설정해 진입 시 추세를 이루는 캔들이 ALU 또는 ALD를 통과할 때 1틱을 보내주어 확인하면서 진입하면 밀리지 않습니다. 편안한 보유는 여러분이 진입하는 추세의 위치가 타임 프레임상 P1구간과 P4-1구간이면 편안한 보유를 기대할 수 있습니다. 반대로 P1구간과 P4-1구간을 제외한 나머지 구간에서 진입하면 불편한 보유를 기대하셔야 합니다. 베스트 청산은 10분차트로 P1구간에서 진입하면 한 단계 하위차트인 5분차트에서 청산을 고려해야 하고, 10분차트로 P4-1구간에서 진입하면 두 단계 하위차트 인 3분차트에서 청산을 하면 됩니다. 물론 욕심을 내지 않으면 1분차 트에서 청산을 고려하시면 됩니다.

가장 어려운 것이 어느 단계인가요? 처음에는 진입 단계라고 생각하 겠지만 PST이론과 PST지표를 잘 활용해 연습을 많이 하면 밀리지 않 는 진입과 편안한 보유는 가능합니다. 그러나 청산 단계에서 대부분 욕 심을 내서 수익을 보다가 결국 손실로 결과가 바뀌는 경우가 많습니다. 그래서 저는 '거래의 3단계인 진입, 보유, 청산을 보다 효율적으로 하는 방법이 없을까?'라고 고민하다가 추세를 3차원적으로 분석하면 가능 하다는 것을 발견했습니다.

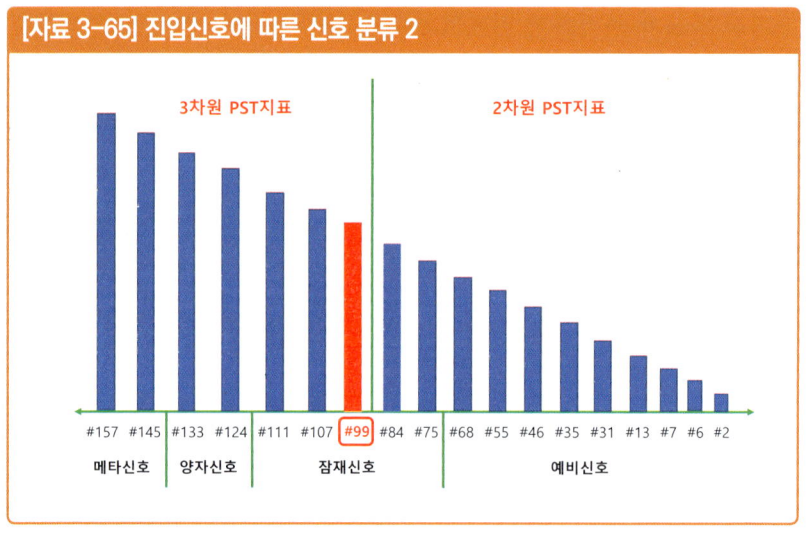

[자료 3-65]를 보면 PST99지표는 잠재신호에 속하지만, 추세를 3 차원적으로 분석하기 시작한 지표입니다. 추세를 3차원적으로 분석하

면 진입 시 더욱 정교하게 진입이 가능하고 보유도 더욱 편안할뿐더러 청산은 한 단계 하위차트가 아닌 기준차트와 같은 차트에서도 가능합니다. 물론 본인이 늦은 진입을 해서 보유하는 도중 수익이 손실로 바뀌면 청산은 청산신호가 나올 때 하는 것이 아니라 수익이 손실로 바뀌기 전에 해야 합니다.

[자료 3-66] PST지표와 타임 프레임상관관계

	P1	P4-1	P4-2	P2-1	P2-2	기울기	차원
PST 6지표	○	○	×	×	×	30도~90도	2차원
PST 13지표	○	○	○	○	×	45도~90도	2차원
PST 55지표	○	○	○	○	○	60도~90도	2차원
PST 99지표	○	○	○	○	○	60도~90도	3차원

[자료 3-66]은 각 PST지표에 대한 타임 프레임 간에 상관관계를 보여줍니다. 처음에 추세의 기울기란 개념을 PST6지표부터 도입했습니다. 그래서 PST6지표에서는 기울기를 30도 이상~90도 미만으로 설정을 하고 P1구간과 P4-1구간만 진입이 가능했습니다. 이후 PST13지표를 개발해 순방향 진입은 P1구간, P4-1구간, P4-2구간에서 가능합니다. 역방향 진입은 P2-1구간에서만 가능하게 되었고 이때 추세의 기울기는 45도 이상~90도 미만으로 설정을 했습니다. PST13지표로 그 당시에는 수강생들이 노벨상감이라고 극찬을 한 지표이었지만 P2-2구간에서 역방향 진입은 기울기가 약해서 불가능했습니다. 이후 PST이론을 계속 연구하다 PST55지표를 만들어 추세의 기울기를 60도 이상~90도 미만으로 설정했더니 P2-2구간을 포함한 모든 구간에서 진입할 수 있게 되었습니다. PST6지표, PST13지표, PST55지표를 계속 연구하면서 개발을 했지만, 이 당시 PST지표는 모두 추세를 2차원적으로 분석

한 것을 뒤늦게 깨달았습니다. 그래서 저는 PST55지표를 업그레이드한 PST99지표를 만들게 되었습니다. 현존하는 모든 오픈된 보조지표들은 PST이론상 모두 추세를 2차원적으로 분석한 지표입니다. 추세를 3차원적으로 분석하는 이론을 만들기까지 나름대로 고생이 있었지만, 저에게는 PST이론을 한층 발전시키는 계기가 되었습니다.

[자료 3-67] 3차원 지표의 장점

분류	일반 지표	2차원 지표	3차원 지표
추세의 시작, 끝	X	○	○○
추세의 기울기	X	○	○○
추세의 최고점, 최저점	X	○	○○
추세의 변동성 유무	X	○	○○
재진입 시점	X	○	○○
잠재신호	X	○	○○
양자신호, 메타신호	X	X	○

[자료 3-67]은 일반지표와 PST지표 중 2차원 지표와 3차원 지표 간에 장단점을 비교해봤습니다. 현재 오픈된 일반 보조지표(RSI, MACD, Bollinger Band, Moving Average 등)는 추세의 시작과 끝, 추세의 기울기, 추세의 최고점, 최저점, 추세의 변동성 유무, 재진입 시점, 잠재신호를 알 수가 없지만 2차원 PST지표는 모두 가능합니다. 그리고 2차원 PST지표보다 3차원 PST지표가 보다 한층 효과적인 거래가 가능합니다. 또한, 2차원 PST지표에서는 잠재신호는 나오지만 양자신호와 메타신호는 나오지 않지만 추후에 배우실 3차원 PST지표에서는 양자신호와 메타신호까지 여러분께 제공해 실전 거래에서 놀라운 수익 결과를 기대할 수 있습니다.

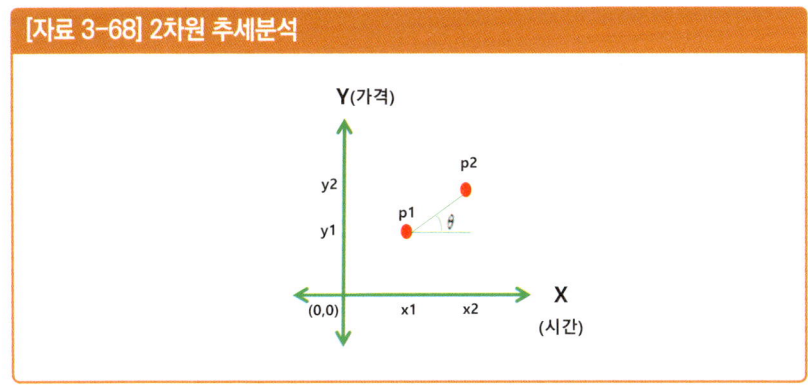

[자료 3-68] 2차원 추세분석

    PST이론상 2차원 거래는 추세를 [자료 3-68]처럼 2차원적으로 분석을 뜻합니다. 상승추세를 시간인 X축에 대해 가격인 Y축에 움직임을 기준점(0,0)에서부터 좌표평면 p지점의 위치를 (x,y)로 표현할 수 있습니다. 만약 추세가 p1에서 p2로 변동이 있었다면 상승추세의 기울기를 (y2-y1)/(x2-x1)로 구할 수 있습니다. 만약 x1에서 매수진입한 후 x2에서 매수청산을 하면 기대수익은 y2-y1이 됨을 2차원적으로 분석할 수 있습니다. 물론 하락추세도 마찬가지로 생각할 수 있는데 단지 차이점은 상승추세의 기울기는 탄젠트 기울기를 보이지만 하락추세의 기울기는 아크탄젠트 기울기를 보이게 됩니다.

[자료 3-69] 3차원 추세분석

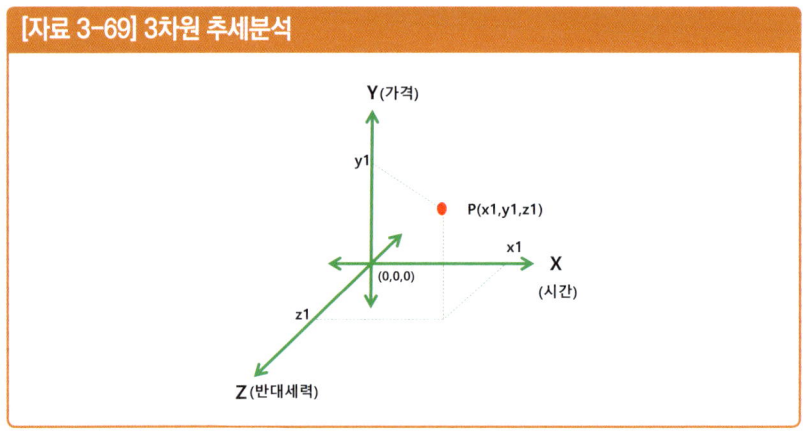

　PST이론상 3차원 거래는 추세를 [자료 3-69]처럼 3차원적으로 분석을 뜻합니다. 상승추세를 시간인 X축, 가격인 Y축, 반대세력인 Z축에 움직임을 기준점(0,0,0)에서부터 좌표평면 p지점의 위치를 (x1,y1,z1)로 표현할 수 있습니다.

　PST99지표는 추세를 3차원적으로 분석해서 만든 지표입니다. 추세를 3차원적으로 분석하기 위해서는 다음과 같은 전제조건이 필요합니다.

1. 시간의 변동은 X축, 가격의 변동은 Y축, 반대세력의 변동은 Z축에서 발생합니다.
2. 현재 시점에서 추세는 시간의 흐름에 따라 X축에서 우측으로만 존재하고, 가격은 Y축에서 위아래에서 모두 존재하고 반대세력은 유무의 크기에 따라서 부피 개념의 수익과 손실로 계산될 수 있습니다.
3. 추세는 한 사이클 안에서만 존재하고 사이클의 시작과 끝은 X축에서만 존재합니다. 예를 들어 상승 사이클에서는 상승추세만 존재하고 하락 사이클에서는 하락추세만 존재합니다. 사이클은 X축-Y축, X축-Z축, X축-Y축-Z축 모두 존재합니다.

4. 매수진입으로 수익이 나기 위해서는 매수진입 가격보다 매수청산 가격이 높아야 하고, 매도진입으로 수익이 나기 위해서는 매도진입 가격보다 매도청산 가격이 낮아야 합니다.
5. 수익과 손실이 나기 위해서는 X축-Y축, X축-Z축에 기울기가 존재해야 합니다.

PST99지표는 PST55지표를 업그레이드한 3차원 지표입니다. PST55지표는 추세를 2차원적으로 분석해서 시간 X축에 대해서 거래 가능 시간(TT) 동안 추세 함수인 f(T)를 적분으로 한 번 계산합니다. PST55지표에 대한 자세한 설명은 목차 중 PST55지표 부분에서 다시 확인하시길 바랍니다.

그러나 PST99지표는 PST55지표를 3차원적으로 분석해서 시간 X축에 대해서 거래 가능 시간 동안 추세 함수인 f(T)를 Z축으로 적분을 포함한 것입니다.

$$\text{PST55지표}: \int_b^a f(T)dt \rightarrow \text{PST99지표}: \int_b^a [\int_d^c f(T)dt]dt$$

PST99지표는 이중적분 계산법입니다. 시간 X축에 대해 반대세력인 Z축과 먼저 적분한 다음 시간 X축에 대해 가격인 Y축으로 적분을 한 번 더 하면 추세의 흐름을 실시간으로 정확하게 파악할 수 있습니다. 적분을 두 번 한다고 해서 너무 어렵다고 생각하지 마십시오. PST이론상 그렇다는 것이고, 실제로 PST지표를 보면 육안상 보시기에 어렵지 않으니 PST99지표를 활용해서 연습을 많이 하시길 바랍니다.

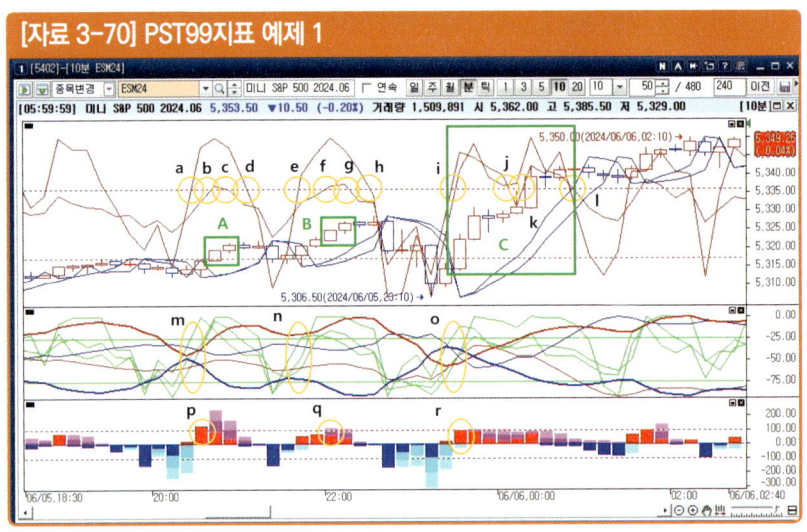

[자료 3-70]은 '미니 S&P500 2024년 6월물' 종목으로 2024년 6월 5일 18시 30분부터 6월 6일 2시 40분까지 10분봉차트입니다. 추세 위에 PST99지표와 추세 아래에 PST84지표와 PST75지표를 불러봤습니다.

PST99지표는 PST55지표를 업그레이드한 지표로 이중적분을 응용했습니다. 적분을 두 번 하기 때문에 f(T)도 X축-Z축, X축-Y축에 대해서 각각 존재하고 TT 또한 각각 존재합니다. a지점을 보면 한 개 f(T)가 ALU를 우상향 통과하면 매수진입 준비를 하고 나머지 f(T)가 ALU를 b지점에서 ALU를 우상향 통과할 때 매수진입합니다. 매수청산은 c지점에서 f(T)가 ALU를 우하향 통과할 때 1차 매수청산하면 녹색 박스인 A영역만큼 수익을 기대할 수 있습니다. 물론 d지점에서 나머지 f(T)가 ALU를 우하향 통과할 때 2차 매수청산을 하면 상승보합까지 횡보하기 때문에 추가 수익이 날 수도 있고 상승 보합으로 끝날 수도 있습니다. b지점에서 해당하는 m지점을 PST84지표로 확인하면 사이클이 맞지 않아서 동작하지 않습니다. PST75지표에서 p지점 보다도 더 빠른 진입을 PST99지표가 제공합니다. 녹색 박스인 B영역도 동일한 방법으로 e, f, g, h지점과 n, q지점을 비교해 보시길 바랍니다.

    i지점을 보면 f(T)인 빨간색선 2개가 거의 동시에 ALU를 우상향을 통과한 것을 볼 수 있습니다. 이 의미는 매우 강한 상승 캔들이 출현하는 것을 뜻하기에 매수진입을 해야 합니다. 동일 위치에서 o지점을 보면 사이클이 안 맞아서 PST84지표는 동작이 안 되고 PST75지표도 빨간색, 파란색 오실레이터가 동시에 나타나는 것을 알 수 있습니다. j, k지점에서 매수청산과 매수진입을 해도 되지만 l지점에서 매수청산을 하면 녹색 박스인 C영역만큼 수익을 기대할 수 있습니다.

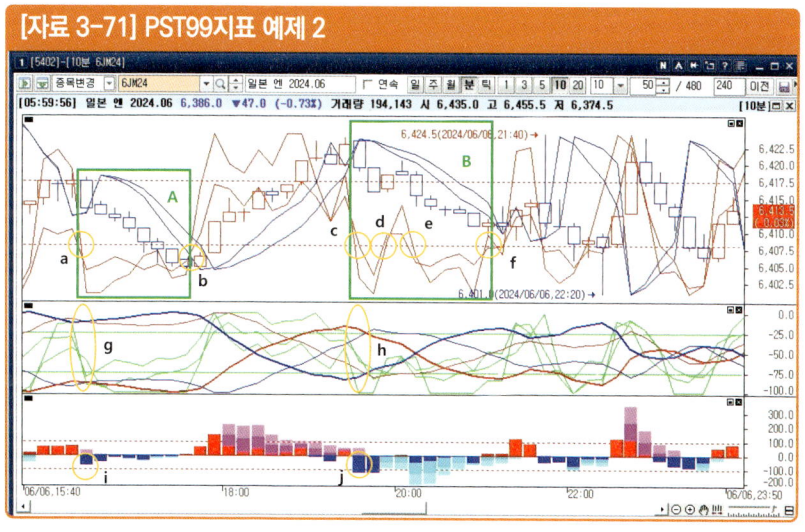

[자료 3-71]은 '일본 엔 2024년 6월물' 종목으로 2024년 6월 6일 15시 40분부터 23시 50분까지 10분봉차트입니다. 추세 위에 PST99지표와 추세 아래에 PST84지표와 PST75지표를 불러봤습니다.

a지점에서 2개 f(T)인 빨간색선이 ALD를 동시에 우하향으로 통과할 때 매도진입을 합니다. 동일한 위치인 g지점을 보면 PST84지표에서 사이클이 안 맞아서 PST84지표는 동작이 되질 않습니다. 그리고 i지점을 보면 빨간색, 파란색 오실레이터가 동시에 존재하고 아래 기준선을 우하향으로 통과하지도 않기 때문에 PST75지표 역시 동작하지 않습니다. 이렇듯이 PST99, 84, 75지표를 동시에 활용할 때 가장 최우선으로 볼 것은 PST99지표임을 잊지 마시길 바랍니다. a지점에서 매도진입할 때 음봉 아래에 파란색 TT가 있네요. PST55지표에서는 매도진입 할 때 반드시 음봉 위에 TT가 있을 때만 매도진입을 하고 음봉 아래에 TT가 있으면 그 순간에 TT는 매수TT로 동작하기 때문에 관망하라고 가르쳤습니다. 그러나 PST99지표를 활용하면 매도TT일 때도 매수진입이 가능하고 매수TT일 때도 매도진입이 가능합니다. b지점에서 f(T)가 매도TT를 우상향으로 통과할 때 매도청산을 하면 녹색 박스인 A영역만큼 수익을 기대할 수 있습니다.

　PST99지표를 활용하면 추세의 위치와 관계없이 모든 구간에서 진입과 청산이 가능하기에 c지점, e지점에서 매도진입을 한 다음 d지점, f지점에서 매도청산을 할 수 있습니다. 그런데 c지점에서 매도진입을 한 다음 상위차트에서 1차 매도청산이 안 나오면 하위차트에서 2차 매도청산인 f지점에서 하면 녹색 박스인 B영역만큼 수익을 기대할 수 있습니다. 그리고 h지점에서 PST84지표와 j지점에서 PST75지표는 동작하지 않았습니다.

PST107지표 설명 및 이해
- PST75지표 업그레이드한 3차원 지표

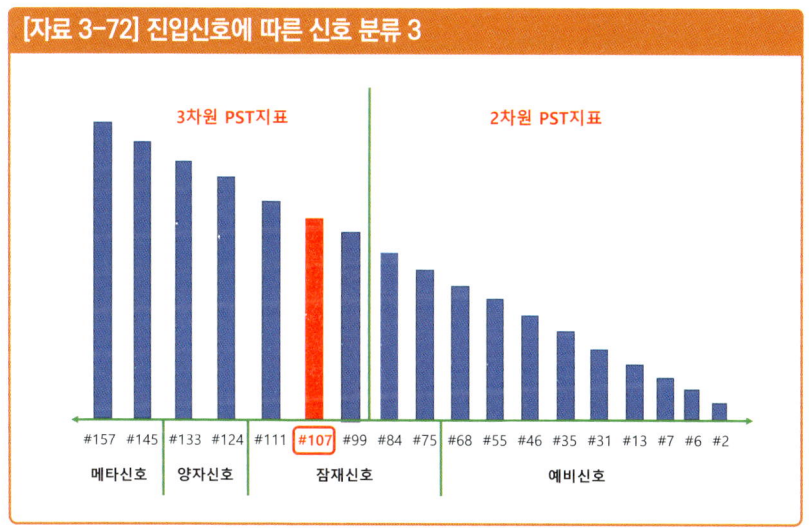

[자료 3-72]에서 보는 것처럼 PST107지표는 잠재신호에 속하는 3차원 지표입니다. 여러분은 그전에 공부한 PST지표 중에서 어느 PST 지표를 가장 좋아하시나요? 저는 그전에 개발한 PST지표 중 가장 애착

을 가진 PST지표는 PST75지표입니다. PST75지표는 수익이 나는 구간의 시작과 끝을 알려주는 매우 유용한 2차원 PST지표입니다. 그런데 제가 PST이론을 연구하다가 추세를 2차원과 3차원을 분석하면서부터 기존에 만든 2차원 PST지표를 업그레이드하기 시작했습니다. 추세를 2차원적 분석보다는 3차원적 분석이 더욱 정교한 진입과 더욱 편안한 보유와 더욱 정확한 청산이 가능하게 되었습니다. PST75지표의 단점은 진입 시점은 반드시 추세의 기울기를 설정할 수 있는 PST지표가 하나 더 필요하다는 것과 진입 후 빨간색 오실레이터와 파란색 오실레이터가 동시에 보이면 정확한 해석이 쉽지 않다는 것입니다. 그러나 PST107지표가 이 두 가지 단점을 모두 보완했습니다.

PST이론상 2차원 지표는 추세를 시간인 X축에 대해서 가격이 Y축에 나타난다고 생각하고 3차원 지표는 추세를 시간을 X축, 가격을 Y축, 반대세력을 Z축으로 입체적으로 생각합니다. 그리고 PST이론상 추세에 대한 진입신호는 일반신호, 예비신호, 잠재신호, 양자신호, 메타신호가 있다고 생각합니다. 손실 보는 트레이더 사용하는 오픈된 보조지표에서 나타나는 신호는 일반신호입니다. 기존에 출간된 책에서 오픈된 보조지표(RSI, MACD, Bollinger Band, Moving Average 등)는 과거 데이터를 가지고 와서 계산하는 왜곡된 계산법이 들어가기 때문에 여기서 나타나는 진입신호는 늦을 수밖에 없다는 설명을 이미 해드렸습니다. 간혹 손실 보는 트레이더 중에서 저에게 오픈된 보조지표를 보고 나타나는 일반신호를 보고 거래를 했을 때 수익이 날 때도 있고, 손실이 날 때도 있다고 말할 수 있겠지만, PST이론상 실전 거래에서 이길 수 있는 확률이 50%일 때는 거래를 하지 않고 수익이 날 확률이 100%일 때만 거래를 해야 합니다. 그러므로 PST교육을 받은 수강생들은 오픈된 일반 보조지표에서 나오는 일반신호는 관심이 없습니다.

PST107지표에서 나오는 잠재신호 2개는 추세를 3차원적으로 분석한 후 진입 시점을 여러분께 알려줍니다. 진입 후 보유 시 빨간색 오실레이터와 파란색 오실레이터가 동시에 출현하지 않기 때문에 보유가 편안합니다. PST이론상 빨간색 오실레이터와 파란색 오실레이터의 차이를 이미 계산해서 하나의 색깔로 표현되어 나타납니다.

진입 후 청산 또한 1차 청산과 2차 청산으로 분류해서 여러분이 원하는 대로 청산을 하면 됩니다. 단 너무 늦은 진입으로 보유 시 잔고가 마이너스가 되면 청산을 고려해야 합니다.

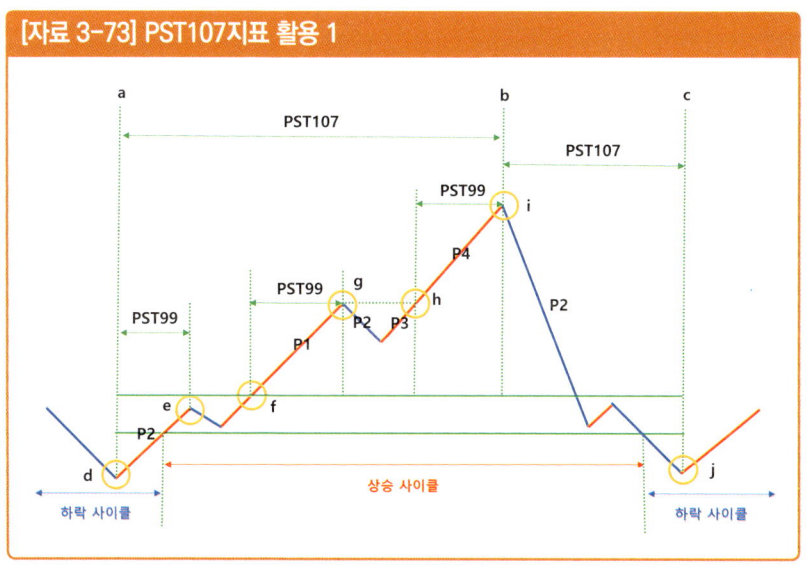

[자료 3-73]은 상승 사이클 기준으로 3차원 PST지표인 PST99지표와 PST107지표를 사용해서 수익을 낼 수 있는 구간의 시작과 끝을 보여줍니다. 상승추세를 3차원으로 분석한 PST지표의 장점은 추세를 타임 프레임으로 계산해서 P1, P2, P3, P4구간에 관계없이 모든 구간에

서 진입할 수 있다는 것입니다. PST99지표를 활용하면 하락 사이클 구간인 d지점부터 e지점까지 수익을 낼 수 있고, 이 구간은 P2구간에 해당합니다. 또한, PST99지표를 활용하면 상승 사이클 구간인 f지점부터 g지점까지 수익을 낼 수 있고, 이 구간은 P1구간에 해당합니다. 그리고 PST99지표를 활용하면 상승 사이클 구간인 h지점부터 i지점까지 수익을 낼 수 있고, 이 구간은 P4구간에 해당합니다. 이처럼 PST99지표는 하락 사이클, 상승 사이클 관계없이 PST99지표 자체로 진입조건이 되면, 진입해서 수익을 기대할 수 있습니다. 그러나 PST107지표가 있으면 하락 사이클인 a지점부터 상승 사이클인 b지점까지 매수진입으로 수익을 기대할 수 있고 반대로 상승 사이클인 b지점부터 하락 사이클인 c지점까지 매도진입해서 수익을 기대할 수도 있습니다.

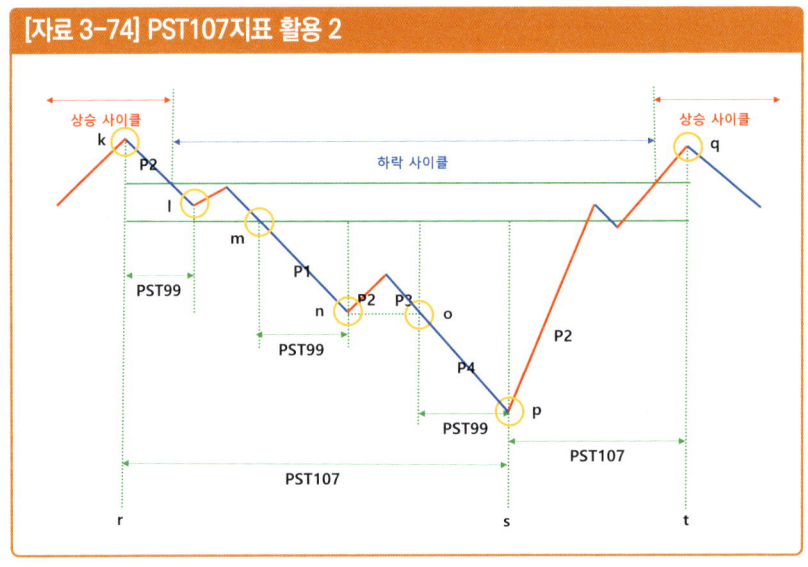

[자료 3-74] PST107지표 활용 2

[자료 3-74]는 하락 사이클 기준으로 3차원 PST지표인 PST99지표와 PST107지표를 사용해서 수익을 낼 수 있는 구간의 시작과 끝을 보

여줍니다. 하락추세를 3차원으로 분석한 PST지표의 장점은 추세를 타임 프레임으로 계산해서 P1, P2. P3, P4구간에 관계없이 모든 구간에서 진입할 수 있다는 것입니다. PST99지표를 활용하면 상승 사이클 구간인 k지점부터 l지점까지 수익을 낼 수 있고, 이 구간은 P2구간에 해당합니다. 또한, PST99지표를 활용하면 하락 사이클 구간인 m지점부터 n지점까지 수익을 낼 수 있고, 이 구간은 P1구간에 해당합니다. 그리고 PST99지표를 활용하면 하락 사이클 구간인 o지점부터 p지점까지 수익을 낼 수 있고, 이 구간은 P4구간에 해당합니다. 이처럼 PST99지표는 상승 사이클, 하락 사이클 관계없이 PST99지표 자체로 진입조건이 되면 진입해서 수익을 기대할 수 있습니다. 그러나 PST107지표가 있으면 상승 사이클인 r지점부터 하락 사이클인 s지점까지 매도진입으로 수익을 기대할 수 있습니다. 반대로 하락 사이클인 s지점부터 상승 사이클인 t지점까지 매수진입으로 수익을 기대할 수도 있습니다.

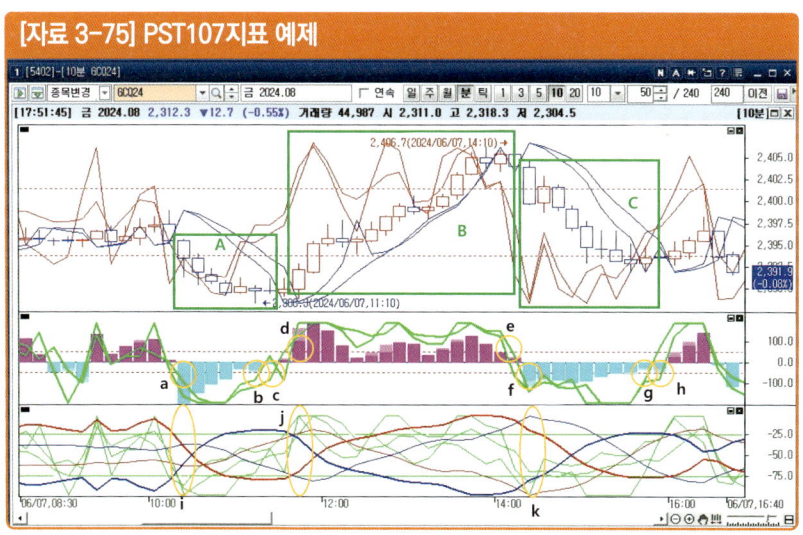

[자료 3-75] PST107지표 예제

[자료 3-75]는 '금 2024년 8월물' 종목으로 2024년 6월 7일 8시 30분부터 16시 40분까지 10분봉차트입니다. 추세 위에 PST99지표와 추세 아래에 PST107지표와 PST84지표를 불러봤습니다.

PST84지표를 활용하면 i지점, j지점, k지점 모두 2개의 사이클 내용이 다르기 때문에 진입할 수 없습니다. 물론 PST99지표를 보고 진입할 수 있지만, 녹색 박스인 B영역과 C영역에서는 진입, 청산을 여러 번 반복해야 하는 단점이 있습니다. 그러나 PST107지표를 보면 아주 쉽게 진입, 보유, 청산이 가능합니다.

한번 살펴볼까요? a지점에서 아래 기준선을 잠재신호인 녹색선 2개와 하늘색 오실레이터가 우하향으로 동시에 통과할 때 매도진입을 한 후 b지점에서 녹색선 한 개가 다시 아래 기준선을 우상향할 때 1차 매도청산을 합니다. c지점에서 나머지 녹색선 한 개가 다시 아래 기준선을 우상향할 때 2차 매도청산을 하면, 녹색 박스인 A영역만큼 수익을 기대할 수 있습니다. 일반적으로 1차 청산한 이후 2차 청산까지 보유할 때는 보합 구간을 유지하기 때문에 수익이 추가로 날 수도 있고, 수익이 별로 안 날 수도 있습니다. d지점에서는 반대로 위 기준선을 잠재신호인 녹색선 2개와 분홍색 오실레이터가 우상향으로 동시에 통과할 때 매수진입을 한 후 e지점에서 녹색선 2개가 모두 위 기준선을 우하향으로 통과할 때 매수청산을 하면 녹색 박스인 B영역만큼 수익을 기대할 수 있습니다. f지점에서 매도진입은 a지점에서 매도진입과 같은 방법을 적용하면 됩니다. g지점과 h지점처럼 녹색선이 따로 기준선을 우상향 통과하면 1차 매도청산과 2차 매도청산으로 분류할 수 있고, 녹색 박스인 C영역만큼 수익을 기대할 수 있습니다.

PST111지표 설명 및 이해
- 첫 진입과 재진입이 최고인 3차원 지표

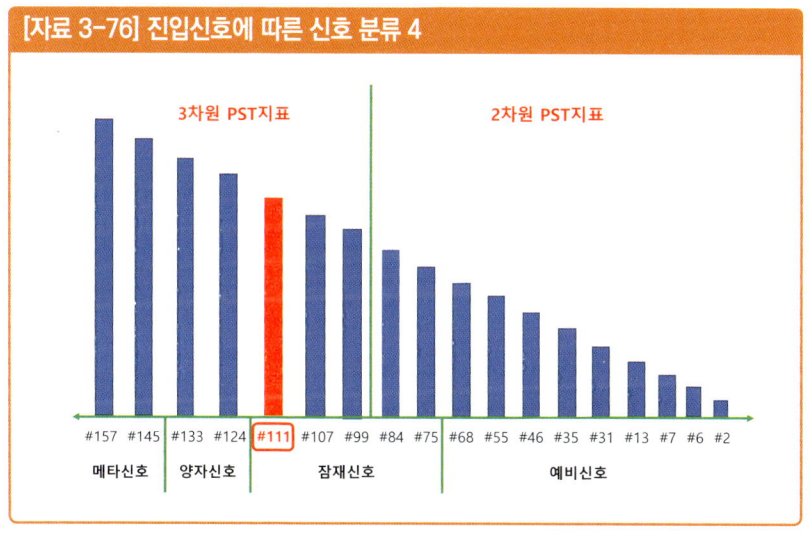

[자료 3-76] 진입신호에 따른 신호 분류 4

[자료 3-76]에서 보는 것처럼 PST111지표는 잠재신호에 속하는 3차원 지표 중 최상위 버전입니다. 여러분은 이전에 배운 잠재신호인 PST107지표와 PST99지표를 활용해서 어느 정도는 수익을 잘 내시리

라 믿습니다. 잠재신호를 보여주는 PST지표는 추세의 위치와 관계없이 모든 구간에서 진입조건만 나오면 타임 프레임을 맞추어 거래하면 수익을 기대할 수 있습니다. 그런데 문제는 여러분이 거래하기 위해서 컴퓨터를 켜면 진입 시점은 대부분 지나갔다는 것입니다. 그러면 어떻게 해야 할까요?

일반적으로 P4구간에서 진입보다는 P1구간에서 첫 진입 시점에서 많은 수익을 기대할 수 있습니다. 그래서 여러분은 실전 거래에서 2가지 선택을 할 수 있습니다.

첫 번째는 P1구간에서 진입이 나올 수 있는 다른 종목을 찾는 것입니다. 두 번째는 P1구간에서 진입이 지나간 종목을 다시 P4구간에서 재진입을 하는 것입니다. 여기서 재진입은 상승 사이클에서는 매수진입을 뜻하고 하락 사이클에서는 매도진입을 뜻합니다. 재진입을 하기 위해서는 반드시 확인해야 할 것이 있는데, 그것은 여러분이 재진입해도 수익이 날 수 있지를 확인해야 합니다.

그러면 P1구간에서 첫 진입을 놓치고 P4구간에서 재진입을 했을 때 수익이 나기 위한 비밀은 무엇일까요? 그 비밀은 여러분이 보는 기준차트보다 한 단계 높은 상위차트에서 1차 청산이 나오지 않으면 재진입해서 수익을 기대할 수 있습니다. 예로 기준차트를 10분으로 본다면 하위차트는 5분, 3분, 1분차트가 해당하고 상위차트는 30분차트가 됩니다. 그렇다고 상위차트를 두 단계 이상 60분차트, 120분 등을 띄워서 같이 볼 필요는 없습니다. 상위차트가 클수록 수익을 더 많이 기대할 수 있지만 P2구간의 노이즈가 생기는 변동성을 참고 보유하기란 해외선물 거래에서는 쉽지 않습니다.

진입 시 밀리지 않는 진입을 원하면 추세의 기울기를 설정할 수 있는

PST지표를 사용하면 됩니다. 잠재신호를 보여주는 PST지표 중 기울기를 설정할 수 있는 지표는 PST99지표입니다. PST99지표는 매수진입 시 탄젠트 60도 이상~90도 미만을 설정할 수 있고 매도진입 시 아크탄젠트 60도 이상~90도 미만을 설정할 수 있습니다. 안전한 진입은 매수진입 시 양봉이 매수 면적 안에 존재해야 하고, 매도진입 시 음봉이 매도면적 안에 존재해야 합니다. 그러나 실전 거래에서는 면적 밖에서도 추세가 같은 방향으로 크게 진행하는 것을 볼 수 있습니다. 또한, PST107지표를 활용해서 진입 시 잠재신호 2개와 오실레이터가 기준선을 통과할 때 진입조건이 되지만 실전 거래에서는 진입조건을 만족하지 않을 때도 추세가 같은 방향으로 크게 진행하는 것을 볼 수 있습니다. 이렇게 PST99지표나 PST107지표를 활용했을 때 진입조건이 맞지 않을 때도 PST111지표는 진입할 수 있는 막강한 기능을 가졌습니다. 잠재신호를 보여주는 PST지표는 개인적으로 제일 좋아하는 지표는 PST111지표입니다. 아마 여러분도 PST111지표를 활용해서 수익을 쉽게 얻으시면 저보다도 더 좋아하실지도 모르겠네요.

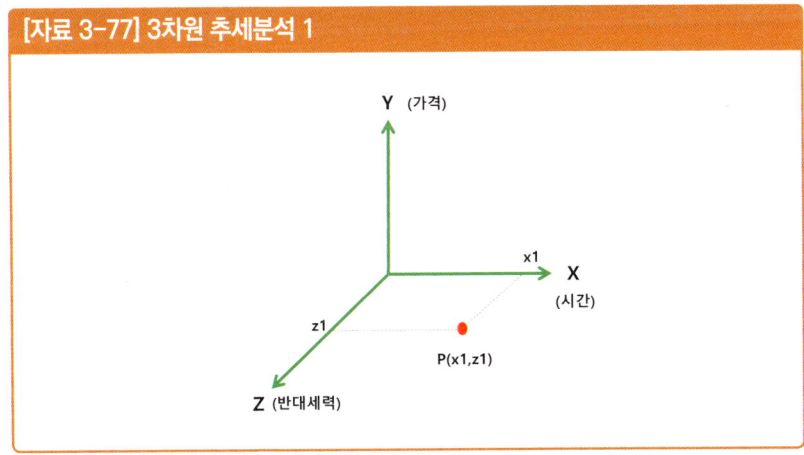

[자료 3-77] 3차원 추세분석 1

[자료 3-77]처럼 PST이론상 추세를 3차원적으로 시간을 X축, 가격을 Y축, 반대세력을 Z축으로 생각합니다. PST111지표는 추세를 X축으로 시간이 흘러감에 따라 만들어질 때 추세를 만들 수 있는 경우의 수를 모두 고려했습니다. 그 결과 3차원 추세분석이 2차원 추세분석보다 훨씬 정교한 진입과 청산, 재진입과 청산을 할 수 있게 되었습니다. 어느 특정 시각 x1에 대한 반대세력 z1의 좌표를 P(x1,z1)라 생각하고 P로 그려지는 추세를 'T1'이라고 생각하겠습니다.

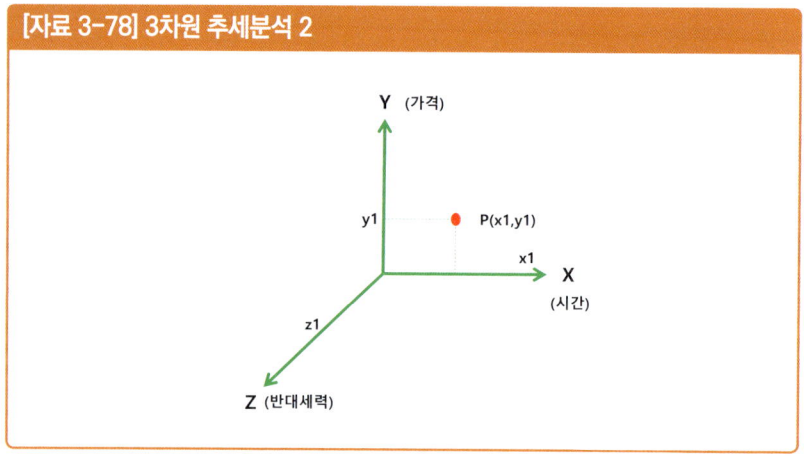

[자료 3-78] 3차원 추세분석 2

[자료 3-78]처럼 어느 특정 시각 x1에 대한 가격 y1의 좌표를 P(x1,y1)라 생각하고 P로 그려지는 추세를 'T2'이라고 생각하겠습니다.

[자료 3-79]처럼 어느 특정 시각 x1에 대한 가격 y1과 반대세력 z1의 좌표를 P(x1,y1,z1)라 생각하고 P로 그려지는 추세를 'T3'이라고 생각하겠습니다.

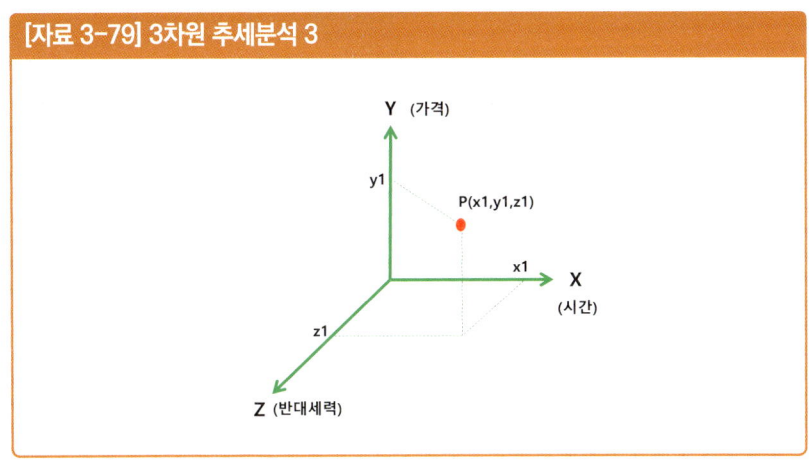

[자료 3-79] 3차원 추세분석 3

 손실 보는 트레이더는 추세를 상승, 보합, 하락 3가지로 분류하지만 PST이론은 추세를 상승강화, 상승보합, 횡보보합, 하락보합, 하락강화 5가지로 분류합니다. 그래서 이 5가지 분류한 각각의 추세를 3차원으로 분석한 결과와 상관관계를 생각하면 다음과 같습니다.

> T1(굵기1) : X축-Z축 ≥ 상승보합 또는 하락보합 ≥ 60
> T2(굵기2) : X축-Y축 ≥ 상승강화 또는 하락강화 ≥ 80
> T3(굵기3) : X축-Y축-Z축 ≥ 상승 사이클 또는 하락 사이클 ≥ 50

 첫 매수진입으로 수익을 기대하기 위해서는 반드시 T3가 하락 사이클에서 상승 사이클로 바뀌어야 합니다. 이 경우는 굵기3으로 표시된 굵은 빨간색선이 50 이상으로 우상향 통과해야 합니다. 그리고 T1이 상승보합으로 표현되어야 하므로 굵기1로 표시된 빨간색선이 60 이상으로 우상향 통과해야 합니다. 마지막으로 T2가 상승강화로 표현되어야 하므로 굵기2로 표시된 빨간색선이 80 이상으로 우상향 통과해야 합니다.

한 상승 사이클 내에서 두 번째 이후 재상승일 때 매수진입으로 수익을 기대하기 위해서는 T3가 50 이상을 계속 유지하고 있는 상황에선 T1 또는 T2가 50 이하로 내려갔다가 다시 50 이상으로 올라가면서 T1 ≥ 60, T2 ≥ 80 매수진입 조건을 충족할 때 매수진입이 가능합니다. 그리고 여러분이 안전하게 매수진입으로 수익을 원하신다면 T1 ≥ T2 ≥ T3 또는 T2 ≥ T1 ≥ T3 조건을 맞추길 바랍니다.

첫 매도진입으로 수익을 기대하기 위해서는 반드시 T3가 상승 사이클에서 하락 사이클로 바뀌어야 합니다. 이 경우는 굵기3으로 표시된 굵은 파란색선이 50 이상으로 우상향 통과해야 합니다. 그리고 T1이 하락보합으로 표현되어야 하므로 굵기1로 표시된 파란색선이 60 이상으로 우상향 통과해야 합니다. 마지막으로 T2가 하락강화로 표현되어야 하므로 굵기2로 표시된 파란색선이 80 이상으로 우상향 통과해야 합니다. 한 하락 사이클 내에서 두 번째 이후 재하락일 때 매도진입으로 수익을 기대하기 위해서는 T3가 50 이상을 계속 유지하고 있는 상황에선 T1 또는 T2가 50 이하로 내려갔다가 다시 50 이상으로 올라가면서 T1 ≥ 60, T2 ≥ 80 매도진입 조건을 충족할 때 매도진입이 가능합니다. 그리고 여러분이 안전하게 매수진입으로 수익을 원하신다면 T1 ≥ T2 ≥ T3 또는 T2 ≥ T1 ≥ T3 조건을 맞추길 바랍니다.

참고로 T1, T2, T3는 각각 시간을 포함한 추세를 뜻합니다. 표현 방법으로 빨간색선과 파란색선 모두 가지고 있습니다.

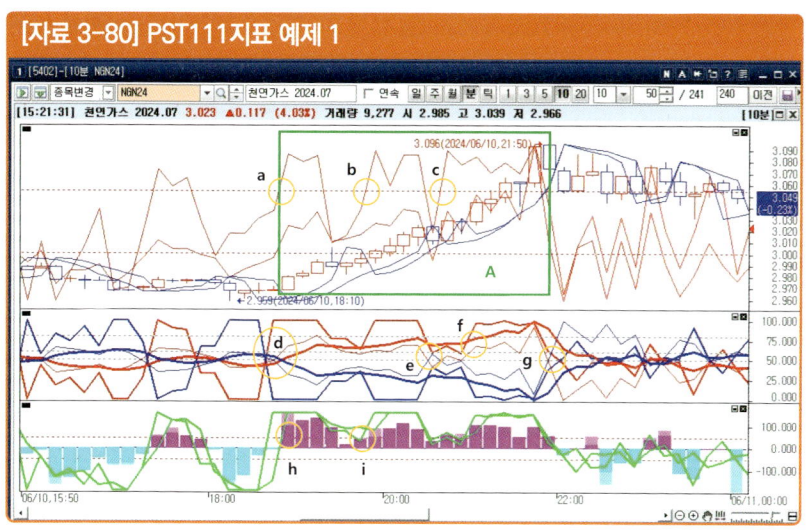

[자료 3-80]은 '천연가스 2024년 7월물' 종목으로 2024년 6월 10일 15시 50분부터 6월 11일 0시까지 10분봉차트입니다. 추세 위에 PST99지표와 추세 아래에 PST111지표와 PST107지표를 불러봤습니다.

여러분은 3차원 PST지표인 PST99, 107, 111지표 중 어느 것을 최우선으로 보실 건가요? 응용을 잘해서 수익을 잘 내는 수강생은 PST지표 활용할 때 우선 순위를 보고합니다. 물론 각각의 PST지표를 만든 목적이 있지만, 일반적으로 버전이 높을수록 더욱 단점이 줄고 장점이 많이 만들었음을 제가 자부합니다. 위의 3가지 PST지표를 활용할 때는 당연히 PST111지표를 최우선으로 보고 거래의 3요소인 진입, 보유, 청산을 정하셔야 합니다. 만약 PST99지표를 최우선으로 보고 매수진입을 하려고 하면 a, b, c 지점에서 두 개의 빨간선인 f(T)가 ALU를 모두 우상향으로 통과하지 않고 한 개만 통과하기 때문에 매수진입할 수 없고, 관망해야 합니다. 그리고 만약 PST107지표를 최우선으로 보고 매수진입을 하려고 하면 h지점에서 잠재신호인 두 개의 녹색선과 분홍색 오실레이터가 위 기준선을 모두 우상향으로 통과하기 때문에 매수진입이 가능합니다. 하지만 i지점에서 한 개의 녹색선이 기준선을 우하향으로 통과할 때, 1차 매수청산을 해야 합니다. 물론 107지표를 활용해서 이후 매수진입을 하고 매수청산을 하고 다시 매수진입을 하고 매수청산을 해서 수익을 기대할 수 있지만, 이 방법보다는 PST111지표를 최우선으로 활용하면 더욱 쉽습니다. d지점에서 매수진입 조건을 만족해 매수진입을 한 후 e지점에서 T1이 교차할 때 매수청산을 한 후 f지점에서 재매수진입 조건을 만족해 매수진입을 한 후 g지점에서 매수청산을 하면 녹색 박스인 A영역에서 수익을 기대할 수 있습니다.

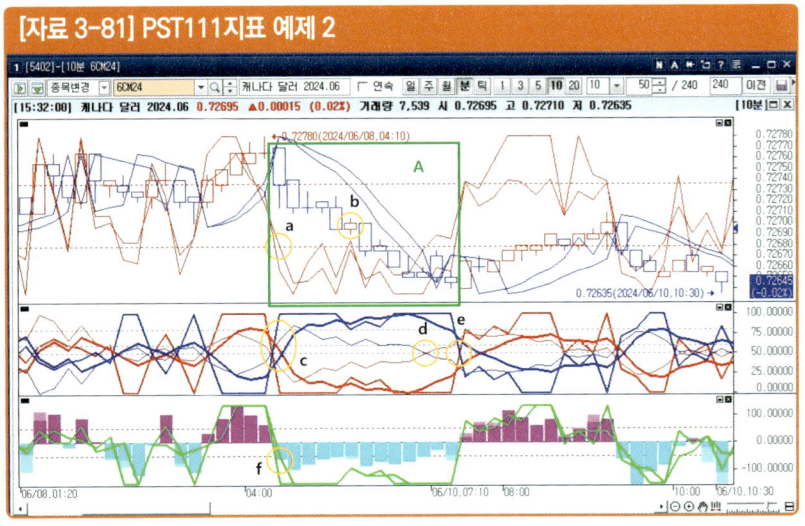

[자료 3-81]은 '캐나다 달러 2024년 6월물' 종목으로 2024년 6월 8일 1시 20분 부터 6월 10일 10시 30분까지 10분봉차트입니다. 추세 위에 PST99지표와 추세 아래에 PST111지표와 PST107지표를 불러봤

습니다.

　PST111지표를 구성하는 T1, T2, T3는 시간인 X축을 포함한 X축-Z축, X축-Y축, X축-Y축-Z축에 관한 각각의 추세를 백분율 안에서 표현됩니다. 밀리지 않는 진입을 하는 방법은 두 가지가 있는데 하나는 추세의 기울기를 설정하는 방법이고 다른 하나는 추세를 강화 구간(80~100%)에서 하는 방법입니다. PST99지표는 a지점에서 추세의 기울기를 아크탄젠트 60도 이상~90도 미만으로 설정할 수 있지만, 연습을 충분히 하지 않으면 매번 늦은 진입을 할 수 있습니다. PST107지표는 f지점에서 추세를 기울기를 설정하지 못하고 추세를 퍼센트로도 설정하지 못합니다. 그러나 PST111지표는 추세를 퍼센트로 설정을 할 수 있으므로 추세를 기울기로 설정하는 PST99지표보다는 진입이 쉽습니다. 더욱이 진입할 때 T1, T2, T3의 위치를 확인하면 진입에 대한 믿음이 더욱 강해집니다. 기준차트로 T1 $\geq$ T2 $\geq$ T3 또는 T2 $\geq$ T1 $\geq$ T3 조건이 되면 가능한 거래를 해야 합니다. 쉽게 수익이 나는 기회가 자주 오질 않기 때문입니다. c지점을 보니 T2 $\geq$ T1 $\geq$ T3 조건이 되기 때문에 매도진입을 합니다. PST111지표의 장점인 동차트로 T1 교차인 d지점에서 1차 매도청산까지는 편안한 보유와 확실한 수익을 기대할 수 있다는 것입니다. 보유 중 b지점에서 양봉은 실제로 매수진입이 아니라 매도청산으로 해석이 맞고 T1 교차 전까지는 보유를 계속해야 합니다. e지점에서 T2 교차인 2차 매도청산을 하면, 녹색 박스인 A영역만큼 수익을 기대할 수 있습니다.

PST124지표 설명 및 이해
- PST31지표 업그레이드한 3차원 지표

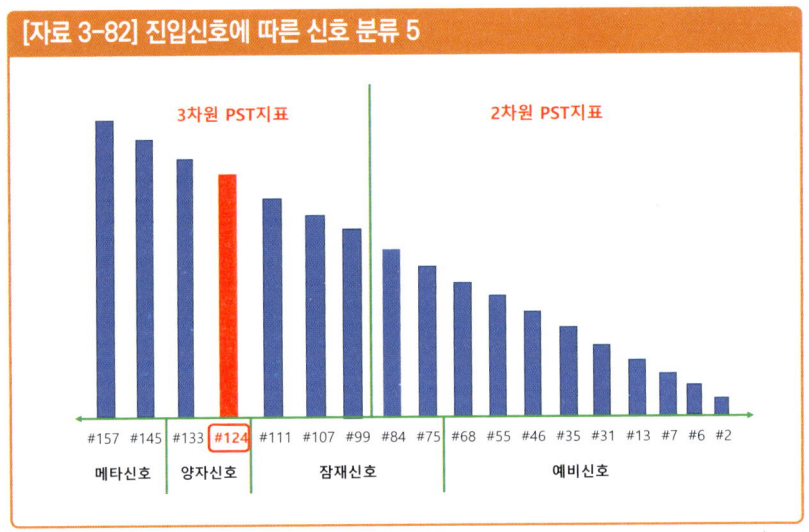

[자료 3-82]에서 보는 것처럼 PST124지표는 양자신호 개념을 도입한 3차원 PST지표입니다. 양자신호는 잠재신호보다 먼저 진입을 결정할 수 있습니다. '양자신호'라는 용어도 제가 PST이론을 정립하면서

새로 만든 용어입니다. 양자신호에 대한 자세한 설명은 기존에 출간한 'PST 주식, 선물 3차원 추세분석비법'을 참고하시길 바랍니다.

양자역학(Quantum Mechanics)이론은 원자나 분자 등 미시적인 물질세계를 설명하는 현대 물리학의 기본 이론입니다. '양자'라는 단어는 라틴어에서 나온 단어로 '얼마나 큰지'라는 의미이며, 양자역학에서 그것은 원자의 에너지와 같은 물리적 특성의 불연속 단위를 말합니다. 양자역학의 3가지 특징이 있는데 이것을 PST지표에 다음과 같이 적용을 시켜 PST124지표로 완성을 했습니다.

양자역학 이론	PST124지표
특정 값에 제한되어 있음.	Y축 범위가 0~100% 제한되어 있음.
파동과 입자의 이중성	절대 상수 AC1, AC2, AC3의 삼중성
불확실성 존재	불확실성 존재, 확실성 존재

양자역학은 에너지와 운동량 등의 성질들이 특정 값에 제한된 것처럼 PST124지표는 추세를 3차원적으로 분석한 다음 Y축 범위를 0~100%로 제한되어 있다고 생각합니다. 그리고 양자역학은 파동과 입자의 이중성이 미시적인 현상에서 발생하는 것처럼 PST124지표도 절대 상수인 AC1, AC2, AC3의 삼중성이 존재한다고 생각합니다. 마지막으로 양자역학에서는 위치와 운동량을 동시에 정확하게 측정하는데 불확실성이 존재하지만 PST124지표에서는 추세가 변동성을 가지고 움직일 때 수익이 날 수 있는 확실한 구간과 수익이 나기 어려운 불확실한 구간이 모두 존재한다고 생각합니다.

[자료 3-83] 2차원 추세분석

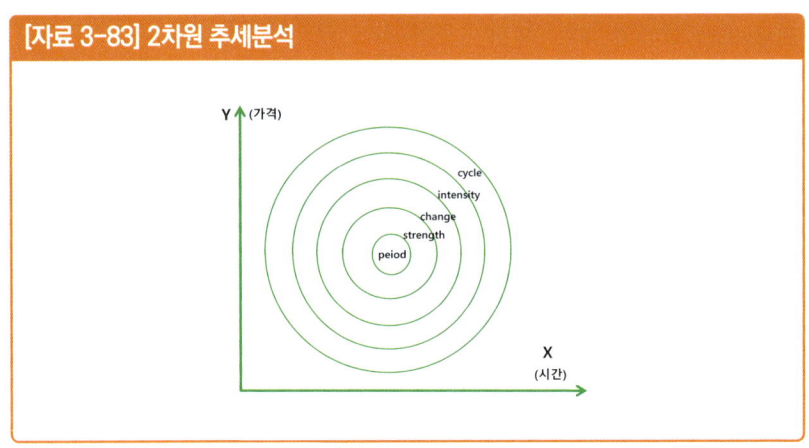

[자료 3-83]은 추세를 2차원적으로 분석해봤습니다. 추세를 이루는 구성요소는 제일 작은 단위부터 큰 순서로 주기(Period), 힘(Strength), 변화량(Change), 강도(Intensity), 사이클(Cycle)입니다. 이 다섯 가지 구성요소의 합으로 추세(Trend)가 시간인 X축과 가격인 Y축인 2차원적 평면에서 여러분께 보여집니다.

상승 사이클 내에서 주기, 힘, 변화량, 강도가 모두 플러스(+)를 가지면 상승강화 구간이 나타나고 모두 플러스가 아니고 한 개라도 마이너스(-)를 가지면 상승보합 구간이 나타납니다. 또한, 하락 사이클 내에서 주기, 힘, 변화량, 강도가 모두 마이너스(-)를 가지면 하락강화 구간이 나타나고 모두 마이너스가 아니고 한 개라도 플러스(+)를 가지면 하락보합 구간이 나타납니다.

Trend = Period + Strength + Change + Intensity + Cycle

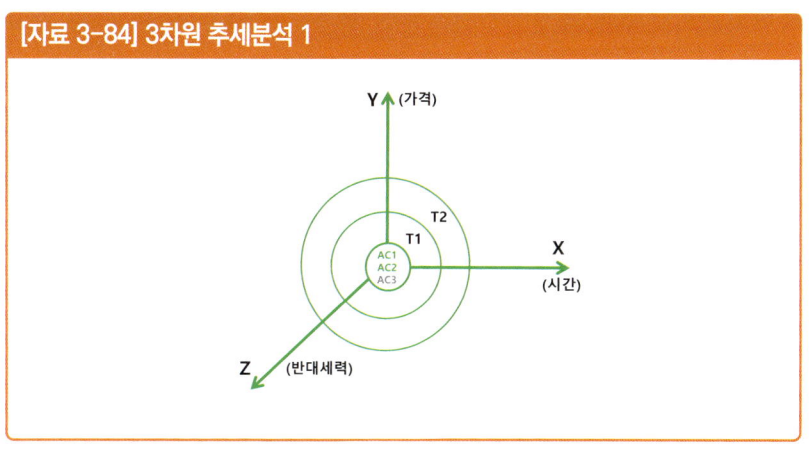

[자료 3-84] 3차원 추세분석 1

[자료 3-84]는 추세를 3차원적으로 분석해봤습니다. 시간인 X축, 가격인 Y축, 반대세력인 Z축으로 이루어진 3차원에서 추세인 T1, T2는 존재하고 추세보다 먼저 양자신호인 AC1, AC2, AC3가 있다고 생각합니다. AC는 Absolute Constant의 약자로써 절대 상수를 표현합니다.

> AC1 : X축-Y축에서 Period에 대한 절대 상수
> AC2 : X축-Y축에서 Stength에 대한 절대 상수
> AC3 : X축-Z축에서 반대세력에 대한 절대 상수
> T1, T2 : X축-Y축-Z축에서 추세

T1보다 T2가 큰 추세 개념으로 보시면 됩니다. 그러면 양자역학적으로 매수진입 양자신호와 매도진입 양자신호가 발생하는 경우는 다음과 같습니다.

> 매수진입 양자신호 : $AC1 \geq AC2 \geq T1 \geq T2 \geq AC3$
> 매도진입 양자신호 : $AC3 \geq T1 \geq T2 \geq AC2 \geq AC1$

양자신호를 이용한 PST124지표를 활용해서 매수진입 양자신호가 나와서 매수진입을 한 후 AC1 ≤ AC3가 될 때 1차 매수청산을 하고, AC2 ≤ AC3가 되는 2차 매수청산을 할 때까지는 무조건 수익을 기대할 수 있습니다. 물론 반대로 매도진입 양자신호가 나와서 매도진입을 한 후 AC3 ≤ AC2가 될 때 1차 매도청산을 합니다. AC3 ≤ AC1가 되는 2차 매도청산을 할 때까지는 무조건 수익을 기대할 수 있습니다. 더욱 놀라운 사실은 수익이 나는 동안은 양자역학적으로 불확정성 원리가 아닌 확정성의 원리가 존재합니다.

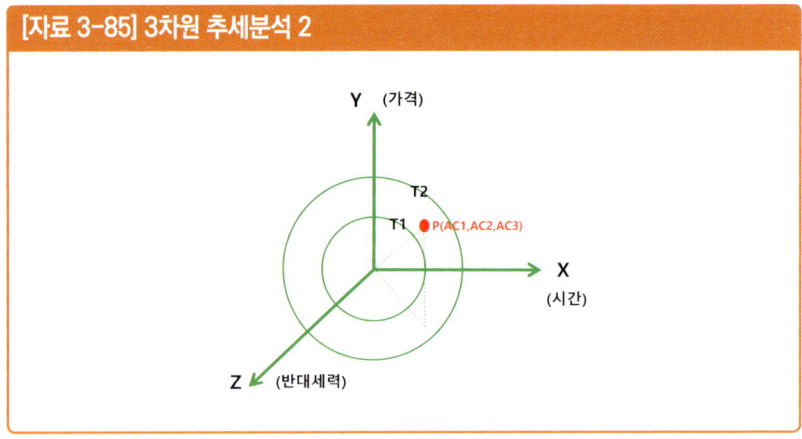

[자료 3-85] 3차원 추세분석 2

[자료 3-85]에서는 양자신호인 AC1, AC2, AC3가 추세보다 늦게 출현하는 경우입니다. 이 경우는 양자역학적으로 진입신호가 아니므로 진입하지 않고 관망해야 합니다.

매수진입 관망 : T1 ≥ AC1 ≥ AC2 ≥ AC3 ≥ T2
매도진입 관망 : T1 ≥ AC3 ≥ AC2 ≥ AC1 ≥ T2

T1, T2가 모두 상승추세를 보여주어도 양자신호인 AC1, AC2, AC3가 T1과 T2 사이에 존재하면 상승보합 구간으로 P2구간의 노이즈가 많이 발생할 수 있으므로, 매수진입을 하지 말고 관망을 해야 합니다. 반대로 T1, T2가 모두 하락추세를 보여주어도 양자신호인 AC1, AC2, AC3가 T1과 T2 사이에 존재하면 하락보합 구간으로 P2구간의 노이즈가 많이 발생할 수 있으므로, 매도진입을 하지 말고 관망을 해야 합니다. 이 구간은 양자역학적으로 불확정성의 원리가 존재하네요.

PST이론상 양자신호 중 AC1, AC2 보다 AC3가 더욱 중요합니다. AC1과 AC2는 매수진입이나 매도진입 시점을 알려주고 AC3는 그 진입 시점에서 반대세력의 크기를 알려주기 때문입니다. 만약 매수진입이나 매도진입을 하려고 할 때 AC1, AC2는 진입조건을 만족하지만, AC3가 진입조건을 만족하지 않으면 반드시 관망해야 합니다. 해외선물 거래는 한 방향 거래인 주식거래와 달리 양방향 거래가 가능하고 레버리지가 큰 상품이기 때문에 반대세력이 크게 존재하는 구간에서 손실을 감수하면서 보유하기가 쉽지 않기 때문입니다.

양자신호는 잠재신호, 예비신호보다 먼저 여러분께 진입 시점을 미리 알려줍니다. 물론 매수진입 또는 매도진입 양자신호가 나온 경우겠지요. 추세를 만드는 마켓 메이커의 마음을 읽을 수 있으면 얼마나 좋을까요? 그런데 놀랍게도 매수진입 또는 매도진입 양자신호가 나올 때 마켓 메이커의 마음을 읽을 수 있다면 믿으시겠습니까? 믿기 어려우시겠지요? PST124지표를 활용해서 주식거래보다 빠른 해외선물 거래에서 100전 100승 0패의 100% 승률 결과가 PST교육을 배운 수강생들 중에서 많이 나왔습니다. 저도 제가 PST지표를 만들었지만 배운 수강생들이 좋은 결과를 보여주실 때가 가르친 보람을 느낀답니다.

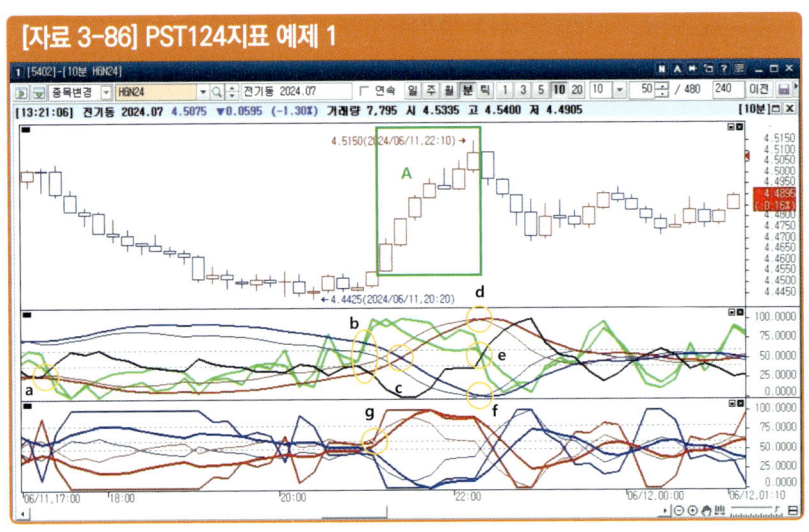

[자료 3-86]은 '전기동 2024년 7월물' 종목으로 2024년 6월 11일 17시부터 6월 12일 1시 10분까지 10분봉차트입니다. 추세 아래에 PST124지표와 PST111지표를 불러봤습니다.

추세 위치를 2차원적으로 파악하는 지표가 PST31지표이고 추세 위치를 3차원적으로 파악하는 지표가 PST124지표입니다. PST31지표에서는 P1구간, P4-1구간이 진입하기에 매우 좋은 구간이라고 말씀드렸는데, 기억나시나요?

그러나 PST124지표에서는 P1구간, P4-1구간을 별로 중요하지 않게 생각합니다. 왜냐하면 3차원 PST지표는 모든 구간에서 진입 시점이 나오면 진입이 가능하기 때문입니다. PST124지표로 c지점부터 T2 중 굵은 빨간색선이 굵은 파란색선을 우상향으로 통과하기 때문에 여기서부터 상승 사이클의 시작임을 알 수 있습니다. 그러나 a지점부터 d지점을 보면 가는 빨간색선 T1 굵은 빨간색선 T2위에 존재하므로 매수관점을 유지하고 있습니다. PST124지표에서는 사이클보다는 관점(View

Point)가 더욱 중요합니다. c지점전까지는 하락 사이클 구간이지만 a지점부터는 매수관점이 되기 때문에 매수진입을 기다려야 합니다. 이해가 되시지요? 그러다가 b지점에서 양자신호인 AC1, AC2가 T1, T2 위에 존재하고 그 아래 양자신호인 AC3가 존재하기 때문에 b지점부터 매수진입 양자신호가 발생함을 알 수 있습니다. PST124지표가 먼저 진입조건이 되면 PST111지표에서는 T1, T2이 60 이상, T3가 50 이상만 되어도 진입이 가능합니다. e지점에서 AC1, AC2가 모두 AC3보다 우하향으로 교차해서 매수청산을 하면 녹색 박스인 A영역만큼 수익을 기대할 수 있습니다. f지점부터는 매도관점으로 전환된 것이 보이시지요?

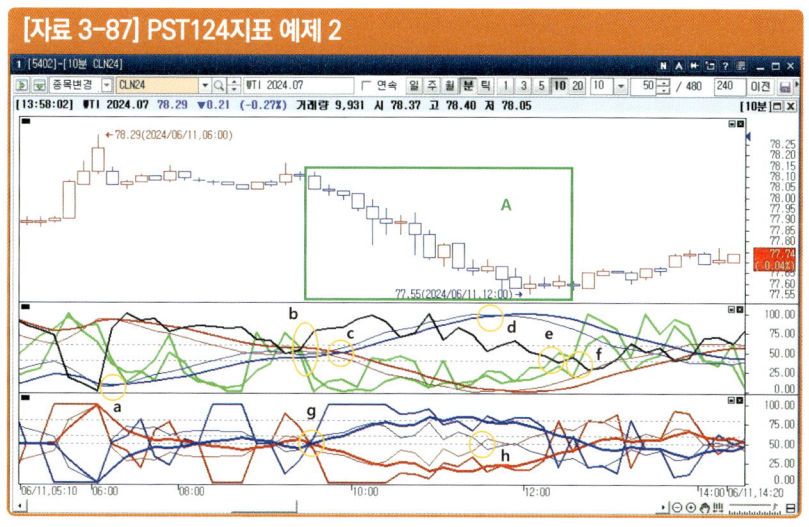

[자료 3-87]은 'WTI 2024년 7월물' 종목으로 2024년 6월 11일 5시 10분부터 14시 20분까지 10분봉차트입니다. 추세 아래에 PST124지표와 PST111지표를 불러봤습니다.

PST124지표를 활용하면 a지점부터 d지점까지는 상승 사이클인지, 하락 사이클인지 구별은 무의미하고 가는 파란색 T1이 굵은 파란색 T2 위에 우상향으로 존재하므로 매도관점이 됨을 알 수 있고 매도진입 양자신호가 발생하면 매도진입을 해야 합니다.

매도관점 중 어느 지점에서 매도진입이 가능한가요? b지점을 보면 AC3가 가장 위에 있고 그 아래에 T1, T2가 존재하고 그 아래에 AC2, AC1이 존재하므로, 매도진입 양자신호 : $AC3 \geq T1 \geq T2 \geq AC2 \geq AC1$ 조건을 만족합니다. 매도진입을 할 때 AC3, T1, T2는 우상향, AC2, AC1은 우하향으로 진행되어야 합니다. 만약 매도진입 양자신호 발생 조건은 만족하나 방향성이 틀어지면 일종의 노이즈가 생길 수 있고 이 경우는 PST111지표를 활용해서 노이즈 발생을 판단할 수 있습니다. PST124지표로 매도진입 양자신호가 발생한 후 PST111지표를 활용하면 매도진입일 때 조건은 g지점처럼 T1, T2는 60 이상이고 T3는 50 이상이면 가능합니다.

PST111지표를 활용해 매도청산을 하면 h지점에서 1차 매도청산을 해야 하지만 PST124지표를 활용해 매도청산을 하면 $AC3 \leq AC2$가 되는 e지점에서 1차 매도청산을 하고 $AC3 \leq AC1$이 될 때 2차 매도청산을 하면 녹색 박스인 A영역만큼 수익을 기대할 수 있습니다. 물론 실전 거래에서는 굳이 2차 매도청산까지 기다리지 않고 1차 매도청산에서 해도 좋은 전략입니다.

PST133지표 설명 및 이해
- PST111지표 업그레이드한 3차원 지표

제가 PST이론 시리즈 다섯 번째 책을 출간할 때까지도 PST지표에서 PST124지표가 가장 최상위 지표이었습니다. PST124지표는 양자신호를 도입해서 진입 시점에서 진입 양자신호가 나와서 진입할 때 PST111지표, PST107지표, PST99지표를 참고해서 하면 된다고 알려드렸습니다. 기억나시나요? 한 번 더 정리해보지요.

PST124지표 ∩ PST99지표 : 기울기를 60도 이상 90도 미만으로 진입
PST124지표 ∩ PST107지표 : 밀리지 않은 구간에서 진입
PST124지표 ∩ PST111지표 : 강화 구간(80%~100%)에서 진입

PST124지표를 공통으로 마스터 1반에서 배우는 3차원 PST지표를 활용해서 많은 수강생들이 선물, 옵션, 주식거래에서 실전 거래로 완벽한 결과를 보여주셨습니다.

위에 3가지 경우 중에서 굳이 가장 좋은 경우를 말씀드리면 저는

수업시간에 세 번째 경우인 PST124와 PST111지표를 활용하는 것이 가장 효과적인 방법이라고 말씀드렸습니다. 물론 저도 이 당시에는 PST111지표와 PST124지표를 활용해서 거래했습니다. 그렇지만 저는 PST이론과 PST지표를 계속 연구하다 메타신호를 찾기 전에 PST111지표를 한 단계 업데이트한 PST133지표를 만들게 되었습니다.

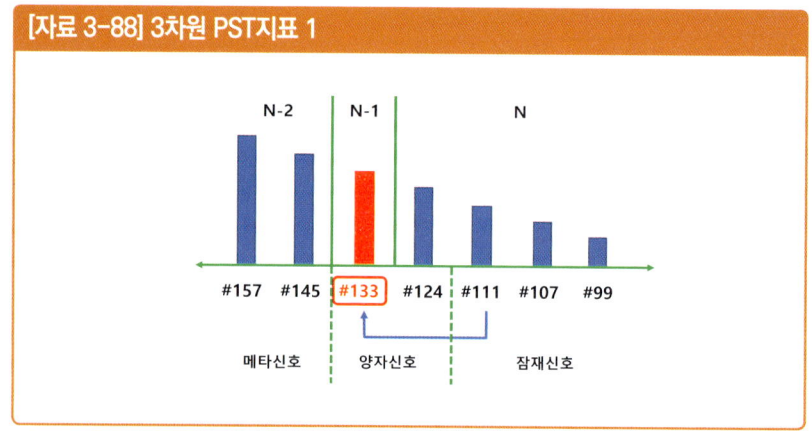

[자료 3-88]은 PST지표 중 3차원 지표를 버전 순서대로 보여줍니다. PST99지표 이상부터 3차원 지표이고 PST99지표 미만은 2차원 지표라고 생각하시면 됩니다. 3차원 지표 중에서도 PST99지표, PST107지표, PST111지표는 잠재신호로 만들었고 PST124지표는 양자신호로 만들었습니다. 이번에 만든 PST133지표도 양자신호를 가지고 PST111지표를 한층 업그레이드해서 PST111지표보다 몇 가지 장점을 찾아냈습니다. 또한, PST124지표 이하 지표들은 추세를 N으로 계산했지만 PST133지표는 추세를 타임 스케줄(Time Schedule) 개념인 N-1과 N으로 계산해서 보다 빠른 진입과 청산을 할 수 있습니다.

PST111지표와 PST133지표를 차이점을 비교해볼까요?

> PST111지표 : T1 ≥ T2 ≥ T3 (경우 1)
> PST111지표 : T2 ≥ T1 ≥ T3 (경우 2)
> PST111지표 : T2 ≥ T3 ≥ T1 (경우 3)
>
> T1 : X축 − Z축 ≥ 상승보합 또는 하락보합 ≥ 60
> T2 : X축 − Y축 ≥ 상승강화 또는 하락강화 ≥ 80
> T3 : X축 − Y축 − Z축 ≥ 상승 사이클 또는 하락 사이클 ≥ 50
>
> PST133지표 : T1-1, T1-2 ≥ T2 ≥ T3 (경우 4)
> PST133지표 : T2 ≥ T1-1, T1-2 ≥ T3 (경우 5)
> PST133지표 : T2 ≥ T3 ≥ T1-1, T1-2 (경우 6)
>
> T1-1, T1-2 : X축 − Z축 ≥ 상승보합 또는 하락보합 ≥ 63.5
> T2 : X축 − Y축 ≥ 상승강화 또는 하락강화 ≥ 63.5
> T3 : X축 − Y축 − Z축 ≥ 상승 사이클 또는 하락 사이클 ≥ 50

　PST111지표는 PST99지표와 PST107지표를 동시에 보는 것이 힘들 것 같아서 하나의 지표로 더욱 편안하고 확실하게 수익 내기 위해서 만든 지표입니다. PST111지표에서도 (경우 1)과 (경우 2)가 거래하기 좋은 경우라고 수업시간에 말씀드렸고 (경우 3)은 거래를 안 하고 관망을 해도 좋고 아니면 상위차트와 하위차트에서의 타임 프레임을 보고 거래하라고 말씀드렸습니다.

　그러나 PST133지표에서는 (경우 3)을 거래해서 수익이 날 확률을 더욱 높였습니다. PST111지표에 비해서 PST133지표의 T1-1, T1-2, T2, T3를 좀 더 세밀하게 분석했습니다. PST111지표의 T1을 PST133지표에서는 T-1, T-2로 분류를 했고 추세에서 특정 시각의 입장을 N-1과 N으로 계산을 했습니다. 그 결과 PST133지표는 PST111지표보다 조금 더 빨리 정확한 진입과 더욱 편안한 보유와 한발 빠른 청산을 할 수 있습니다. 이는 보유가 경우에 따라 짧게 또는 길게 해서 여러분께 최적의 수익을 가져다주어 (경우 4), (경우 5), (경우 6) 모두 거래할 수 있습니다.

PST111지표는 기준선 3개를 각각의 T선들이 조건에 만족하는 것을 3개를 고려해야 하나 PST133지표는 기준선을 2개만 있어서 PST111지표에 진입 조건보다는 조금 쉽게 진입을 고려할 수 있는 장점이 있습니다.

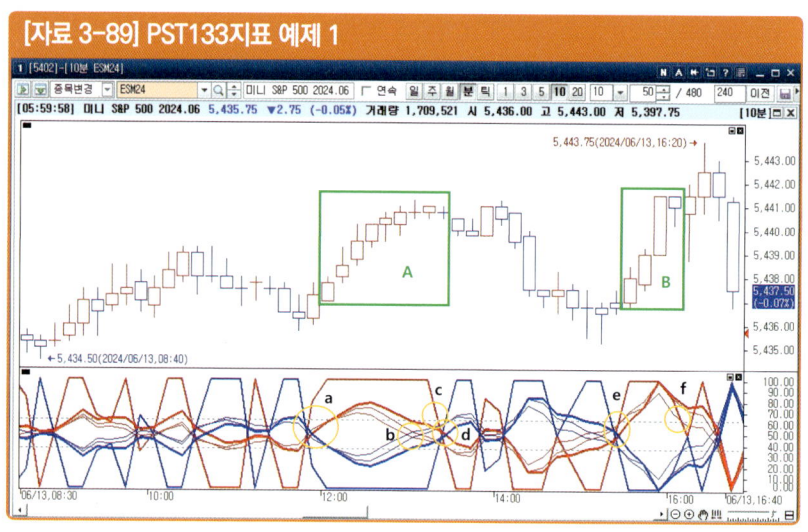

[자료 3-89]는 '미니 S&P500 2024년 6월물' 종목으로 2024년 6월 12일 8시 30분부터 6월 13일 16시 40분까지 10분봉차트입니다. 추세 아래에 PST133지표를 불러봤습니다.

PST133지표는 양자신호를 N-1, N으로 추세를 3차원적으로 분석해서 여러분께 실시간으로 보여줍니다. 먼저를 질문을 드리겠습니다.

PST133지표 아래에 왜 PST124지표를 같이 안 봐도 수익을 기대할 수 있을까요? 이유는 PST124지표의 양자신호를 보고 진입하는 것보다 PST133지표의 양자신호를 보고 진입하는 것이 더 빠르기 때문입니다. 또한 PST111지표를 여러분이 너무나 좋아했지만 PST133지표는 PST111지표를 업그레이드한 지표이기 때문에 더욱 좋아하시리라 믿습니다.

PST133지표는 매수진입을 할 때 추세의 기울기를 각도로 계산하지 않고 퍼센트 개념의 상승보합에서 상승강화 구간을 N-1, N으로 계산해 더욱 빠른 진입을 추구합니다. 매수진입 양자조건이 a지점에서 (T2, T1-1, T1-2 $\geq$ 63.5)∩(T3 $\geq$ 50) 성립되어 매수진입을 한 후 1차 매수청산은 b지점에서 T1-1, T1-2끼리 교차할 때이고 2차 청산은 T2 교차하는 d지점이 아니라 이전에 T2가 위 기준선을 c지점에서 우하향으로 통과할 때입니다. 그러면 녹색 박스인 A영역만큼 수익을 기대할 수 있습니다.

e지점에서도 a지점과 동일한 매수진입 양자신호가 성립되기되어 매수진입을 합니다. 물론 기준차트인 10분을 포함해 하위차트인 1분, 3분, 5분차트에서도 동일한 매수진입 양자신호가 발생해야 합니다. 매수청산은 T1-1, T1-2끼리 교차하기 전에 T2가 위 기준선을 f지점에서 우하향으로 통과할 때입니다. 그러면 녹색 박스인 B영역만큼 수익을 기대할 수 있습니다.

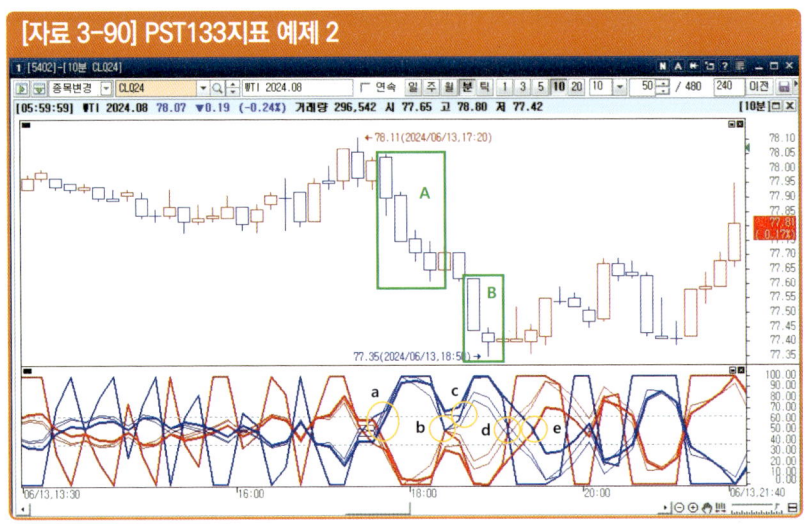

[자료 3-90]은 'WTI 2024년 8월물' 종목으로 2024년 6월 13일 13시 30분부터 21시 40분까지 10분봉차트입니다. 추세 아래에 PST133 지표를 불러왔습니다.

손실 보는 트레이더들은 매수진입보다 매도진입으로 수익 내기가 어렵다고 합니다. 왜 그럴까요? 여러 가지 이유가 있겠지만 양방향 거래가 가능한 선물이나 옵션보다 한 방향 거래만 있는 주식을 먼저 접해서 그럴 수도 있습니다. 주식거래에서 손실 보는 트레이더는 대부분 매수한 다음 '다시 추세는 매수가격보다 올라가겠지'라는 막연한 기대를 하고 잔고가 마이너스가 증가하고 있음을 계속 보고만 있습니다. 주식 거래에서 추세의 하락은 매수진입한 세력이 매수청산을 해서 보여주지만, 해외선물에서 추세의 하락은 매수청산 세력 말고 매도진입 세력이 존재하기 때문에 동일한 거래 법칙을 적용해서는 절대로 안 됩니다.

a지점에서 매도진입 양자신호가 (T2, T1-1, T1-2 ≥ 63.5)∩(T3

≥ 50) 성립되어 매도진입을 한 후 b지점에서 T2끼리 실전 거래에서 교차를 했기 때문에 매도청산을 하면 녹색 박스인 A영역만큼 수익을 기대할 수 있습니다. 매수진입이나 매도진입할 때 T1-1, T1-2가 T2 또는 T3 위에 존재하면 수익을 기대하기가 높기 때문에 반드시 거래를 해야 합니다. a지점에서 e지점까지 T3끼리 교차한 구간이고 T3 파란 색선이 T3 빨간색선 위에 존재하기 때문에 하락 사이클 구간처럼 생각하면 됩니다. 이 하락 사이클 구간 중에 c지점에서 재매도진입 양자신호가 발생해서 매도진입을 할 수 있습니다. 재매도진입을 할 때는 일반적으로 (T1-1, T1-2 ≥ 63.5) 조건이 될 때 T1-1, T1-2는 T2, T3보다 아래에 존재합니다. d지점에서는 1차, 2차 매도청산이 모두 나왔기 때문에 전부 청산을 하면 녹색 박스인 B영역만큼 수익을 기대할 수 있습니다.

PST145지표 설명 및 이해
- 메타신호를 이용해 가장 안전한 거래 추구

추세를 3차원적으로 분석하는 양자신호(Quantum Signal)를 발견한 후 PST이론은 한층 발전이 되었습니다. 양자 진입신호를 보여주는 PST133지표를 활용한 결과 PST교육을 받은 수강생들이 100연승, 200연승, 300연승이란 놀라운 결과로 지표의 우수성을 증명해주셨습니다.

PST133지표를 만든 후 저도 더 이상 PST지표가 안 나오는 줄 알았습니다. 왜냐하면, PST이론상 더 이상 발전시킬 이론이 그 당시에는 없었던 것입니다. 추세를 과거(N-1), 현재(N)로 분류해서 만든 PST133지표를 활용하면 매수양자 진입신호가 나오면 매수진입을 하고 또는 매도양자 진입신호가 나오면 매도진입해서 수익을 기대할 수 있었습니다.

> PST133지표 : T1-1, T1-2 ≥ T2 ≥ T3 (경우 1)
>
> PST133지표 : T2 ≥ T1-1, T1-2 ≥ T3 (경우 2)
>
> PST133지표 : T2 ≥ T3 ≥ T1-1, T1-2 (경우 3)
>
> 모든 경우 (T1-1, T1-2, T2 ≥ 62.5) ∩ (T3 ≥ 50)

위의 진입 조건에서 타임 프레임만 잘 맞추면 거래가 어렵지 않습니다. 제가 수업 중 (경우 1)과 (경우 2)는 수익을 기대하기가 쉽지만, (경우 3)은 수익이 낼 수 있지만, 보유 기간이 길 수도 있고 짧을 수도 있다고 말씀드렸습니다. 그러면 어떤 전략을 사용하면 될까요? (경우 1)과 (경우 2)만 거래하고 (경우 3)을 안 하는 것도 좋은 전략입니다.

거래할 때 PST133지표에서 양자신호가 진입조건이 되지만 P2구간에서는 약간의 노이즈도 발생할 수 있었습니다. 그래서 PST교육을 할 때 저는 PST133지표로 P2구간에서 진입을 할 경우는 기준차트인 10분 타임 프레임은 P2구간이지만 1분, 3분, 5분차트에서 타임 프레임은 모두 P1구간에서 진입하는 것이 가장 안전한 전략이라고 가르쳤습니다. 저는 '이 두 문제를 해결하는 방법이 없을까?' 하고 연구한 끝에 '메타신호(Meta Signal)'를 찾아내 해결했고 PST145지표에 메타신호를 처음으로 탑재를 했고, 이번 여섯 번째 출간되는 책에서 처음으로 소개하는 지표입니다.

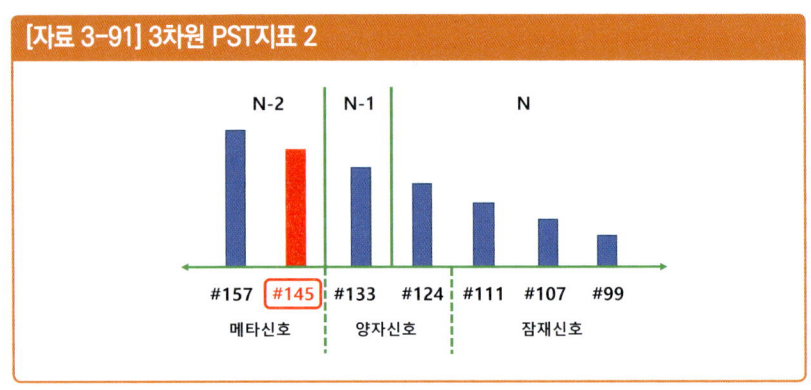

[자료 3-91]처럼 PST145지표에 메타신호는 추세를 3차원적으로 분석한 잠재신호, 양자신호보다 훨씬 막강한 기능을 가지고 있습니다. 잠재신호는 추세를 N(현재)로 분류하고, 양자신호는 추세를 N-1(과거1), N(현재)으로 분류하지만 메타신호는 추세를 N-2(과거2), N-1(과거1), N(현재)으로 분류해서 만들었습니다. 저는 PST이론을 연구하며 추세를 보는 트레이더마다 진입 시점이 다르다고 생각했습니다. N-2부터 진입조건이 되면 기존 지표를 활용해서 진입하는 것보다 강력한 진입조건이 됨을 찾아냈습니다. 이제부터 여러분은 메타신호의 매력에 빠져서 우선순위를 저처럼 메타신호로 보게 될 것입니다.

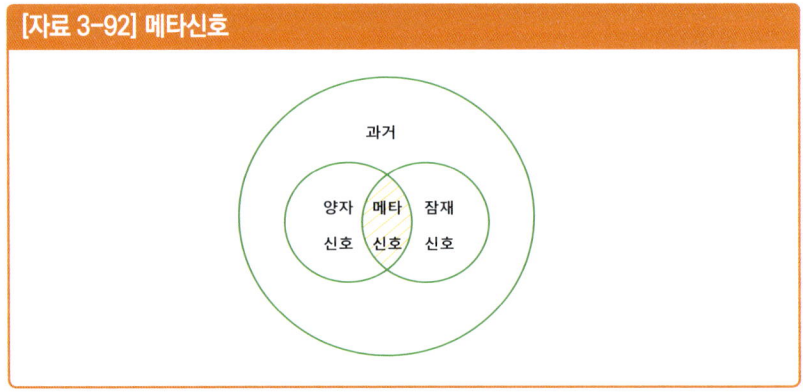

[자료 3-92]처럼 메타신호는 양자신호와 잠재신호의 공통된 신호로 추세의 과거에서 존재합니다. 메타신호는 타임 프레임의 전 구간(P1, P2, P3, P4)에서 모두 발생합니다. 메타신호를 포함해 양자신호와 잠재신호를 가지고 진입 시에서 메타신호가 진입 조건이 되지 않는 경우와 되는 경우를 생각하면 다음과 같습니다.

> 양자신호 ∩ 잠재신호 (경우 1)
> 양자신호 ∩ 메타신호 (경우 2)
> 잠재신호 ∩ 메타신호 (경우 3)
> 양자신호 ∩ 잠재신호 ∩ 메타신호 (경우 4)

(경우 1)은 PST145지표의 메타신호의 진입조건이 되지 않고 PST133지표의 양자신호만 진입 조건이 되면 이전에 말씀드린 문제점이 발생할 수 있습니다. 그러면 이제부터는 (경우 1)일 때는 무리하게 거래하지 않고 관망 전략을 택하는 것도 현명한 방법입니다.

(경우 2)와 (경우 3)은 양자신호와 잠재신호 중 한 개와 메타신호가 진입조건이 되는 경우입니다. 이때 메타신호가 양자신호와 잠재신호보다 먼저 진입조건을 만족하면 좋겠지만 늦게 진입 조건을 만족해도 상관은 없습니다.

(경우 4)는 메타신호를 포함해 양자신호와 잠재신호 모두 진입조건이 되는 경우입니다. 이때도 메타신호가 양자신호와 잠재신호보다 먼저 진입조건을 만족하면 좋겠지만 늦게 진입조건을 만족해도 상관은 없습니다.

쉽게 설명해드리면 (경우 2), (경우 3), (경우 4)의 공통적인 특징은 메타신호가 진입조건을 만족할 때만 거래를 하면 이전에 말씀드린 문제점을 찾을 수 없다는 거지요.

 (경우 1)을 PST교육 시간에 관망하라고 가르쳤습니다. 물론 수익이 크게 날 수 있지만 제가 수많은 통계를 내봤더니 메타신호가 나오는 경우가 훨씬 안전하게 수익을 내는 것을 알았습니다. 저처럼 경우 1번을 관망하는 분도 계시지만 혹시 여러분 중에서 (경우 1)에서 거래를 하시고 싶은 분은 PST이론상 하위차트에서 메타신호가 나오는 경우만 하시길 바랍니다. 여러분도 여러분 스스로 많은 통계를 통한 이기는 룰을 만들어보세요.

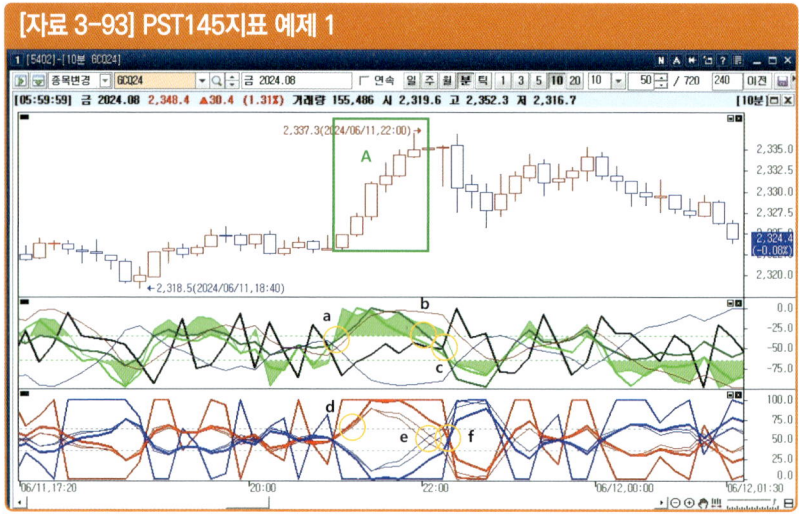

[자료 3-93] PST145지표 예제 1

 [자료 3-93]은 '금 2024년 8월물' 종목으로 2024년 6월 11일 17시 20분부터 6월 12일 1시 30분까지 10분봉차트입니다. 추세 아래에 PST145지표와 PST133지표를 불러봤습니다.

 PST145지표를 포함한 3차원적 추세를 분석한 PST지표들의 장점 중에 하나가 진입한 동차트에서 청산이 가능하다는 것입니다. 예로 기준차트인 10분차트에서 매수진입하면 10분차트에서 매수청산이 가능하고 5분차트에서 매수진입하면 5분차트에서 매수청산이 가능하다는 의미입니다. 그러면 이 이론을 응용하면 기준차트를 5분차트로 볼 때는 하나 상위차트인 10분차트를 띄워놓고 또는 기준차트를 10분차트로 볼 때는 하나 상위차트인 30분차트를 띄워놓아서 상위차트로 청산시점이 나올 때까지는 하위차트에서 추세가 상위차트와 같은 방향으로 진행한다는 의미입니다. 매우 중요한 이론이니 잘 이해하시고 여러분의 룰을 만들어보시길 바랍니다.

d지점을 보면 PST133지표로 매수진입 양자신호가 조건이 되어 매수진입을 할 수 있지만 문제는 T1-1, T1-2가 T2, T3 아래에 위치하고 있다는 것입니다. 물론 결과적으로는 e지점에서 1차 매수청산, f지점에서 2차 매수청산을 하면 수익이 나겠지만, 실전 거래에서 100% 수익을 낼 자신이 있으신가요? 메타신호가 있으면 가능합니다.

PST145지표를 활용해서 a지점을 보면 상승 사이클로 전환 후 2개 가는 녹색선(잠재신호, 양자신호)과 한 개 진한 녹색선(메타신호)이 위 기준선을 우상향 통과할 때, 매수진입을 합니다. 그리고 매수청산은 b지점처럼 진한 녹색선과 한 개의 가는 녹색선이 기준선을 우하향할 때 1차 매수청산을 하고 검정색선과 만나는 c지점에서 2차 매수청산을 하면 녹색 박스인 A영역만큼 수익을 기대할 수 있습니다.

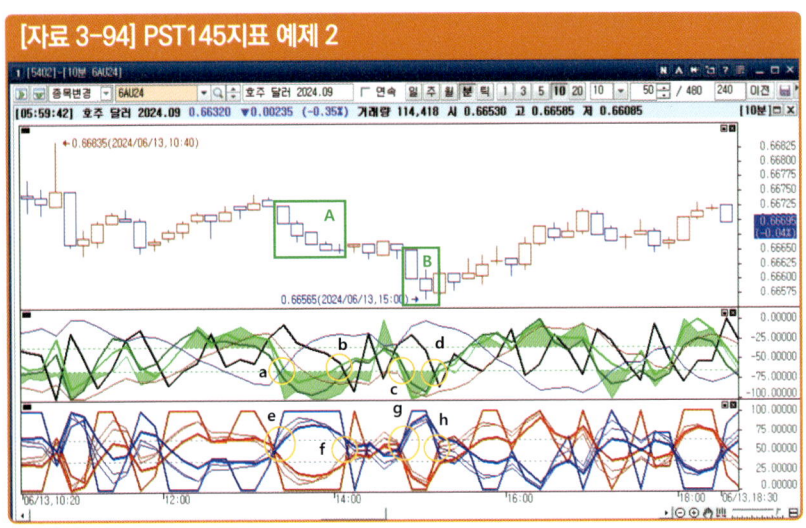

[자료 3-94]는 '호주 달러 20024년 9월물' 종목으로 2024년 6월 13일 10시 20분부터 18시 30분까지 10분봉차트입니다. 추세 아래에 PST145지표와 PST133지표를 불러봤습니다.

PST133지표를 활용해서 e지점과 g지점에서 매도진입을 해보면 어느 지점에서 매도진입이 쉽다고 생각하세요? 당연히 e지점이 쉽다고 생각하실 것입니다. 이유가 무엇일까요? 당연히 매도진입 양자신호가 (T2, T1-1, T1-2 $\geq$ 63.5) $\cap$ (T3 $\geq$ 50) 성립되어 매도진입을 할 때 T1-1, T-2 위치가 T2, T3와 비교했을 때 다르기 때문입니다. T1-1, T1-2 위치가 e지점에서는 T2 $\geq$ T1-1, T1-2 $\geq$ T3인 경우이고 g지점에서는 T2 $\geq$ T3 $\geq$ T1-1, T1-2인 경우입니다.

자, 이제 PST145지표를 활용해볼까요? a지점에서 가는 녹색선 2개와 메타신호인 진한 녹색선이 아래 기준선을 우하향할 때 매도진입을 합니다. a지점에서 매도진입은 e지점에서 매도진입과 거의 시점이 같네요. 그러나 매도청산을 보면 조금 차이가 납니다. PST145지표를 활용해서 매도청산은 b지점에서 메타신호인 진한 녹색선 한 개와 가는 녹색선 한 개가 검정색선과 교차할 때입니다. 검정색선은 PST이론상 반대세력을 표시합니다. 매수청산 또는 매도청산에서 하나 중요한 점은 1차 청산 또는 2차 청산 시점까지 과매수 또는 과매도 영역으로 표시된 구간은 계속 유지되어야 합니다. 이 과매수 또는 과매도 영역은 가는 녹색선 중 한 개인 잠재신호가 기준선 위 또는 기준선 아래를 유지한다는 의미입니다. c지점에서도 a지점과 동일하게 메타신호를 포함해서 매도진입이 가능하고 d지점에서 매도청산을 하면 각각 녹색 박스인 A영역과 B영역에서 수익을 기대할 수 있습니다.

PST157지표 설명 및 이해
- 타임 스케줄에 의한 추세 위치 파악

추세에 관해서 PST이론이 일반적인 이론과 크게 다른 점은 두 가지가 있습니다. 첫째는 추세의 분류입니다. 일반적인 이론은 추세를 상승, 보합, 하락으로 분류하지만, PST이론은 추세를 상승강화, 상승보합, 횡보보합, 하락보합, 하락강화로 분류해 상승 강화 구간에만 매수진입을 하고 하락강화 구간에만 매도진입을 합니다. 두 번째는 시간 차트를 타임 프레임으로 분석해서 P1, P2, P3, P4구간으로 추세의 위치를 정확하게 파악한다는 것이지요. 일전에 출간한 다섯 권의 책을 보시면 어느 정도 이해하시리라 믿습니다. 이 두 가지 차이점을 발견하지 않은 일반적인 이론으로 실전 거래를 하면 과연 100연승 이상 가능할까요? PST 교육을 받은 수강생이 100연승 이상 실전 거래를 하면 과연 우연이라고 말을 할 수 있을까요? 우연이 연속으로 발생하면 필연이라고 생각할 수도 있습니다.

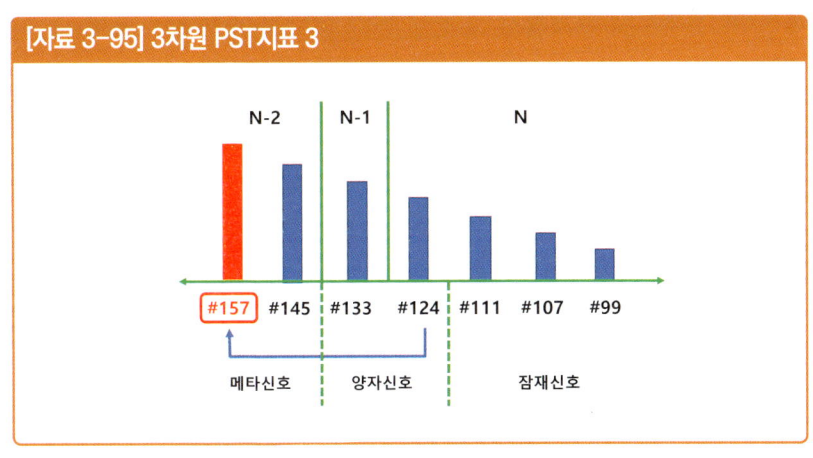

[자료 3-95]처럼 PST157지표는 메타신호를 포함한 3차원 추세분석 지표로 PST124지표를 업그레이드했습니다. 어떻게 업그레이드했는지 같이 공부해보겠습니다.

추세를 위치(Position) 파악에 관해서는 몇 가지 PST지표를 이미 출간한 책에서 말씀을 드렸습니다. 이번에는 한층 더 업그레이드한 추세 위치파악을 하는 PST지표를 소개하려고 합니다.

> PST31지표 : 2차원적 추세 위치 파악 / N
> PST124지표 : 3차원적 추세 위치 파악 / N
> PST157지표 : 3차원과 시차에 의한 추세 위치 파악 / N-2, N-1, N

PST31지표는 추세를 만드는 캔들을 N(현재)으로 생각하고 추세를 2차원적으로 분석했습니다. PST124지표를 PST31지표를 업그레이드해서 캔들을 역시 N(현재)으로 생각하고 추세를 3차원적으로 분석했습니다. PST124지표가 실시간 실전 거래에서 추세 위치파악을 정확히 해서 100연승 한 결과는 다섯 번째로 출간한 책에서 소개를 이미 해드렸습니다. 저도 그 당시에는 더 이상 추세 위치 파악에 대한 PST지표는 없다고 생각했습니다. 그러나 계속 PST이론을 연구한 결과로 양자신호와 잠재신호 사이에 메타신호가 있는 것을 찾아내 PST124지표를 업그레이드한 PST157지표를 만들게 되었습니다. PST157지표는 캔들을 N-2(과거2), N-1(과거1), N(현재)으로 생각하고 추세를 3차원적으로 분석했습니다.

여섯 번째로 출간하는 이 책에서 소개하는 새로운 PST133지표와 PST145지표만으로도 놀라운 실전 거래 수익으로 이미 PST교육을 받은 수강생들에게서 검증되었습니다. 하지만 PST157지표까지 활용해서 거래하면 더욱 놀라운 결과를 기대할 수 있습니다.

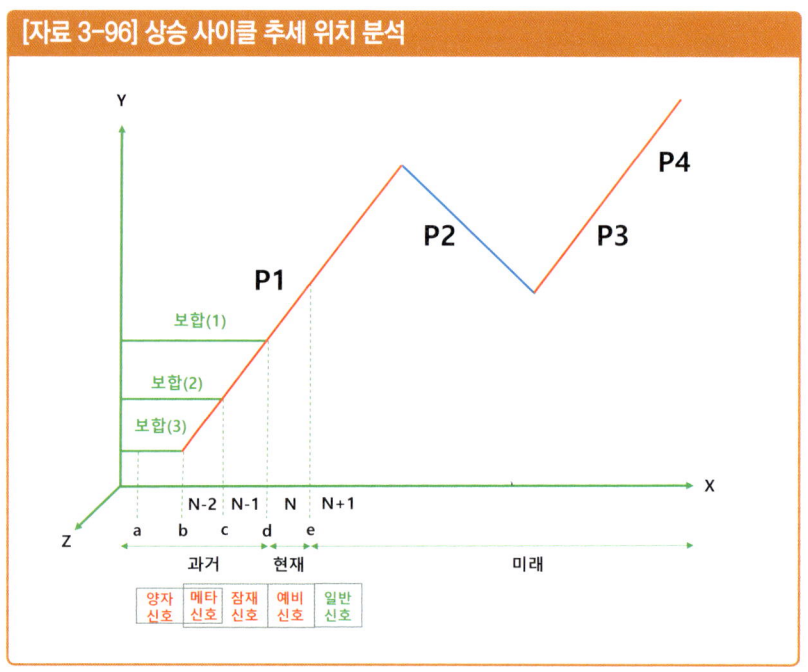

[자료 3-96] 상승 사이클 추세 위치 분석

[자료 3-96]은 상승 사이클을 3차원과 타임 스케줄에 의해 추세 위치를 분석한 결과입니다. 상승 사이클을 기준으로 추세를 타임 스케줄인 N-2(과거2), N-1(과거1), N(현재)으로 생각해봤습니다. 그전에 배운 PST31지표나 PST124지표를 활용해서 상승 사이클 구간에서 순방향으로 진입하는 P1구간과 P4-1구간에서 매수진입하면 물론 수익을 기대할 수 있습니다. 그러나 일반적으로 변동성이 많은 해외선물 거래에서는 하락 사이클에서 마켓 메이커가 추세의 전환을 자주 많이 만들지요. 그래서 P2구간인 하락 사이클에서 매수진입을 해야 하는데 쉽지가 않았습니다. 매수진입으로 손실 보는 트레이더는 P2구간에서 매수진입해서 그렇습니다. 다시 설명해드리면 P2구간에서 매수진입이란 현재 사이클 상태는 하락 사이클에서 반대인 역방향으로 진입을 하는 것을 의미합니다. 물론 실전 거래에서 가장 효과적인 전략은 기준차트가 P2구간에서는 거래를 안 하고 관망하는 것입니다. 하지만 한 방향 거래인 주식거래가 아니고 양방향 거래인 선물 거래에서는 하락 사이클에서 매수진입과 매수청산을 할 수 있는 P2구간을 많이 만나게 됩니다. 이는 하락 사이클에서 매수진입인 P2구간을 모두 놓치면 거래할 경우가 줄어들어 수익을 기대하지 못합니다. 하락 사이클에서 PST157지표를 활용해 매수진입 메타신호가 나오면 매수진입해서 수익을 기대할 수 있습니다.

[자료 3-97]은 하락 사이클을 3차원과 타임 스케줄에 의해 추세 위치를 분석한 결과입니다. 하락 사이클 내를 기준으로 추세를 타임 스케줄인 N-2(과거2), N-1(과거1), N(현재)으로 생각해봤습니다. 그전에 배운 PST31지표나 PST124지표를 활용해서 하락 사이클 구간에서 순방향으로 진입하는 P1구간과 P4-1구간에서 매도진입하면 물론 수익을 기

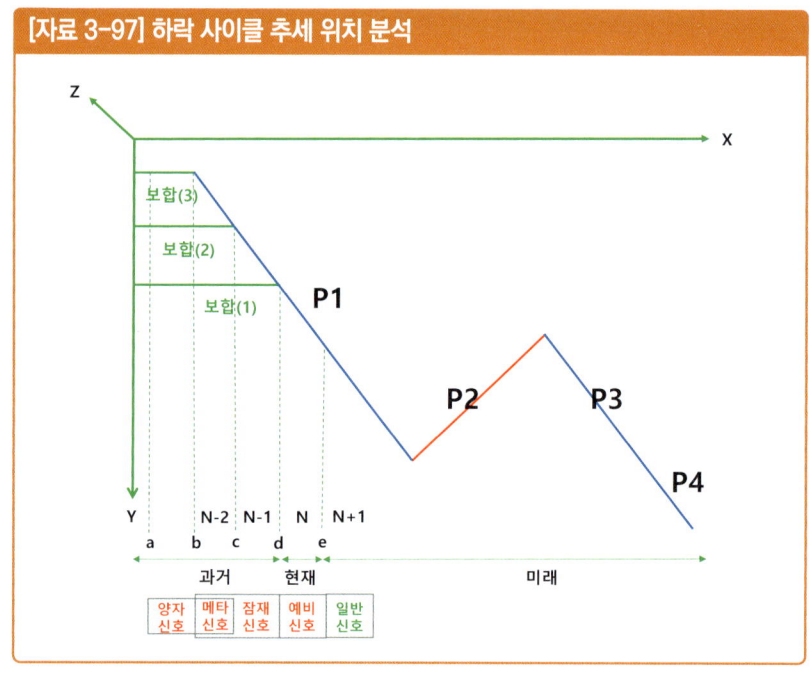

대할 수 있습니다. 그러나 일반적으로 변동성이 많은 해외선물 거래에서는 상승 사이클에서 마켓 메이커가 추세의 전환을 자주 많이 만들지요. 그래서 P2구간인 상승 사이클에서 매도진입을 해야 하는데 쉽지가 않았습니다. 매도진입으로 손실 보는 트레이더는 P2구간에서 매도진입해서 그렇습니다. 다시 설명해드리면 P2구간에서 매도진입이란 현재 사이클 상태는 상승 사이클에서 반대인 역방향으로 진입을 하는 것을 의미합니다. 물론 실전 거래에서 가장 효과적인 전략은 기준차트가 P2구간에서는 거래를 안 하고 관망하는 것이지만 한 방향 거래인 주식 거래가 아니고 양방향 거래인 선물 거래에서는 상승 사이클에서 매도진입과 매도청산을 할 수 있는 P2구간을 많이 만나게 됩니다. 이는 상승 사이클에서 매도진입인 P2구간을 모두 놓치면 거래할 경우가 줄어들어 수익을 기대하지 못합니다. 상승 사이클에서 PST157지표를 활용해 매도진입 메타신호가 나오면 매도진입해서 수익을 기대할 수 있습니다.

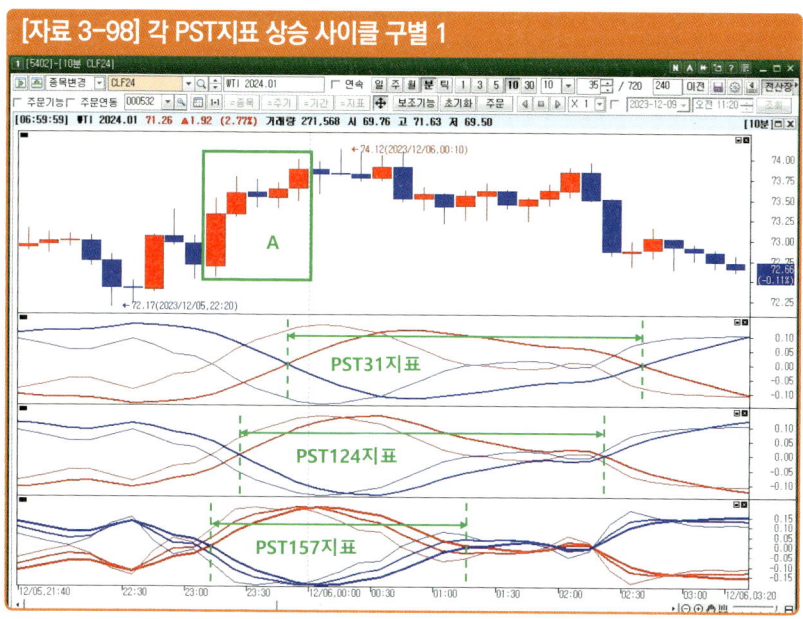

[자료 3-98]은 추세의 위치를 보여주는 각 PST지표로 상승 사이클을 구별했습니다. 육안으로도 PST31지표보다 PST124지표가 빠르고 PST124지표보다 PST157지표가 빠르다는 것을 알수 있습니다. 녹색박스 A영역에서 수익을 기대하려면 PST31지표와 PST124지표에서는 상승 사이클의 시작 전인 하락 사이클에서 매수진입을 해야 하기 때문에 P2구간에서 거래를 해야 합니다. 물론 PST124지표로 P2구간에서 매수진입을 하려면 매수진입 양자신호가 나오고 PST111지표에서도 매수진입 양자신호가 나오면 매수진입할 수 있습니다.

여기서 제가 하나 질문을 드릴까요? PST31지표나 PST124지표에서 P2구간으로 표시된 그곳에서 현재 사이클에서 역방향으로 진입을 편안히 할 수 있을까요? 저는 이 문제를 풀기 위해서 연구를 많이 했습니다. '만약 PST31지표와 PST124지표에서 역방향으로 보이는 것을 순방향으로 보이게 하면 어떨까?' 하고 말입니다. 놀랍게도 PST157지표는 PST31지표와 PST124지표에서 순방향을 포함해서 역방향에서 진입신호가 나올 때 모두 순방향으로 진입 가능하다고 여러분께 알려드립니다. 이해가 되시나요?

PST157지표를 활용하면 순방향에서 매수진입을 고려하고 PST133지표와 PST145지표를 활용해서 매수진입하면 녹색 박스인 A영역만큼 수익을 기대할 수 있습니다.

PST157지표는 추세의 위치를 메타신호를 이용해서 먼저 파악하기에 진입을 결정은 PST145지표나 PST133지표를 병행해서 활용하면 효과적인 결과를 얻을 수 있습니다.

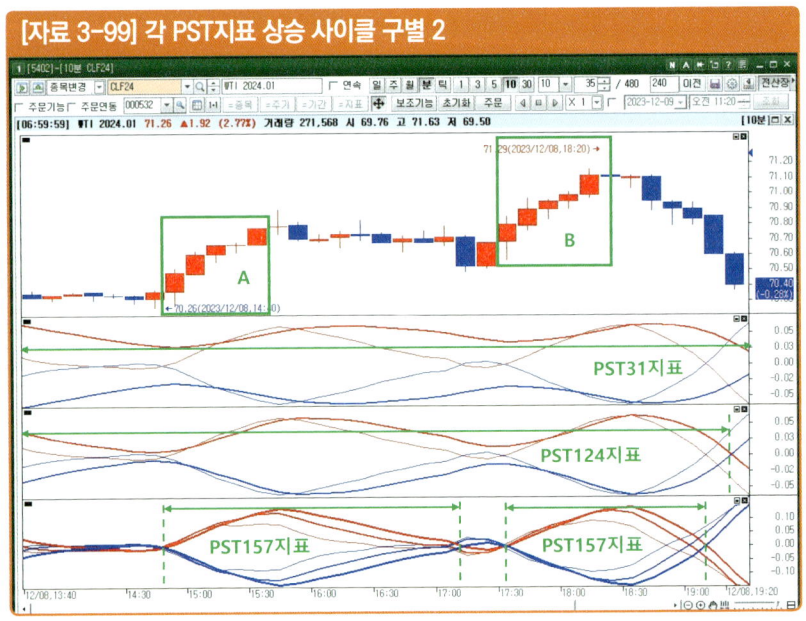

[자료 3-99] 각 PST지표 상승 사이클 구별 2

[자료 3-99]는 PST31지표와 PST124지표에서 상승 사이클로 보이는 구간에서 PST157지표에서는 어떻게 다른지를 보여줍니다. 녹색박스인 A영역과 B영역에서 수익을 내기 위해서는 PST31지표와 PST124지표에서는 P4-2구간을 보여주지만 PST157지표에서는 놀랍게도 하락 사이클에서 상승 사이클로 바뀌는 P1구간으로 보여줍니다. 이제부터 여러분은 PST57지표를 활용하면 역방향이 아니라 순방향으로 진입하고 항상 P1구간에서 진입해서 수익을 기대할 수 있습니다. 자신감을 가지세요.

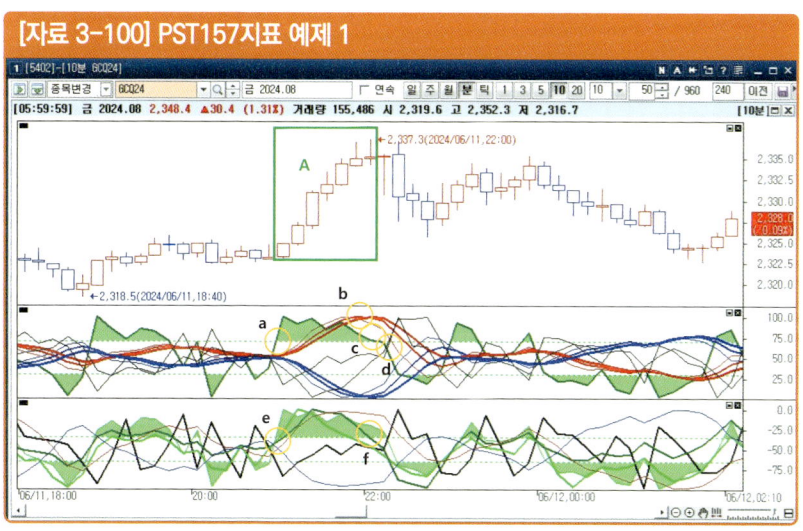

[자료 3-100]은 '금 20024년 8월물' 종목으로 2024년 6월 11일 18시부터 6월 12일 2시 10분까지 10분봉차트입니다. 추세 아래에 PST157지표와 PST145지표를 불러봤습니다.

PST157지표는 사이클이 T1, T2, T3와 잠재신호, 양자신호, 메타신호를 가중평균한 가중평균 메타신호(녹색선, N-1)와 반대세력 OC1(N-1), OC2(검정색선, N-2)로 구성됩니다.

> T1 : 굵기 1 빨간색, 파란색 표시, 캔들을 N-2로 계산
> T2 : 굵기 2 빨간색, 파란색 표시, 캔들을 N-1로 계산
> T3 : 굵기 3 빨간색, 파란색 표시, 캔들을 N으로 계산

PST157지표는 추세를 3차원과 타임 스케줄에 의해서 표시한 것이라고 시작 때 말씀드렸지요? 이런 이유로 변동 없이 추세의 상승이나 하락을 기대하려면 반드시 T1 > T2 > T3 순서대로 보여야 합니다. PST157지표에서 가장 중요한 것은 PST145지표 메타신호 때 진입 시점입니다. PST157지표를 활용해서 상승 사이클 중 a지점에서 가중평균 메타신호인 녹색선이 기준선을 통과하고 이때 T1 > T2 > T3 조건은 맞습니다. PST145지표를 활용해서 e지점을 보면 메타신호를 포함해 매수진입 조건이 됨을 알 수 있습니다. b지점까진 편안히 보유하다가 c지점에서 녹색선이 먼저 기준선을 우하향하기 때문에 d지점에서 OC1, OC2를 교차하기 전에 매수청산을 하면 녹색 박스인 A영역만큼 수익을 기대할 수 있고 f지점도 매수청산 시 참고할 수 있습니다.

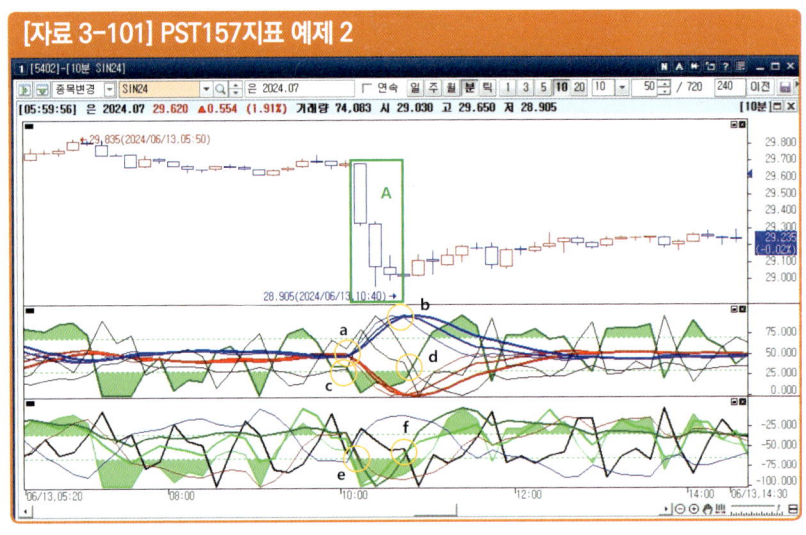
[자료 3-101] PST157지표 예제 2

[자료 3-101]은 '은 20024년 7월물' 종목으로 2024년 6월 13일 5시 20분부터 14시 30분까지 10분봉차트입니다. 추세 아래에 PST157지표와 PST145지표를 불러봤습니다.

PST157지표는 추세의 위치를 3차원적으로 파악하고 타임 스케줄에 의해서 가중평균 메타신호를 가지고 진입 여부를 결정합니다. 거래의 3요소인 진입, 보유, 청산 중 밀리지 않은 진입을 하려면 어떻게 하면 되나요? 밀리지 않는 진입은 두 가지 경우가 있는데 첫 번째는 추세의 기울기를 각도(θ)로 설정하는 방법과 두 번째는 추세의 기울기를 퍼센트(%)로 설정하는 방법이라고 이전에 말씀드렸습니다. 문제는 이 두 가지 방법 중 어느 한 개를 택하더라도 추세는 PST이론상 상승보합에서 상승강화 구간으로 또는 하락보합에서 하락강화 구간으로 전환하기 때문에 많은 연습이 필요로 합니다. 그러나 잠재신호, 양자신호, 메타신호를 가진 PST지표를 활용하면 추세의 기울기가 잡히기 전에 먼저 알 수가 있습니다. 잠재신호보다 양자신호가 먼저, 양자신호보다 메타신호가 먼저 확실하게 여러분께 알려드리지요. PST157지표를 활용해서 c지점을 보면 가중평균 메타신호인 녹색선이 아래 기준선을 하락 사이클 중에서 우하향으로 통과할 때 매도진입이 가능한 것을 알 수 있습니다. 물론 이때 T1 > T2 > T3 조건은 맞습니다. 그리고 e지점에서 PST145지표를 활용하면 메타신호를 포함해 매도진입 조건이 됨을 알 수 있습니다. 매도진입 후 b지점까지는 T1 > T2 > T3 조건이 유지되기 때문에 편안한 보유를 할 수 있고 d지점에서 OC1과 녹색선이 교차하면서 녹색선이 아래 기준선을 우상향하기 때문에 매도청산을 해야 합니다. 그러면 녹색 박스인 A영역만큼 수익을 기대할 수 있고 f지점도 매도청산 시 참고할 수 있습니다.

부록
01

교육 후기
- 외환 마스터반을 마치며

300연승이 가능한 PST지표

정○덕 님

저는 7년 정도 해외선물 투자 경험이 있습니다. 지금 와서 생각해보면 PST를 만나기 전의 나와, PST를 만난 후의 나로 나눌 수 있을 것 같습니다. 저는 해외선물 거래를 하면서 스스로 룰도 만들고 지표도 연구하며 나름의 방식으로 매매를 해왔습니다. 그리고 나름 잘하고 있다고 생각했고 항상 성공한 건 아니었지만 확률적으로 높은 승률을 가지고 있다고 생각했습니다. 하지만 이 또한 저의 착각이었습니다. 돌이켜보면 많은 수익을 가져간 달도 있었지만 큰 손실을 준 달도 있었습니다.

저는 주로 단기간에 승부가 나는 항셍, 나스닥 종목을 선호했습니다. 그 이유는 추세가 나오면 10분 이내 짧게는 1~2분 만에도 많은 수익을 가져다주었기 때문입니다. 하지만 반대로 추세를 잘못 추종할 경우 순식간에 큰돈을 잃는 일도 생겼습니다. 그래서 항상 매매하면서도 마음 한편으로 불안함을 가지고 있었습니다. '내가 지금 하고 있는 것은 투자인가? 도박인가? 나는 잘하고 있는 것인가?'에 대한 고민이 매일 머릿속을 지배하고 있을 때, 우연히 서점에서 PST 서적을 발견했습니다. '세상에서 가장 안전하게 매일 1% 수익 내는 PST주식 투자 비법'. 처음 이 제목을 접했을 때는 하루 1%? 고작? 이렇게 말도 안 되는 생각을 했습니다. 물론 지금은 1%의 힘이 얼마나 크고 대단한 것인지 몸소 깨닫고 있습니다. 그렇게 책을 정독하면서 PST지표에 대한 궁금증이 커졌고, 교수님께서 예시로 만들어 책에 소개해놓은 MACD, RSI, DMI 지표를 만들어 기존 지표와 함께 매매에 활용하기도 했습니다. 이렇게 했을 때 예전보다 잘 되는 날도 있었고 안 되는 날도 있었습니다. 계속 답을 찾아 헤매던 중 교수님께 직접 한번 연락해보자는 생각을 하고 있었습니다. 그런데 코로나19가 터지며 기약 없이 2년이라는 시간을 더 보냈습니다. 지금도 좀 더 빨리 PST를 만났더라면 하는 생각을 가끔 해보곤 합니다. 그렇게 2년의 기다림 끝에 숭실대학교 글로벌 미래교육원에서 하는 공개강좌를 신청해 무작정 서울로 올라와 교수님을 뵙게 되었습니다. 강의를 듣자마자 저는 '혹시 이게 진짜라면 내가 고민이었던 부분을 해결해줄 수 있겠다'는 생각이 들었습니다. 교수님께서 말씀하시는 한마디 한마디가 저에게는 크게 다가왔고, 부산으로 내려오는 기차 안에서 강의 내용을 정리하면서 큰 고민 없이 'PST지표를 배워보자'라고 생각했습니다. 그런데 여기서 한 가지 문제가 저는 전업으로 투자를 하고 있었기 때문에 공개강좌 이후 수업 커리큘럼을 듣고 보니 마스터 지표까지 배우고 실전 투자를 하기까지 시간이 너무 오래 걸린다는 생각을 했습니다. 그 당시에는 조바심이 많이 났었던 것 같습니다. 그래서 이 부분을 또 교수님께 말씀드렸더니 속성반 수업으로 진행할 수 있게 배려를 해주셨습니다. 여기서 더 나아가 1주일 만에 지표 2개씩 진도를 나가는 초속성반으로 지표를 배워나갔습니다. 많은 부분

배려해주시고 도와주신 교수님께 이 자리를 빌려 다시 한번 감사의 말씀을 드립니다. 하지만 지표를 빨리 배우기만 하는 것은 그렇게 도움이 되지 않는다는 것을 수업이 진행되면서 느꼈습니다. 많은 수강생이 이런 생각을 하셨을 겁니다. '처음부터 마스터 지표를 빠르게 배워서 실전 거래를 하는 게 더 좋은 것 아니야?'라는 위험한 생각을 말입니다. PST 각 지표는 교수님께서 고민하고 연구하신 흔적들이 모두 녹아 있습니다. 각각의 지표가 하는 역할과 보는 방식 등 차이점도 많습니다. 마스터 지표는 3차원 지표이기 때문에 더 정밀하지만 보는 방식도 더 세밀해져야 하듯이 말입니다. 기존 지표에서 고민과 고민을 거듭해 기존 지표의 문제점을 해결한 것이 상위지표입니다. 이런 기본적인 부분들을 건너뛰고 마스터 지표를 배운다고 한들 온전하게 본인 것으로 만들기는 힘들다고 생각합니다. 각 지표를 이해하고 실전에서 사용할 수 있을 정도가 되어야 비로소 다음 지표를 배우는 것이 본인을 위해서도 좋습니다. 저는 각 지표를 배운 이후 모의 투자로 검증을 해보면서 초급반에서 10연승, 중급반에서 30연승, 고급반에서 50연승을 달성했고, 마스터 지표를 배운 날 300연승으로 10만 달러도 찍어봤습니다. 상위지표로 갈수록 타점들도 많아지고 수익을 낼 수 있는 구간들도 커지는 것을 몸소 체감하면서 PST가 대단하다는 것을 느꼈지만, '만약 처음부터 마스터 지표를 배웠다면 50연승도 힘들지 않았을까?'라는 생각이 듭니다.

다른 분들도 진도에 대한 조급함보다는 지표를 배웠을 때 조금이라도 더 빨리 흡수할 수 있도록 노력하고 공부하는 것이 더 중요할 것 같습니다. 또 저는 지표 수업을 하면서 발표 수업은 안 해도 되겠다는 생각을 한 적이 있습니다. 이것까지 할 필요가 있을까 싶었는데, 발표 수업이 진짜였습니다. 같은 지표이지만 보는 관점들과 해석하는 부분들이 다른 점도 있었습니다. 각 지표를 이해하고 흡수하는 데 발표 수업만큼 좋은 건 없었습니다. 발표를 준비하면서도 지표에 관한 많은 공부도 되고 발표 때 교수님께서 그 자리에서 피드백을 해주시는 부분과 제가 놓치고 있었던 지표에 대한 부수적인 설명들이 저는 정말 좋았습니다. 그리고 저는 최대한 교수님의 강의대로 책에서 나온 내용대로 이해하고 실천하려고 노력했고, 총 8회의 발표 수업 동안 나름대로 매매방식을 정리했습니다. 그 내용을 짧게나마 정리하면서 마무리하겠습니다.

PST지표는 밀리지 않는 진입, 편안한 보유, 베스트 청산을 할 수 있도록 도와주는 현존 최고의 지표입니다. 여기서 각 지표를 보는 기준이 명확할수록 지표의 신뢰도는 올라갑니다.

첫째로 밀리지 않는 진입을 하려면 우선적으로 세력이 움직이는 시간대 즉, 거래량이 많은 시간대에 매매하시는 것이 좋습니다. 거래량이 많을수록 PST지표는 더욱 정확한 데이터를 제공해줍니다. 저는 평균적으로 5틱 이내에서 손절을 잡는 편인데 기준차트인 10분봉상 P1구간에서는 손절이 거의 발생하지 않습니다. 마스터 지표를 예를 들면 PST124지표에서 T2 굵은 선들이 초록색 기준선 안에서 크로스하게 되면 P1의 시작입니다.

두 번째 편안한 보유는 P1구간이나 P4-1구간에 진입하시면 됩니다. 해외선물 기준차트인 10분봉에서의 P1 구간 안에서 하위차트인 5분, 3분, 1분이 P1구간 또는 P4-1구간이라면 편안한 보유가 가능합니다. 편안한 보유가 가능하게 되면 자연스럽게 언제 청산하는 것이 최선인가를 생각하게 됩니다. 마지막 청산은 5틱-10틱을 단기 목표로 하시고, 계약 수가 많다면 빠르게 단기 목표에서 보유 계약의 반 이상을 청산하시고 나머지 틱을 올리면서 지표가 끝나는 지점까지 보유하는 전략을 사용해보시길 바랍니다. PST124지표로 설명해드리자면 PST124지표는 동차트에서 진입 보유 청산이 되기 때문에 진입 시 기준이 되었던 차트에서 양자신호가 잡히고 그 양자신호의 녹색선과 검정색선이 꺾여서 T1, T2 선 안쪽으로 들어올 때 청산을 하시면 그 지점이 최고점(매수 중) 또는 최저점(매도 중)이 될 확률이 높으며, 3분봉이 기준이었을 때가 가장 잘 나옵니다. 마지막으로 가장 중요한 것은 욕심을 버리는 것입니다. 손절해야 할 자리에서 하지 못하고, PST가 지금은 추세가 끝났다고 알려주고 있는데도 버틴다면 어느 순간 그것은 투자가 아니고 투기이자 도박이 되어버립니다. 이것이 가장 어려운 부분이며 저도 앞으로 해결해야 할 숙제가 되었습니다. PST지표는 그만큼 완벽하기에 마음을 다스리는 일이 더 중요합니다.

서두에 말씀드린 대로 저의 매매는 PST를 만나기 전과 후로 나뉘는데, PST를 배운 지금에서야 저는 제대로 된 투자를 하는 것 같고, 매매에 대한 불안감이 사라졌으며, 제 스스로에게 '너는 잘하고 있어'라고 말할 수 있을 것 같습니다. PST를 만나면서 일상도 많이 달라졌습니다. 언제 어떻게 수익이 창출될지 모르는 불안감 속에서 하루 종일 컴퓨터 앞에서 씨름만 하던 제가 이제는 필요한 시간대에 최소한의 시간만으로 수익을 창출하고 있고, 시간적 여유가 생기니 자연스럽게 가족들과 함께하는 시간도 늘어났고 자기계발 시간도 늘어났습니다. 이 모든 것이 PST를 배우면서 가능해졌습니다.

PST지표를 세상에 알려주신 교수님께 너무 감사드리고, 욕심을 버리고 롱런할 수 있는 제자가 되도록 하겠습니다. 모두 성공 투자하시고 행복하시길 바랍니다.

현존하는 최고의 이론,
내일 더 발전하는 PST이론

손○현 님

　해외선물 교육을 통해 얻은 소중한 경험과 지식을 마지막으로 나누고자 합니다. 5년 전, 주식 시장에 많은 관심이 있을 때 주식, 선물에 대한 과학적인 관점과 논리적인 접근을 통한 매매이론이 나와 있는 책에 대한 갈망이 제게 크게 있었습니다. '정말로 주식, 선물은 과학적인 접근이 어려운 것인가?'라는 질문을 항상 가지고 있으면서 수많은 주식 관련 서적을 살펴봤지만 아쉽게도 제 눈에 쏙 들어오는 책이 없었습니다.

　그런 중에 꼭 있을 것 같은 책을 찾고자 하는 열망이 또다시 ○○문고 전체 책을 보게 되었고, PST 이론을 설명하신 첫 번째 리차드 권 교수님 책을 보게 되었습니다. 정말 타 책들과는 다른 수준의 통찰력을 제공했습니다(월드 클래스입니다!).

　책을 통해 이 책의 저자, 교수님은 숭실대학교 글로벌 미래교육원에서 강의하고 있다는 좋은 정보도 알게 되었지만, 부산에 거주하고 있어서 직접 수업을 듣기는 어려웠습니다. 그리고 코로나19로 인해 오프라인 강의를 받을 기회조차도 제한되었습니다. 하지만 교수님의 다음 책이 나올 때마다 업데이트되는 이론을 지속해서 접하며 감탄했고, 마침내 네 번째 교수님 책을 읽을 때쯤, 코로나19가 진정되자 몇 년 만에 무작정 서울로 향해 수업을 듣고자 했습니다.

  교수님을 공개강의에서 만나 뵙고 나니 '훌륭한 스승이 천 권의 책보다 낫다'라는 말처럼 PST 이론을 직접 교수님께 배워보고 싶다는 마음이 강의를 듣자마자 생겼고, 의심의 여지 없이 바로 결정하게 되었습니다. 아침 9시부터 서울로 향해 교육을 받은 후, 집에 다시 도착하면 다음 날 새벽 2시~3시까지의 긴 일정은 정말 힘들기도 했지만, 교육을 받는 날은 언제나 기대되었고, 즐겁게 보낼 수 있었습니다. PST이론을 배우면서 새롭게 할 수 있다는 의지와 삶의 활력을 느꼈습니다. 교육을 받는 동안 멀리 목포에서 오시는 동기분도 있듯이, 거리가 학습에 방해되지 않았습니다. 최대한 교수님의 내용을 숙지하려 노력했습니다. 고등학교 시절 대학입시학원에 다니며 고액의 수강료를 쓴 적이 있는데, 그때도 교육을 받고 선생님의 내용을 충분히 이해하지 못하면 원하는 결과를 얻지 못한다는 것을 깨달았습니다. PST이론도 한 번 배운다고 해서 충분한 성과를 얻을 수 없었습니다. 계속해서 반복적으로 학습하고, 생각하며, 실제 해외선물 시장에서 모의 거래 실습도 하고, 매매 라이브 동영상 녹화 복기를 통해 반복적으로 개선해나갔습니다.

  그뿐만 아니라 교수님의 이론교육 이후 발표 수업을 하는 것도 매우 중요합니다. 제가 발표 수업을 위해 공부하면서 알게 된 (미래 PST 마스터 지표를 공부하려는 분들을 위해) 한 가지 조언을 드리자면, PST124지표(양자 : 수익 시작 전) → PST107지표(수익의 시작과 끝) → PST111지표(상승강화) 순서대로 지표가 나타날 때, 마지막 111번 상승강화 구간에 진입한다면, 5~10틱에서부터 몇십 틱까지 수익을 얻을 수 있다는 것입니다. 이 팁은 발표 수업 중에 공개했으며, 교수님께서 힘들게 터득한 자기만의 노하우를 과감하게 발표해주었다고 하셨고 저의 노력에 칭찬해주셔서 더욱 기뻤습니다. 이 팁을 공개함으로써 가장 도움이 되는 건 저 자신이고 또 이 팁을 빨리 흡수해서 더 발전된 팁이 동문분들을 통해서 나올 것을 알기에 항상 내일이 더 기대됩니다.

그리고 교수님께서 이론뿐만 아니라 함께 성장하고 오래도록 발전할 방법을 가르쳐 주십니다. 교육 이후 실제로 해외선물 1계좌로 욕심을 버리지 않고 하루에 매매를 한 달간 수행한 결과, 첫 주에는 일일 수익이 10만 원에서 30만 원, 두 번째 주에는 60만 원에서 80만 원, 세 번째 주에는 100만 원에서 120만 원, 네 번째 주에는 160만 원에서 270만 원까지 수익을 얻었습니다. 이런 수익은 저 자신도 믿기 어렵게 다가왔습니다. 오히려 계속해서 수익이 늘어나는 것이 즐거움보다는 이상하게도 부담스러운 느낌이 강하게 들었습니다. 이런 결과는 아마도 운이 좋았기 때문이며, 교수님과 함께 직접 공부했기에 자만심이 들지 않고 실패할 수도 있다는 것을 자각할 수 있게 해주었습니다. 다행히 부담스러운 마음을 내려놓고 계속해서 공부하며, 매매에 임하고 있습니다.

PST이론 공부와 마음의 수련을 통해 욕심을 버리고 지속 가능한 실전 매매를 위한 준비해야 한다고 생각합니다. 교수님께서 대단하신 것은 계속해서 이론을 발전시키고 계십니다. 20년 동안 계속해서 현존하는 최고의 PST지표에 중지하지 않으시고, 더 발전된 다음 지표를 준비하시고 있다는 것을 알게 되었습니다. 저 자신 또한 내일이 더 발전되는 날이 될 수 있도록 많이 부족하지만 또 다짐하고 실천합니다.

마지막으로 저희(일명 부산팀) 열정을 알아보시고 없던 강의 일정을 일부러 만들어서 교육을 받을 수 있게 해주신 리차드 권 교수님을 비롯한 모든 강사분과 동문 여러분께 깊은 감사의 말씀을 전합니다. 이러한 소중한 경험과 지식을 나누어주셔서, 그리고 이런 기회를 무사히 배울 수 있게 도와주신 우리 가족을 포함한 모든 분께 다시 한번 감사드립니다.

부록 02

거래 내역

1일 실전 거래 내역

(https://cafe.daum.net 다음 카페명 : '숭실대 주식 외환 전문가 모임'에서 더 많은 실전 거래를 보실 수 있습니다)

[반○○ 님] 1일 거래 자료 – 14전 14승 0패(승률 100%)

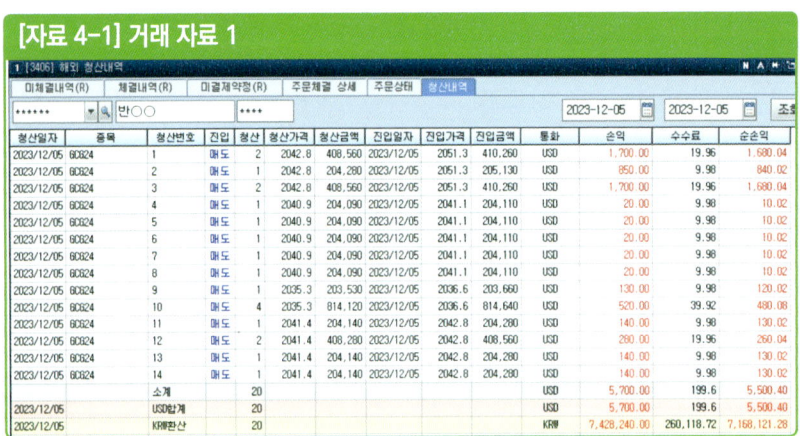

[강○○ 님] 1일 거래 자료 – 23전 23승 0패 (승률 100%)

[자료 4-2] 실전 거래 자료 2

청산일자	종목	청산번호	진입	청산	청산가격	청산금액	진입일자	진입가격	진입금액	통화	손익	수수료	순손익
2023/12/04	CLF24	1	매도	1	73.36	73,360	2023/12/04	73.43	73,430	USD	70.00	9.98	60.02
2023/12/04	CLF24	2	매도	1	73.34	73,340	2023/12/04	73.43	73,430	USD	90.00	9.98	80.02
2023/12/04	CLF24	3	매도	1	73.50	73,500	2023/12/04	73.61	73,610	USD	110.00	9.98	100.02
2023/12/04	CLF24	4	매도	1	73.49	73,490	2023/12/04	73.61	73,610	USD	120.00	9.98	110.02
2023/12/04	CLF24	5	매도	1	73.21	73,210	2023/12/04	73.27	73,270	USD	60.00	9.98	50.02
2023/12/04	CLF24	6	매도	1	73.20	73,200	2023/12/04	73.27	73,270	USD	70.00	9.98	60.02
2023/12/04	CLF24	7	매도	1	73.14	73,140	2023/12/04	73.20	73,200	USD	60.00	9.98	50.02
2023/12/04	CLF24	8	매도	1	73.18	73,180	2023/12/04	73.20	73,200	USD	20.00	9.98	10.02
2023/12/04	CLF24	9	매도	1	73.56	73,560	2023/12/04	73.62	73,620	USD	60.00	9.98	50.02
2023/12/04	CLF24	10	매도	1	73.55	73,550	2023/12/04	73.62	73,620	USD	70.00	9.98	60.02
2023/12/04	CLF24	11	매도	1	73.54	73,540	2023/12/04	73.62	73,620	USD	80.00	9.98	70.02
2023/12/04	CLF24	12	매도	1	73.40	73,400	2023/12/04	73.52	73,520	USD	120.00	9.98	110.02
2023/12/04	CLF24	13	매도	1	73.40	73,400	2023/12/04	73.52	73,520	USD	120.00	9.98	110.02
2023/12/04	CLF24	14	매도	1	73.39	73,390	2023/12/04	73.52	73,520	USD	130.00	9.98	120.02
2023/12/04	CLF24	15	매도	1	73.14	73,140	2023/12/04	73.20	73,200	USD	60.00	9.98	50.02
2023/12/04	CLF24	16	매도	1	73.13	73,130	2023/12/04	73.20	73,200	USD	70.00	9.98	60.02
2023/12/04	CLF24	17	매도	1	73.12	73,120	2023/12/04	73.20	73,200	USD	80.00	9.98	70.02
2023/12/04	CLF24	18	매도	1	73.65	73,650	2023/12/04	73.79	73,790	USD	140.00	9.98	130.02
2023/12/04	CLF24	19	매도	1	73.64	73,640	2023/12/04	73.79	73,790	USD	150.00	9.98	140.02
2023/12/04	CLF24	20	매도	1	73.63	73,630	2023/12/04	73.79	73,790	USD	160.00	9.98	150.02
2023/12/04	CLF24	21	매도	1	73.11	73,110	2023/12/04	73.32	73,320	USD	210.00	9.98	200.02
2023/12/04	CLF24	22	매도	1	73.09	73,090	2023/12/04	73.32	73,320	USD	230.00	9.98	220.02
2023/12/04	CLF24	23	매도	1	73.04	73,040	2023/12/04	73.32	73,320	USD	280.00	9.98	270.02
	소계		23							USD	2,560.00	229.54	2,330.46
2023/12/04	USD합계		23							USD	2,560.00	229.54	2,330.46
2023/12/04	KR원환산		23							KRW	3,303,424.00	6,198,416	3,007,225.58

1일 모의 거래 내역

(https://cafe.daum.net 다음 카페명 : '숭실대 주식 외환 전문가 모임'에 더 많은 모의 거래를 보실 수 있습니다)

[정○○ 님] 1일 거래 자료 – 311전 311승 0패(승률 100%)

[자료 4-4] 거래 자료 4

날짜	코드	번호	구분	수량	단가1	금액1	날짜2	단가2	금액2	통화	금액3	환율	원화
2023/06/08	6C023	277	매도	1	1979.0	197,900	2023/06/08	1981.6	198.160	USD	260.00	14	246.00
2023/06/08	6C023	278	매도	4	1979.0	791,600	2023/06/08	1981.6	792.640	USD	1,040.00	56	984.00
2023/06/08	6C023	279	매도	4	1978.9	791,560	2023/06/08	1981.6	792.640	USD	1,080.00	56	1,024.00
2023/06/08	6C023	280	매도	1	1978.9	197,890	2023/06/08	1981.2	198.120	USD	230.00	14	216.00
2023/06/08	6C023	281	매도	1	1978.8	197,880	2023/06/08	1981.2	198.120	USD	240.00	14	226.00
2023/06/08	6C023	282	매도	4	1978.8	791,520	2023/06/08	1981.2	792.480	USD	960.00	56	904.00
2023/06/08	6C023	283	매도	5	1978.7	989,350	2023/06/08	1981.2	990.600	USD	1,250.00	70	1,180.00
2023/06/08	6C023	284	매도	1	1978.6	197,860	2023/06/08	1981.2	198.120	USD	260.00	14	246.00
2023/06/08	6C023	285	매도	1	1978.6	197,860	2023/06/08	1981.2	198.120	USD	260.00	14	246.00
2023/06/08	6C023	286	매도	1	1978.6	197,860	2023/06/08	1981.2	198.120	USD	260.00	14	246.00
2023/06/08	6C023	287	매도	2	1978.6	395,720	2023/06/08	1981.2	396.240	USD	520.00	28	492.00
2023/06/08	6C023	288	매도	5	1978.5	989,250	2023/06/08	1981.2	990.600	USD	1,350.00	70	1,280.00
2023/06/08	6C023	289	매도	1	1978.4	197,840	2023/06/08	1981.2	198.120	USD	280.00	14	266.00
2023/06/08	6C023	290	매도	4	1978.4	791,360	2023/06/08	1981.2	792.480	USD	1,120.00	56	1,064.00
2023/06/08	6C023	291	매도	4	1978.3	791,320	2023/06/08	1981.2	792.480	USD	1,160.00	56	1,104.00
2023/06/08	6C023	292	매도	1	1978.3	197,830	2023/06/08	1981.4	198.140	USD	310.00	14	296.00
2023/06/08	6C023	293	매도	5	1978.2	989,100	2023/06/08	1981.4	990.700	USD	1,600.00	70	1,530.00
2023/06/08	6C023	294	매도	4	1978.1	791,240	2023/06/08	1981.4	792.560	USD	1,320.00	56	1,264.00
2023/06/08	6C023	295	매도	1	1978.1	197,810	2023/06/08	1981.4	198.140	USD	330.00	14	316.00
2023/06/08	6C023	296	매도	3	1978.0	593,400	2023/06/08	1981.4	594.420	USD	1,020.00	42	978.00
2023/06/08	6C023	297	매도	2	1977.8	395,600	2023/06/08	1981.4	396.280	USD	680.00	28	652.00
2023/06/08	6C023	298	매도	5	1977.9	988,950	2023/06/08	1981.4	990.700	USD	1,750.00	70	1,680.00
2023/06/08	6C023	299	매도	5	1977.7	988,850	2023/06/08	1981.4	990.700	USD	1,850.00	70	1,780.00
2023/06/08	6C023	300	매도	4	1977.5	791,000	2023/06/08	1981.4	792.560	USD	1,560.00	56	1,504.00
2023/06/08	6C023	301	매도	1	1977.5	197,750	2023/06/08	1982.6	198.260	USD	510.00	14	496.00
2023/06/08	6C023	302	매도	5	1977.3	988,650	2023/06/08	1982.6	991.300	USD	2,650.00	70	2,580.00
2023/06/08	6C023	303	매도	2	1977.2	395,440	2023/06/08	1982.6	396.520	USD	1,080.00	28	1,052.00
2023/06/08	6C023	304	매도	1	1977.2	197,720	2023/06/08	1982.5	198.250	USD	530.00	14	516.00
2023/06/08	6C023	305	매도	2	1977.2	395,440	2023/06/08	1982.5	396.500	USD	1,060.00	28	1,032.00
2023/06/08	6C023	306	매도	1	1977.1	197,710	2023/06/08	1982.5	198.250	USD	540.00	14	526.00
2023/06/08	6C023	307	매도	1	1977.1	197,710	2023/06/08	1982.5	198.250	USD	540.00	14	526.00
2023/06/08	6C023	308	매도	2	1977.1	395,420	2023/06/08	1982.5	396.500	USD	1,080.00	28	1,052.00
2023/06/08	6C023	309	매도	1	1977.1	197,710	2023/06/08	1982.5	198.250	USD	540.00	14	526.00
2023/06/08	6C023	310	매도	4	1976.9	790,760	2023/06/08	1982.5	793.000	USD	2,240.00	56	2,184.00
2023/06/08	6C023	311	매도	1	1976.9	197,690	2023/06/08	1982.6	198.260	USD	570.00	14	556.00
	소계			231						USD	59,890.00	3,234	56,656.00
2023/06/08	USD합계			586						USD	110,402.50	8,204	102,198.50
2023/06/08	KRW환산			586						KRW	144,439,590.75	733,293.2	133,706,297.55

NEW PST해외선물 투자 비법

제1판 1쇄 2024년 9월 30일

지은이 Richard Kwon
펴낸이 한성주
펴낸곳 ㈜두드림미디어
책임편집 이향선
디자인 노경녀(nkn3383@naver.com)

㈜두드림미디어
등 록 2015년 3월 25일(제2022-000009호)
주 소 서울시 강서구 공항대로 219, 620호, 621호
전 화 02)333-3577
팩 스 02)6455-3477
이메일 dodreamedia@naver.com(원고 투고 및 출판 관련 문의)
카 페 https://cafe.naver.com/dodreamedia

ISBN 979-11-94223-14-6 (03320)

책 내용에 관한 궁금증은 표지 앞날개에 있는 저자의 이메일이나
저자의 각종 SNS 연락처로 문의해주시길 바랍니다.

책값은 뒤표지에 있습니다.
파본은 구입하신 서점에서 교환해드립니다.